蘇州文化叢書

◎『苏州文化丛书』向世人展示苏州文化的综合实力，用以提高苏州人的文化素养，提高人的素质，用以吸引与沟通五湖四海的朋友。

——陆文夫

◇苏州文化丛书

苏州史纪

（古代）

Suzhou Culture Series

Suzhou Ancient History

王卫平
王建华
◇著

苏州大学出版社
Soochow University Press

图书在版编目（CIP）数据

苏州史纪. 古代 / 王卫平, 王建华著. -- 苏州：苏州大学出版社, 2025. 6. --（苏州文化丛书）.
ISBN 978-7-5672-5254-7

Ⅰ. K295.33

中国国家版本馆CIP数据核字第2025TJ3406号

书　　名　苏州史纪（古代）　SUZHOU SHIJI（GUDAI）
著　　者　王卫平　王建华

责任编辑　汝硕硕
装帧设计　唐伟明
篆　　刻　王莉鸥

出版发行　苏州大学出版社（Soochow University Press）
社　　址　苏州市十梓街 1 号　邮编　215006
网　　址　http: //www. sudapress. com
邮　　箱　sdcbs@ suda. edu. cn
印　　装　苏州工业园区美柯乐制版印务有限责任公司
邮购热线　0512-67480030　销售热线　0512-67481020
网店地址　https: //szdxcbs. tmall. com（天猫旗舰店）

开　　本　890 mm × 1240 mm　1/32　印张　9.375
字　　数　222 千
版　　次　2025 年 6 月第 1 版
印　　次　2025 年 6 月第 1 次印刷
书　　号　ISBN 978-7-5672-5254-7
定　　价　88.00 元

总　序

无论是从中国还是从世界来看，苏州都可以称得上是一座杰出的城市。先天的自然禀赋，后天的人文创造，造就了这么一颗美丽耀眼的东方明珠。

得山川之灵秀，收天地之精华，苏州颇获大自然的厚爱与垂青。自然向历史积淀，历史向文化生成。作为一个悠久的文化承载之地，苏州积淀了丰厚的文化底蕴，两千五百多年的历史风烟在这里凝聚成无尽的文化层积。说起苏州，人们不能不想到其园林胜迹、古桥小巷，不能不谈及其诗文画卷、评弹曲艺，不能不提到其丝绸刺绣、工艺珍品，如此等等。从物的层面上去看，园林美景、丝绸工艺、路桥街巷这些文化活化石，映显了苏州人丰硕的文化创造成果，生动地展示了其千年的辉煌。翻开苏州这本大书，首先跃入眼帘的就是这些物化的文化结晶体。外地人触摸苏州，大约更多的是从这一层面上去接受。这是一个当然的视角。再从人的层面上去看，赫赫有名的苏州状元，风流倜傥的苏州才子，儒雅淳厚的苏州宰相，巧夺天工的苏州匠人……在中国文化史上亦称得上是一大文化奇观。特别是在明清时代，其耀眼的光芒照亮了东南大地的星空，总为人们所津津乐道。从人到物，由物及人，这些厚厚实实的文化存在，就是人们在凝视苏州时所注目的两大焦点。当展读苏州这本大书时，那些活泼泼的文化人物与活生生的文化创造物，就流光溢彩般地凸显在眼前。作为在中国文化史上具有重大影响力的苏州地域文化，其文化的丰厚性不仅在于其（自然）文化生态的意义上，也不仅在于其具有诸如苏州园林、苏州刺绣这种物化形态的文化产品上，更在于其文化创造主体的庞大与文化创造精神的活跃，在于其文化性格的早熟与文化心理的厚重。自古以来，苏州就是一个文化重镇，散发与辐射出浓厚的文化气息。这里产生过、活动过、寄寓过数不清的文化名人，从文人学者到书家画士，从能工巧匠到医坛圣手……这里学宫书院林立，藏书楼阁遍布，到处都呈现出生生不息的文化创造与永不停顿的文化传播。这种文化承传与延递，从未湮灭或消沉过。

接近一座城市，就像是打开一本包罗万象的书；感受她是一种享受，而要内在地理解她，则又需要拥有健全的心智。读解一座城市，既是容易的，又是困难的，特别是在读解像苏州这样一座文化古城时，其情形就更是如此了。正是为了帮助读者去充分阅读与深入理解苏州这一文化存在，于是便有了这一套“苏州文化丛书”。

感谢丛书的作者们，他们辛勤的劳动，为我们提供了一套内容丰富的文本。之中，经过他们的爬梳与整理，捧献出大量的阅读资料，并且从其自身的特定视角出发，阐释了其对于苏州文化的认识与理解。作为对苏州文化事实知之不多或知之不深的外地读者来说，这等于提供了一个让其接近苏州文化母本的间接文本；对于熟知苏州文化的读者特别是本地读者来说，则是提供了一个“奇文共欣赏，疑义相与析”而便于展开共同讨论的文本。这对于扩大苏州文化的影响，对于深化关于苏州文化内涵的理解，都是甚有益处的。

有一千个读者，就会有一千个哈姆雷特。对于每一个文本的理解，都是一个独特的视角，都是一种个性化的文化理解方式。就“苏州文化丛书”而言，重要的不在于希望读者都能同意与接受作者们对于苏州文化的这种阐释，而在于希望他们能够从这些读解中受到某种启发，从而生发出对于苏州文化进一层的深入认识。正像有人所说的那样，你从这些资料中读出一二三四五，而他人则可能从中看出六七八九十。重要的不在于从这种读解中所得出来的结论，而在于对这种读解过程的积极参与，体现出对当下苏州文化的热爱。如果能在这种不断往复的文化探询中，达到某种程度上的视界融合，并对苏州现代化的伟大实践产生积极的推动作用，那么，这就正切合编辑出版这套“苏州文化丛书”的初衷与主旨了。

读解苏州，这是一项颇有意义的文化工作，既有其文化学上的意义，又有其重要的现实功能。读解苏州文化，并不仅仅在于发思古之幽情，更在于要在历史文化与现实发展之间寻找到一个连接点。纵观历史，苏州有着丰厚的文化底蕴；审视现实，苏州正率先进行着宏大的中国式现代化建设之实践。在这一历史与现实的衔接中，大力加强文化开发和文化建设，无论怎样评价其对于推动当下中国式现代化建设的重要意义都不会过高。而读解苏州文化，理解本地域文化的自身特点，正是建设文化大市的一项基础性的工程。文化苏州，文化兴市。文化——这是苏州的底蕴、源泉、特色和优势所在。中国早期资本主义的最初萌芽，为什么会萌发于明清时期的苏州一带？享誉中外的乡镇工业的“苏南模式”，为什么会出自苏锡常这一苏南地区？新加坡政府在反复的比较论证后，为什么会选择苏州作为其合作建立工业园区的场址？名闻遐迩的“张家港精神”“昆山之路”，为什么能产生于苏州地域？在这里，人们可以寻找出许多别的什么理由，但有一点是共同的，那就是苏州有着非同寻常的文化沃土。读解苏州，就是读解苏州文化，不仅注目于其物质文化的层面，更是要从读“物”的层面进入读“人”的层面，读解其内在的文化精神，并在这种文化传承中实现文化的大发展，创立体现当代精神文明水平之“苏州文化模式”，从而推进苏州现代化建设之伟大进程。

书有其自身的命运；书比人长寿。“苏州文化丛书”首次出版时，是以二十世纪末的视角对苏州文化的一种读解，在某种程度上代表了我们这一代人对苏州文化的当下理解和集体记忆。她是一群文化研究工作者在世纪之交对苏州文化的整理和总结，当然也带有对二十一世纪苏州文化的展望与畅想。读解苏州，是读解一种文化存在，读解一种文化精神，而其“读解”之自身亦体现为一种文化创新活动。只要人们的文化创造活动没有停止，那么，这种读解工作就不会有止境。我们热切地期待着人们对她的热情关注、充分参与与积极回应。

值此“苏州文化丛书”修订出版之际，我们还要向丛书初版的组织者、主持者高福民先生和高敏女士，向支持与关怀丛书初版的梁保华先生和陆文夫先生，致以我们深深的敬意！他们所做的惠及后人的工作，为这套丛书打下了良好的基础，从而使这次进一步的修订完善成为可能。

陈长荣

（苏州大学出版社编审）

2024 年初夏

目录

contents

第四章 ◎ 唐宋元时期的东南雄藩

第五章 ◎ 明清时期的工商业中心

第六章 ◎ 中国文化的苏州时代

引　言

苏州，是镶嵌在江南大地上的一颗璀璨明珠。

苏州的自然条件得天独厚。苏州处于亚热带向暖温带过渡的地区，气候温暖湿润，四季分明。冬季受大陆冷高压控制，天气干燥寒冷；夏季受东南气流影响，天气湿热多变。全市年平均气温为15℃～17℃，平均降水量在1 000毫米以上，平均日照为2 000小时左右。由于气候暖湿，光照充足，因此有利于各种作物的生长。

苏州的地理条件优越，交通便利。她北枕长江，东临大海，西滨太湖，有“三江五湖”之形胜。区内湖泊棋布，河道纵横，有“水乡泽国”之称誉。大运河绕城而过，北可达北京，南可抵杭州；通过黄金水道长江，可与长江中上游地区相连；经古码头刘家港及上海，可与辽东半岛、东南沿海乃至海外沟通。现代又有京沪铁路、沪宁高速公路横穿而过。因而，交通便利，自古以来即为重要的商业口岸。

苏州地处太湖平原，土壤肥沃，物产丰饶，是著名的鱼米之乡。由于自然、地理条件优越，苏州适宜于水稻、小麦、豆类、蔬菜、桑树、棉花和果树等的种植，尤其水稻生产，秉承数千年的传统，种类繁多，品质优良，单位面积产量在全国一直处于领先地位。苏州渔业生产发达，鱼类品种繁多，白、青、银、鲤、鲢、鲫、鳊、鳗、鲈、鲥鱼等，以及蟹、虾之属应有尽有。其中，太湖的银鱼、吴江的鲈鱼、常熟的鲥鱼素享盛名，为鱼中名品；鲥鱼、刀鱼、河豚被誉为“长江三鲜”，银鱼、梅鲚、白虾则号称“太湖三宝”。苏州既为“水乡泽国”，水生植物种类丰富，莲藕、茭白、慈姑、菱角、芡实、莼菜、荸荠等遍地种植，尤以太湖莼菜声名最著，被清末曾国藩誉为“江东第一美品”。基于农业生产的发展，苏州的工商业也极为发达。明清时期，这里已成为全国的丝织业中心和棉布加工业中心，并由此促进了城市商业的繁荣。解放以后，苏州的棉纺、丝绸、电子、仪表、机械等工业都得到了快速的发展，成绩显著。今日的苏州，已经发展成为一座现代化的工业城市，正以全新的姿态，矗立于世人的面前。

作为一座举世闻名的历史文化古城，苏州走过了 2 500 多年漫长而艰难的历程。还是让我们从头说起吧！

◎ 第一章 ◎

苏州历史文化的源头

苏州历史悠久，文化源远流长。早在1万年以前，先民们就已在这块带有原始气息的土地上生活、劳动。在六七千年前的新石器时代，他们已经创造出内涵丰富、富有特色的原始文化，水稻的种植、纺织技术的发明以及四五千年前高超的制玉工艺的出现，无不透露出重要的信息：这里是我国水稻种植的发祥地之一，生活在这块土地上的先民曾经创造出足可与中原文化媲美的辉煌的原始文明。

一、三山文化

1985年，吴县三山岛哺乳动物化石和旧石器的发现，第一次揭示了太湖地区1万年以前旧石器时代文化的面貌，也拉开了苏州历史文化发展的帷幕。

三山岛位于苏州市西南约50千米处，是太湖中的一个小岛，由大山、行山、小姑山相连而成，隶属今江苏省苏州市吴中区东山镇三山村。石器的出土地点在岛西北端清风岭下一个溶洞前的湖滩上，发掘面积36平方米，出土石制品计5 263件。从出土石器分析，石制品

三山岛板壁峰

的原材料主要为燧石、石髓、玛瑙等，种类包括加工成型的石器工具、生产坯件的石核和石片以及丢弃的废片，其中石器工具又可分为刮削器、尖状器、锥、钻、雕刻器、砍砸器等。这些石器的主要特点是个体小，砍砸器数量少、重量轻，从刃缘部分看，它们不适于砍斫树木或挖掘块根，而更像是一种敲砸工具或加工其他工具的锤子。在工具组合中，刮削器数量多、品种全，其中复刃刮削器占多数，属于可割、可切、可刮、可削的多用途工具；凹刃刮削器很有特色，适于加工木质和骨角质器物，是加工鱼叉和鱼钩的理想工具；端刃刮削器、盘状刮削器和似拇指盖状刮削器被认为是加工兽皮的工具。尖状器数量少，但较为精致，可能是对刮削器功能的一种补充，起剔、挖、穿刺等作用。锥、钻的存在表明，当时可能普遍用兽皮制作衣服和制作穿孔的装饰品。从石器工具组合的整体判断，这一文化反映了一种以渔猎为主、采集为辅的经济形式。在渔猎经济中，似乎又以捕捞为主，狩猎为辅。

根据对三山岛旧石器遗址各方面材料的分析，可以初步断定，这是一处石器制造场。除了在此生产石器外，古人类还将此地作为季节性的居住营地，常在气候适宜和食物丰富的季节来此作短期居留，在此制成一批工具后再离去。

值得指出的是，三山岛旧石器与这一地区新石器时代的磨光石器，没有合乎逻辑的迹象来解释它们之间的文化传承关系。三山岛古人类可能在全新世海浸开始后不久即已离去，之后取代他们到此定居的，已经是获得了崭新经济手段的新石器时代的人类了。

二、草鞋山遗址及其他

目前，考古学界对太湖地区新石器时代的文化面貌已经有了较为清楚的认识。太湖地区的新石器时代文化发展序列依次为：马家浜文化（距今 7 000~6 000 年）、崧泽文化（距今 6 000~5 000 年）、良渚文化（距今 5 000~4 000 年）。苏州地区发现的草鞋山遗址、张陵山遗址、龙南遗址等，即是典型的新石器时代文化遗存。

草鞋山遗址位于阳澄湖南岸、今苏州工业园区唯亭街道东北约 2 千米处，因遗址中心土墩草鞋山而得名。遗址总面积为 44 000 平方米，文化层堆积厚约 11 米，可以分为 10 层，分属于不同的文化时期。其中，第 8~10 层为马家浜文化层，第 5~7 层为崧泽文化层，第 2~4 层为良渚文化层，直至进入春秋时代的吴国文化层。这个遗址的文化序列，从新石器时代较早阶段的马家浜文化开始到太湖地区早期国家的繁荣阶段，几乎跨越了太湖地区、长江下游先秦历史的全部编年，可以毫不夸张地认为，草鞋山遗址是一幅埋藏于地下的完整的历史画卷，为长江下游地区古文化的研究提供了一把标尺。

在马家浜文化时期，草鞋山的居民已经过着定居的生活。草鞋山遗址第 10 层发现了一处由 10 个柱洞围成的圆形居住遗迹，房内面积约6平方米。居住遗迹有柱洞、木桩和木板。木桩树立在地面上，应是房屋的柱子。有些木板上留有明显的砍劈、锯截的加工痕迹。在木桩周围发现了有芦苇印迹的烧土块、草绳、用草绳捆扎的草束、芦席、篾席等实物。这些遗迹说明当时已直接在地面上建造房屋。房屋盛行木架结构，在柱洞的木桩下衬垫一两块木板，以芦苇为筋、涂泥成墙，再用芦苇、草束盖顶。其平面布局类似现在江南农村的看瓜竹棚。草鞋山的早期居民已经进行原始农业生产了。第10层遗址中发现了含炭化稻谷粒的土块，经鉴定，除籼稻外还有粳稻，这是我国迄今发现的最早的人工栽培水稻之一。在后续的考古发掘中，考古工作者还发现了马家浜文化时期的水稻田74块，用于排水、蓄水和灌溉的水沟6条、水井10口、水塘2个。这是中国首次发现的水稻田遗迹和水稻种植灌溉系统。原始的手工业也已经出现。遗址中发现的3块已经炭化的纺织物残片，是迄今我国出土的最早的纺织品实物。经鉴定，纺织品的纤维原料可能是野生葛麻，织物为纬线起花的罗纹编织品，花纹为山形和菱形的斜纹。它不同于普通的平纹粗麻布，显示了较高的织造工艺水平。

采集和渔猎仍是当地居民获取生活资料的重要手段。草鞋山遗址中发现了水生植物菱的茎部和果实，果实比现在的圆角菱略小。这一文化层遗址中出土的动物遗骨，最多的是梅花鹿、四不像（麋鹿）、野猪、牙獐和水牛。梅花鹿、四不像和野猪都是林栖动物，牙獐和水牛是喜欢在近水区域生活的动物；由此可以推断，当时这一带覆盖着原始森林，分布有河流、湖泊和沼泽，水中有丰富的鱼类资源。根据狗、水牛骨的出土，结合同时期吴江区梅堰遗址的发现，可以知道，当时已经开始饲养家畜。

在草鞋山下层遗址中，还发现了属于马家浜文化时期的墓葬 106 座。当时盛行单人俯身葬，头部向北。有些头骨用釜、钵、豆、盆等陶器覆盖。随葬品一般都很少，主要是日常生活用的陶器。在这 106 座墓葬中发现了 5 座同性合葬墓，3 座为女性，2 座为男性。所有这些都说明，当时的社会处于母系氏族公社时期；男女分区埋葬的现象表明当时盛行对偶婚制。在这种婚姻制度下，本氏族的男女不准通婚，男方必须到另一个氏族中去寻找配偶，死后归葬本氏族；氏族成员没有或只有极少量的随葬品，说明当时还不存在贫富差别和财产的私有观念。

大约 6 000 年以前，苏州地区的氏族部落相继进入了父系氏族公社时期。反映这一时期文化面貌的，除草鞋山遗址第 5 ~ 7 层文化外，还有吴中区张陵山遗址、吴江区梅堰遗址等。

随着生产经验的逐步积累、生产工具的改进和技术水平的不断提高，崧泽文化时期的农业生产有了明显的发展。这一时期，生产工具虽仍以石器为主，但种类增加，且大多磨制精致，大型厚重的磨光穿孔石斧增强了人们垦辟土地的能力。吴江梅堰遗址中出土的石耘田器表明人们已注意加强水稻田的田间管理和中耕除草活动。张陵山遗址的一座墓葬中随葬有储藏粮食用的 5 口大陶缸和 1 口大陶瓮，反映了农业产量的提高。凡此可见，崧泽文化时期人们的经济生活是以栽培水稻为主，兼营家畜饲养，采集渔猎经济已渐渐退居次要地位。进入 21 世纪以后，考古工作者在张家港市东山村遗址中发现了一处面积在 85 平方米以上的房址，这是目前所知崧泽文化时期最大规模的房址。

手工业的发展以制陶业表现得较为明显。当时陶器的制作普遍采

草鞋山遗址全景

用慢轮修整，有些已采用轮制技术。陶器器形丰富，种类繁多，器物的纹饰趋于复杂。

草鞋山遗址崧泽文化层共发现 95 座墓葬，分为南北两区。墓葬一般头向东南，盛行仰身直肢葬。与马家浜文化时期相比，这一时期的墓葬出现了新的变化：一是墓葬中大多附有随葬品，且随葬品多寡不一的现象相当普遍，多者达 25 件，少者仅有一两件。二是部分墓葬中除葬有陶器等外，还随葬有猪下颚骨，这可视作个人财富的象征。三是发现了 2 座男女合葬墓，按男左女右排列，其中一座墓中女性侧身埋在仰身男性的旁边。上述种种迹象表明，崧泽文化时期，草鞋山遗址的居民已出现了贫富分化，并已有了私有财产和私有观念；婚姻形式已是一夫一妻制，女子开始成为男子的附庸，父权制已经确立。而张家港市东山村遗址进一步表明，当时的社会结构趋于复杂。大型墓葬的出现、平民墓地与贵族墓地的分区现象、随葬品数量的增多、玉器尤其是石钺的出土，说明社会贫富分化严重，初级的礼制已经存在，甚至开始出现对王权的崇拜。

到了良渚文化时期，苏州地区迎来了文明时代的曙光。

良渚文化时期，农业生产得到了飞速的发展。石器制造有了明显改进，不但制作精致、棱脊分明，而且穿孔技术发达。特别是三角形石犁形器的大量出土，说明当时已经出现了较为普遍的犁耕农业，大大提高了生产效率；吴中区澄湖、昆山太史淀等遗址中发现了数量众多的水井，表明原始居民已经掌握了人工灌溉技术。除了传统的稻谷生产，在苏州周边地区的遗址中，还发现了花生、毛桃核、酸枣核、葫芦等植物的种子，说明菜蔬的种植、栽培已成为农业生产的一个重要方面。

手工业从农业中分离出来，成为独立的生产部门。良渚文化遗址中出土了不少竹、草编织物和丝、麻织品；陶器以泥质黑衣陶最具特色，普遍采用轮制，器形浑圆、规整，胎壁很薄，具有相当高的工艺水平。良渚文化时期，制玉业特别发达，不但数量大、品种多，而且出现了许多大型的玉琮、玉璧、玉钺等礼器，成为良渚文化的显著特色。玉器制作技术达到了空前的水平，当时的人已掌握了切割、磨制、抛光、雕镂等工艺。

琮、璧、钺等大型玉器，最早发现于草鞋山遗址的良渚文化墓葬，其后在余杭反山、上海福泉山、常州寺墩等地又有更多的玉器出土。琮、璧等玉器并非一般装饰品，而是用于祭祀天地的礼器。那些随葬有琮、璧的墓主，在生前当具有祭祀天地的权力，掌握着原始宗教的祭祀权。而钺则为兵器，在墓中被置于死者的手侧，是墓主人生前拥有军事统帅权的象征。因此，包括草鞋山遗址在内的良渚文化大墓中发现的琮、璧、钺等大型玉器，表明墓主是集神权、军权、政权、财权于一身的统治者。这种情况标志着太湖地区的良渚文化已进入到闪烁着文明曙光的时期。著名考古学家苏秉琦先生曾经指出：草鞋山上层的良渚文化玉琮，在《周礼》上就有记载，如果不是阶级社会，那也是阶级社会的前夜，已经踏到文明时代的门槛了。这个结论，还得到了墓葬材料的印证。在今吴中区张陵山遗址、苏州工业园区草鞋山遗址中都曾发现了人殉现象。张陵山遗址一座墓葬中，除随葬了琮、璧等玉器外，在墓主脚下还发现了 3 个头骨，这当是被杀殉的奴隶。草鞋山遗址良渚文化晚期的 198 号大墓，是一个男性附葬两个女性的合葬墓。男性居墓坑中央，两个附葬的女性则分别埋于他的头部和足端，她们应是男性的妻妾，说明一夫多妻制已经存在。而一夫多妻制显然是奴隶制的产物，只有占据特殊地位的人物才能办到。由此可见，良渚文化时期已经出现了剥夺他人劳动成果、占有大量财富、拥有妻妾、杀殉奴隶的特权阶层，他们实际上是最早的奴隶主。结合苏州周边地区尤其是杭州良渚古城的发掘情况来看，良渚文化时期已经出现了国家的早期形态，中华文明的历史由此推至 5 000 年前。

◎ 第二章 ◎

吴国兴衰与阖闾城修建

在苏州历史上，春秋时期的吴国曾经掀起过一个发展高潮。吴国从一个被中原人鄙视的“蛮夷之邦”，经过历代吴王的发愤图强，竟然西破强楚，南服越人，北威齐、晋，一度成为号令诸侯的霸主。尽管吴国的霸业仅仅昙花一现，但它对于东南地区的开发却作出了巨大贡献，其影响历数千年而不绝。

一、太伯、仲雍奔吴与早期发展

商代末年，位于西北的周族逐渐兴起。周族首领古公亶父有 3 个儿子：太伯、仲雍、季历。季历之子姬昌自小聪明伶俐，深受古公喜爱，故古公欲传位于季历，以至于姬昌。太伯、仲雍领会到这个意图，便自动让贤，相率出奔，来到了俗称“荆蛮”的江南地区。或许他们拥有较当地居民先进的文化，因而受到了当地居民的拥戴，被立为君长，建国号为“勾吴”。这就是吴国的起源。

太伯、仲雍向江南当地居民传授了北方先进的生产技术，领导人民努力生产，使“数年之间，民人殷富”。他们为了保卫生命财产的安全，还就地起城，城周 3 里（1 里 = 0. 5 千米）200 步，外郭则达 300 余里（或谓 30 里之误）。在物质财富增加的同时，太伯还企图用周族先进的礼乐文化来改造当地居民，遭到了当地文化的顽强抵抗。因此，仲雍在位期间，便不得不放弃努力，而改从当地居民的习俗，“文身断发”，从而创造了颇具特色的吴国文化。

太伯无嗣，吴国君位便传给了其弟仲雍。仲雍三传而至周章。其时正逢周武王伐纣取得胜利，周族推翻了商王朝而成为天下的统治者。周武王追尊其曾祖父古公亶父为太王，并寻找逃奔江南的太伯、仲雍的后裔。他得知周章已当了吴国的君主，便加封其为诸侯。周康王执政以后，又对周章的儿子熊遂进行了改封。1954 年江苏丹徒县（今镇江丹徒）烟墩山出土的“宜侯夨簋”所刻铭文，具体地反映了熊遂由吴侯改封宜侯的经过。

熊遂以后至寿梦上台，历 13 世近 500 年，吴国的事迹如雾中看花，不甚分明。不过，从先秦的史籍中，还是可以知道，吴国处于不断的发展之中。春秋初期，吴国竟敢不把威震中原的齐桓公放在眼中，当齐桓公称霸时，居然出现“吴越不朝”的现象；楚庄王在吞并了东方诸国以后，竟然没有威加吴国，反而“盟吴、越而还”。凡此可见，在春秋早、中期，吴国的国力已是不容忽视，而寿梦正是在先辈奠定的基础上开始了进一步的扩张。

公元前 585 年，寿梦继承了吴国的王位。寿梦是一个胸怀大志、富有远见的国王，他不愿蜗居江南一隅，永远被人鄙视为“蛮夷”之邦，因而积极采取措施，改变吴国在诸侯心目中的形象，进而要求在中原政治舞台上登台亮相。

寿梦继承吴国王位后所做的第一件事是朝见周天子。自西周中期以后，吴国与周王室的联系越来越少。为了加深周天子和诸侯的印象，加强吴国与中原地区的联系，寿梦专程前往中原朝见天下共主周简王。一路上，他注意考察诸侯国的礼乐文化。所谓“礼”是当时社会各个阶层的行为准则，“乐”是祭祀、朝会、行军时演奏的乐曲和舞蹈。通过考察，寿梦为博大精深的中原礼乐文化所倾倒，明显地感觉到了吴国与中原诸侯国之间在文化方面的差距，不禁大发感慨，说：“孤在夷蛮，徒以椎髻为俗，岂有斯之服哉!”（赵晔《吴越春秋·吴王寿梦传》）虽然由于史料的限制，我们无法知道他回国以后究竟采取了哪些措施来吸收先进文化，改革落后风习，但从他的儿子季札身上大致可以推知。季札精通中原礼乐文化，在出使中原诸侯国期间，恰当地评论中原歌舞，见微知著，表现出高深的文化素养，因而受到中原人士的推崇，连儒家鼻祖孔子也极口称赞：“延陵季子，吴之习于礼者也。”季札能精通中原礼义和先进文化，必然受过系统的教育，这与其父寿梦的倡导、传播和推广应是分不开的。

寿梦二年（公元前584），吴国接受晋国的帮助，培植军事力量，开始了对楚国的战争。楚国大夫申公巫臣因在国内遭到迫害而逃往晋国，矢志报诛族之仇。他向晋国国君请求出使吴国。在中原诸侯的争霸战争中，晋、楚两国早已针锋相对，是一对宿敌，申公巫臣逃奔晋国时，晋国也正在考虑联合位于楚国东方的吴国以共同对付楚国。因此，晋君马上答应申公巫臣的请求，派他率领一队士兵乘战车来到吴国，教吴军御车、布阵的作战方法。吴国地处江南水乡，主要从事水战，对于车战的基本方法是不大了解的。经过训练，吴军的车战技术得到了很大提高，军事实力增强。以此为契机，吴国调整了军事战略，与晋国结成联盟，撕毁与楚国的盟约，发动了对楚国的战争。

《左传》中说：从寿梦二年（公元前584）开始，“吴始伐楚，伐巢，伐徐。子重（楚大夫）奔命。马陵之会，吴入州来。子重自郑奔命……蛮夷属于楚者，吴尽取之，是以始大，通吴于上国”。

寿梦非常注意与中原诸侯的交往。在他统治期间，曾多次与中原诸侯会盟，如公元前576年的钟离之会、公元前568年的善道之会和戚之盟、公元前563年的柤之会等。这些会盟，扩大了吴国的影响，促进了吴国与中原地区的经济文化交流，加速了吴国的开发，使吴国日益壮大，从而为以后吴国争夺霸权、取得诸侯盟主地位奠定了基础。

二、阖闾改革与称霸中原

寿梦有四子，依次为诸樊、馀祭、馀眛、季札。季札贤明，才能出众，深得寿梦欢心，因此寿梦有意将王位传于季札。但是，季札认为这样做不合礼义，坚决拒绝。寿梦临终时与诸子约定，王位兄终弟及，这样就使季札可以继承王位而没有拒绝的理由。随着诸樊、馀祭、馀眛的相继去世，照理应由季札继承王位，但季札再次拒绝，并逃回自己的封邑。一群无奈的大臣，在迫不得已的情况下，只好推举馀眛之子州于（一说州于为寿梦庶子）继位，是为王僚。按照嫡长子继承制，王位应由诸樊传公子光（一说公子光为馀眛之子）。因而，王僚的继位引起了公子光的不满。他认为，寿梦让王位兄终弟及，无非是要传位于季札。如今季札既不肯即位，那么按理应由自己继承王位。所以，他对王僚阳奉阴违，私下培植自己的势力，准备通过政变的方式夺取王位。

公子光是一个很有才华的人，作为吴国的将军，他曾率军破楚，屡立战功。特别是在公元前519年的吴楚鸡父之战中，公子光以其出色的智慧和卓越的军事才能，指挥吴军打败了数倍于己的以楚国为首的七国联军，这是春秋时期一个以少胜多、以弱胜强的典型战例。凭借赫赫战功，公子光为夺取王位创造了条件。

在公子光的夺权政变中，伍子胥立下了汗马功劳。

伍子胥，名员，楚国贵族之后，史书称他有“文治邦国，武定天下”的杰出才能。他因父兄被楚平王所杀，只身逃出楚国，辗转漂泊，历经千辛万苦，来到吴国。经吴国市吏的举荐，他受到王僚的召见。两人交谈三天三夜，伍子胥没有说一句重复的话。王僚觉得伍子胥是一个“贤人”，想重用他。公子光怕伍子胥成为王僚的谋臣而妨害自己的夺权计谋，就在王僚面前诋毁伍子胥，说伍子胥要求攻打楚国，并不是为了吴国的利益，不过是想报私仇而已。王僚接受了公子光的劝告，放弃了重用伍子胥的打算。伍子胥觉察到公子光的计谋，并看出公子光是一个有所作为的人，便转而帮助公子光，为公子光出谋划策。

在逃奔吴国的途中，伍子胥结识了一位名叫专诸的勇士。当时，专诸正要与人斗殴，“其怒有万人之气，甚不可当”。但是妻子一喊，他便马上收手回家。伍子胥感到非常奇怪，就问他是何道理，专诸回答说：“夫屈一人之下，必伸万人之上。”伍子胥看他的相貌，眉额凸出而眼眶深凹，有老虎似的胸膛，熊一样的脊背，像是一个敢于冒险的人，知道他是一个勇士，就与他结为朋友。在投靠公子光后，伍子胥把专诸推荐给公子光，作为刺杀王僚的刺客。鉴于王僚有吃炙鱼的嗜好，公子光安排专诸去太湖之滨学习烹饪技术 3 个月，回来后等待时机。

公元前 515 年春，趁楚平王新丧、昭王年幼的机会，王僚派两个弟弟公子掩余和烛庸率军攻楚，又派季札出使中原以观察诸侯的态度。楚国听闻吴师来犯，立即调动部队抵御，前后夹击，把吴军围困起来。

听到吴军被楚军前后夹击、陷于困境的消息，公子光非常高兴，认为机会难得，决定实施他蓄谋已久的计划。

一天，公子光在地下室里埋伏好身披铠甲的武士后，便在堂中备办酒席，宴请王僚。王僚知道公子光对自己继承王位心怀不满，目中时有怨恨之色，恐在宴会中有变，故而作了严密的防范。他自己身穿用优质铁片制成的铠甲三重，在宫中至公子光家的道路两旁以及室内安排满了手持锋利长戟的亲兵侍卫。为了防止进献食品的人身藏武器，要求他们在门口脱光衣服，改换服装，然后膝行而入。王僚以为，如此戒备，足可以做到万无一失。酒宴开始不久，公子光佯称足疾，离席而去，暗中吩咐专诸将鱼肠剑置于炙鱼的腹中进食于王僚。专诸在接近王僚时，迅速掰开鱼腹，抽剑猛刺王僚。鱼肠剑刺穿王僚三重铠甲，贯穿胸背。两旁的侍卫同时以长戟猛戳专诸的胸膛，专诸身亡。趁众人大乱之际，公子光出动伏兵全歼了王僚的亲军。这便是历史上著名的专诸刺王僚事件。王僚既死，公子光自立为王，号阖闾。为了表彰专诸舍身刺王僚的功勋，阖闾把专诸的儿子封为上卿。

阖闾上台以后，为了巩固政权，唯恐“国人不就，诸侯不信”，实行了“厚爱其民”、治国兴邦的一系列措施。

一是任贤使能。阖闾深知国家之治以得人才为先的道理。《国语·楚语》中说他“闻一善若惊，得一士若赏”。他登上王位后所做的第一件事就是重用伍子胥，举为行人（职掌接待宾客礼仪），让其参与国家政策的制定。据《吴越春秋·阖闾内传》的记载，阖闾考虑到“吾国僻远，顾在东南之地，险阻润湿，又有江海之害，君无守御，民无所依，仓库不设，田畴不垦”的情况，向伍子胥求教治国之策。伍子胥答称："凡欲安君治民，兴霸成王，从近制远者，必先立城郭，设守备，实仓廪，治兵库，斯则其术也。"对此，阖闾非常赞同。后来吴国所进行的社会改革，就是照此方案进行的。在国力增强后，吴国与楚国的矛盾又尖锐起来。吴国虽然具备了进攻楚国的物质基础，却缺乏英勇善战、能够"折冲销敌"的将领。这时，伍子胥向吴王推荐了孙武。孙武是齐国将门之后，因国家内乱而流亡吴国，隐居于野，与伍子胥相交甚笃。伍子胥深知他的军事才能，便在与吴王谈论军事之际，一天 7 次推荐孙武。起先吴王还以为伍子胥是为了呼朋引类，拉帮结派，及至召见孙武，看了孙武所写的兵法，才觉得孙武确是一位少有的奇才。只是不知他的实际指挥才能如何，因而想检验一下。于是，孙武以吴王的宠姬两人为队长，让其分别率领一队宫女，武装起来，就在宫中当着吴王的面进行演习。孙武告诉她们进退左右旋转的步伐，并要求她们听鼓声动作。可是打鼓 3 遍，宫女们只是掩口而笑。孙武见状，再次宣布纪律，并亲自击鼓，可宫女们仍视同儿戏、嬉笑如故。孙武大怒，"两目忽张，声如骇虎，发上冲冠"，叫人取来刑具，说："军令不明是将领之罪，军令既明而士卒不用命则是军士之过。"于是下令斩杀两位队长以严军令。坐在台上的吴王见孙武要杀自己的宠姬，大为惊骇，派人传话说："我已经知道将军能用兵了。没有这两个美人侍候，我就会寝不安席，食不甘味。请将军赦免她们吧！"孙武回答说："我既已受命为将，将在军，君命有所不受。"执意要杀两个宠姬。吴王不忍心眼看着宠姬被处死，又不便发作，便一气之下，拂袖而去。孙武斩杀两姬后，其他宫女一个个全神贯注，认真操练。操练完毕，孙武派人进宫向吴王报告说："队伍已经练好，这样的军队即便让她们去赴汤蹈火也不会有问题，请王

阖闾铜像

检阅。”但吴王怒气未消，不愿前往。孙武说：“王徒好其言，而不用其实。”后来伍子胥向吴王申述了兵道尚法才能创建霸业的道理，吴王才转怒为喜，挽留孙武。除了伍子胥与孙武，吴王还任用了伯嚭、华登等来自他国的人才。正是在他们的辅佐下，吴王才西破强楚，南伐越人，北威齐、晋，创出了一番轰轰烈烈的伟业。

二是收揽民心。吴王深知民心向背直接关系到国家的安危和政权的稳固与否。银雀山汉墓出土的《孙子兵法》中有《吴问》一篇，记载了吴王与孙武讨论晋国 6 个执政贵族谁将最后取得晋国政权的问题。孙武从晋国之贵族田制的宽狭、赋税的轻重、统治者对人民的态度等方面推论他们未来的成败。吴王对孙武的分析连连称善，最后得出结论说：“王者之道，□□厚爱其民者也。”因此，他从上台起，就能够勤俭治国，对人民施以恩惠，并且身体力行。楚国大臣子西曾这样评价阖闾：“吴光新得国而亲其民，视民如子，辛苦同之，将用之也。”（《左传·昭公三十年》）他还用赞扬的口气说吴王“食不二味，居不重席，室不崇坛，器不雕镂，宫室不观，舟车不饰；衣服财用，择不取费。在国，天有菑疠，亲巡其孤寡而共其乏困。在军，熟食者分而后敢食，其所尝者，卒乘与焉。勤恤其民，而与之劳逸，是以民不罢劳，死不知旷”（《左传·哀公元年》）。他一餐不吃两样荤菜，不穿锦衣彩裳，不住华丽宫室，对于普通百姓和士兵给予一定的关怀。这样就减轻了人民负担，改善了人民生活，吴王由此而得到了人民的拥护，所谓“是以民不罢劳，死知不旷”，在对楚战争中连连获胜。楚大夫在总结柏举之战吴胜楚败的原因时就说：“阖庐惟能用其民，以败我于柏举。”（《左传·哀公元年》）

三是发展经济。阖闾上台后，积极推行伍子胥所提出的“实仓廪”的主张，因为只有物产丰富、府库充足，国家的强盛才有可靠的物质保证。为此，他鼓励开垦荒地，扩大种植面积。夫差在回顾阖闾攻伐楚国的情形时说：“譬如农夫作耦，以刈杀四方之蓬蒿。”（《国语·吴语》）。这应该是阖闾当年鼓励农民披荆斩棘、开垦荒地的生动写照。为了发展农业生产，阖闾重视水利的兴修，据说当时在伍子胥的主持下开凿胥溪，使皖南的宣、歙诸水与太湖相通，后又置五堰以节制。这些措施收到了明显的效果，吴国的农业生产有了很大的发展，史书中有“民饱军勇”“仓廪以具”的记载。《越绝书》中也说“吴王夫差之时，其民殷众，禾稼登熟”，并且一次就借贷给越国“粟万石”，这当是阖闾时期发展农业生产的结果。随着农业的丰收，吴国的畜牧业也大大地发展起来，并成立了由国家经营的专门饲养某种家畜、家禽或鱼类的场所，见于史书的有鸡陂墟、牛宫、猪坟、鸭城、鱼城等，饲养鸡、鸭、牛、羊、猪、马、鱼等禽畜、鱼类。吴国的手工业也得到了迅速的发展，如青铜冶铸业，吴国的墓葬中有大量的青铜农具和兵器，其数量之多，质量之美，说明春秋时代吴国的青铜冶铸业已达到鼎盛阶段；又如造船业，吴国设有专门的造船工场——舟室，能制造各种形制、不同性能的船只，见于史籍的名称有大翼、中翼、小翼、突冒、楼船、桥船、戈船等，其中大翼长 12 丈（约合今 24 米）。能制造如此大的船，足见当时的工艺水平之高。

四是扩建都城。鉴于吴国地处东南、江海为患的情况，阖闾接受伍子胥“立城郭”的建议，委派伍子胥主持扩建都城的工作。伍子胥“相土尝水，象天法地”，在调查研究的基础上，把原有的城邑扩建成一座规模宏大、气势雄伟的阖闾大城。城内街衢宽广，河道纵横，水陆交通，四通八达。阖闾大城成为吴国的政治、军事、经济中心。都城的重建，促进了吴国经济文化的发展，对于吴国的强大以及争霸事业起了重要作用。

五是振军经武。春秋时期是一个战火纷飞、社会剧烈变动的时代。任何一个诸侯国，要想图生存、求发展，都必须注重武力、发展军备。由于吴王采取了安邦治民的政策，吴国府库充实，国力增强，这就为扩充军备，训练士兵，继而从事争霸战争创造了条件。

在伍子胥、孙武等人的辅佐下，阖闾采取措施，加强军事建设。

首先，精选士兵，进行严格的军事训练。吴王责成伍子胥、孙武等人负责“选练士，习战斗”，教给士兵战、骑、射、御等各种本领。他尤其重视培养士兵视死如归的勇敢战斗精神，从而使吴国军队成为一支纪律严明的天下劲旅，虽赴汤蹈火也决不畏缩。所以，越国大臣文种称赞说：“夫申胥（伍子胥）、华登简服吴国之士于甲兵，而未尝有所挫也。”（《国语·吴语》）

其次，组建水军。吴国地处水乡，人们主要的交通工具是船只。作为吴国的主要敌人，楚国居长江中游，越国隔太湖相望，无论从进攻或防御的角度，建立一支强大的水师对于吴国而言至关重要。为此，吴国大量建造船只，兵船有大翼、中翼、小翼、突冒、楼船、桥船、戈船之分。大翼长 12 丈，配备船工、战士等 91 人。组建后的吴国水师，组织严密，训练有素，船种多样，在对楚、对越战争中发挥了巨大作用。

最后，制造武器。精良的武器是决定战争胜负的一个不可忽视的因素。有鉴于此，吴王奖赏重金，鼓励工匠制造武器，吴国工匠铸造钩、剑，一时成风。著名工匠干将、莫邪夫妇“采五山之铁精，六合之金英”，用大型的冶炉，“使童女童男三百人鼓橐装炭”以提高炉温，终于铸成两把锋利无比的宝剑，名曰“干将”“莫邪”。《吴越春秋·阖闾内传》中还记载了这样一个故事：阖闾在得到莫邪剑以后，又号令国中以百金求征金钩。有人来到宫门献两柄钩求取奖赏。吴王问他：“造钩的人很多，为何就你一个人来求赏，难道你造的钩有什么特异之处吗？”献钩的人回答说：“为了贪图大王的奖赏，我在造钩的时候杀掉了两个儿子，把他们的血涂在金上而制成了这两柄钩。”这人所献的钩与许多其他人所制的钩混在一起，吴王问他哪两柄是他所献的，这人便对着钩呼唤两个儿子的名字：“吴鸿、扈稽，我在这里，大王不知道你们的精灵啊！”话音刚落，两柄钩便都飞来附着在父亲的胸前。吴王大为惊奇，便奖赏了他百金，并把这两柄钩时常佩带于身。这当然只是一个传说，但从中至少反映了吴国的钩是一种珍贵的兵器。战国时候的著名诗人屈原在《楚辞·九歌》中描述楚国兵士装备的情况时说，“操吴戈兮被犀甲”，把“吴戈”看作最精良的武器。而文献中赞扬得更多的则是吴国的宝剑，《庄子·刻意篇》中就说：“夫有干（吴）越之剑者，柙而藏之，不敢用也，宝之至也。”这说明当时的人把吴越之剑当作宝贝一样加以珍藏。已出土的吴王光剑、吴王夫差剑和夫差戈等也证明了这一点。尽管它们深埋在地下已有 2 500 年左右，但基本上没有被腐蚀，仍然保持耀目的光泽，异常锋利。经现代科技鉴定，这些武器中含有铜、铅、锡、铁、砷诸元素，并经过硫化处理，不仅耐锈蚀，不易折断，而且犀利、美观。

经过吴王阖闾 3 年的励精图治，吴国实力大增，具备了进行争霸战争的条件。

吴国的矛头首先指向西边的楚国，因为自寿梦起，吴、楚已成为宿敌。吴国邻境的诸侯中以楚国势力最为强大，打败楚国，可以使众多小国归附，这对于吴国北上争霸具有重要意义。此外，就个人恩怨来说，吴国主要谋臣伍子胥、伯嚭等人与楚国有着杀父灭家之仇，他们时刻不忘报复。

公元前 512 年，吴国借口依附于楚的徐国收容吴国叛将，发兵讨伐，很快攻下徐国，翦除了楚国的羽翼。考虑到楚国的力量比较强大，吴王采用伍子胥提出的游击战术，将部队分为 3 支，轮番骚扰楚国，“彼出则归，彼归则出”，声东击西，“多方以误之”，弄得楚军疲惫不堪，然后再发动大军攻击。在这个战术原则指导下，吴国取得了一连串胜利，战斗力愈来愈强，而楚国则处于被动挨打的地位。

公元前 506 年，阖闾认为大举进攻楚国的时机已经成熟，便乘唐、蔡两小国怨楚之贪婪、请吴救助的机会，调集 3 万精锐部队，联合唐、蔡，大举攻楚。在战争中，阖闾“选多力者五百人，利趾者三千人以为前阵”。这些人力大无比，能扛各种兵器，行路神速，善于跋山涉水、跨越险道。他们以奇袭的战术直逼汉水，在柏举（今湖北麻城东北）大败楚军。在伍子胥的提议下，吴军一鼓作气，五战五胜，击溃了楚国 20 万大军，一直攻进楚都郢（今湖北荆州纪南城）。楚昭王慌忙逃奔随国。后来由于秦国出兵救援，吴军才弃楚退回。经过这一战役，楚国元气大伤，从此不再构成对吴国的威胁。而吴国则声威大振，影响所及，中原为之叹服。

楚国的威胁解除后，吴国与南方邻国——越国之间的矛盾又尖锐起来。从公元前 510 年开始，两国经常交战，互有胜负。公元前 496 年，阖闾乘越王允常死去、勾践刚刚继位的有利时机，亲率大军伐越。越王勾践闻讯，立即出兵抵御。两军在吴、越边界上的槜李（今浙江嘉兴）展开了激烈的争战，结果越军大胜，吴军惨败。吴王阖闾被越国将军所伤，狼狈退军，途中因伤势过重而身亡。吴国的王位由太子夫差继承。

兵强马壮、一度直捣郢都打败楚国的吴国竟然败给了名不见经传的近邻越国，这是吴国的奇耻大辱。尤其吴国的国君还在战争中丧失了性命，杀父之仇不共戴天。因此，夫差继位以后，时刻不忘洗刷耻辱、报仇雪恨。为了牢记杀父之仇，夫差派人每天站在庭中，当自己进出的时候就大声提醒："夫差，你忘了越王杀你父亲的仇恨了吗？"他自己敬谨地回答："我绝不敢忘记。"与此同时，担任将相职务的伍子胥也"内责自伤"。他认为槜李之战的失败、阖闾的重伤致死和士兵的惨重伤亡，自己是有责任的，是失职无能的表现。因此，他亲自埋葬死者，抚慰伤者，一心想着如何对付越国，"欲复其仇"。吴国的君臣有着一个共同的念头，那就是复仇雪耻，向越国讨还血债。

为此，吴国君臣同心，积极从事战备活动。吴王夫差和伍子胥终日率领士兵"习战射"，训练杀敌本领。同时，努力积蓄钱粮，充实府库，制造武器，扩充军队。经过不到 3 年的准备，吴国国力更为强盛，士气更加高昂，伍子胥"发令告民，归如父母"。全国上下，"师众同心"，伐越的物质基础和精神条件都已成熟。

公元前 494 年，越王勾践听说吴国"日夜勒兵"，欲想复仇，便决定先发制人。他不听谋臣范蠡等人的劝告，一意孤行，调集军队，乘船从水上进攻吴国。吴王夫差得到情报，立即调集全国精兵前往抵御，两军相遇于夫椒（今江苏苏州西南）。吴军人多势众，训练有素，同仇敌忾，士气高涨。伍子胥又采用灵活的战术，布置“诈兵”，扰乱敌人。乘越军混乱，吴军发动攻击，大败越军。勾践收拾残部，仓皇南撤。夫椒一战，越国精锐几乎丧尽。勾践放弃都城，带了 5 000 名披甲带盾的士兵，逃到会稽山（今浙江绍兴东南），凭险固守。吴军攻破越都，迅速追踪而至，把会稽山团团围住。时间久了，越军的粮食、饮水发生了危机。在走投无路的情况下，勾践接受大夫文种的建议，决定向吴国求降。

夫差其人，爱好虚誉，听了越国使臣的求降说辞，颇为动心。尤其后来越王再派文种前来求和，软硬兼施，又贿赂吴国太宰伯嚭，请他出面劝说，夫差遂倾向和的一面。伍子胥一再劝阻，陈说利害，主张除恶务尽，乘机消灭越国。无奈夫差坚决不听，最终接受越国请求，达成和议。伍子胥见事情无法挽回，心情十分沉痛，他怀着无限忧虑的心情对人说：“越国今后用 10 年的时间休养生息，再用 10 年的时间来总结经验，训练教育人民，20 年后，吴国将为越国所灭，壮丽的吴国宫殿将要成为荒地废墟了。”

根据吴、越双方和议的条件，越王勾践夫妇必须充当吴王的侍臣。公元前 492 年，勾践夫妇带着大夫范蠡来到了吴国，进见吴王夫差。勾践装出一副卑躬屈膝的样子，叩头下拜，请求宽恕。夫差见勾践表现得那么谦卑，以为他出于真心，就有意对他采取宽容措施。站在一旁的伍子胥看穿了越王的做作，立即提醒夫差不要被勾践的表象所迷惑，主张杀掉勾践。但夫差终究下不了这个决心，让勾践当了自己的马夫。

勾践在吴国 3 年，过着奴隶般的生活，忍受着常人难以忍受的辛酸和耻辱。他喂马驾车，甚至口尝吴王的粪便，口无怨言，面无恨色，百般驯服，显得无限忠诚，终于迷惑了吴王。夫差决定赦免勾践回国。临行时，吴王与群臣设宴相送。

见此情景，伍子胥再次劝谏吴王：“3 年来，勾践只是外表装得很恭顺驯服的样子，其实他心里无时无刻不在想着复仇的事。希望大王不要被勾践的表象所骗。”夫差怒气冲冲地反驳说：“我卧病 3 月，从来不闻你的问候，可见你的不慈；又不进献我平日喜欢吃的东西，可见你的不仁。为臣不慈不仁，能知其忠信吗？勾践弃守边之事，亲自带着他的臣民来归附于我，这是他的义；勾践自作奴虏，妻为隶仆，不怨恨我，我有病还亲口尝我的粪便，这是他的慈；勾践虚其府库，尽献财宝，不念旧恨，这是他的忠信。我如果听了你的话而诛杀他，这是我的不智而使你私下快活，岂不有负于皇天吗？”于是不听伍子胥的劝阻，赦免勾践回国。从此以后，吴王觉得伍子胥倚老卖老，总是干涉、阻挠自己的决定，心中越来越厌恶伍子胥，对他更加疏远了。

夫差以为越国弱小，从此会一蹶不振，不足为患，而且勾践回国前，信誓旦旦，保证永远追随吴国，绝不敢做对不起吴王的事情。于是，夫差就把目光从东南移向中原，开始了北上争霸的事业。

从公元前 492 年开始，吴王就不断地侵伐北方的小国，当年入陈，次年入蔡，后来又进而伐齐，公元前 488 年向鲁国征取百牢的献礼，公元前 487 年又助邾伐鲁。在吴国强大的军事攻势面前，很多小诸侯国都屈服了。

出于经营中原、北上争霸的需要，吴国做了一系列准备工作。公元前 486 年，吴王夫差组织民力，在邗（今江苏扬州西北）筑城挖沟，连通长江和淮水。邗沟的挖成，在交通上便利了吴国出师北上，

伍子胥雕像

进一步加强了吴王征服中原的野心。

吴国北上争霸的最大障碍是齐国。吴、齐之间，屡次争战，互有胜负。公元前 484 年，吴王准备再次发动伐齐战争。伍子胥感到事关吴国存亡，犯颜进谏，劝阻攻齐，但夫差断然拒绝。伍子胥满腔激愤，走出朝廷，感叹道："唉！吴国的朝廷一定要荆棘丛生了。"就在这年夏天，吴王亲率大军，联合鲁国军队，浩浩荡荡，开赴齐、鲁边境，先后攻克博、嬴等地，在艾陵（今山东莱芜东北），吴、齐主力交锋，结果齐军大败。

艾陵之战的胜利，助长了夫差骄傲轻敌的情绪。他自以为天下无敌，更加不可一世。吴军凯旋后，夫差在文台设宴庆功。独不见伍子胥，便命人去召。对于吴王的胜利，伍子胥没有丝毫的颂扬，反而说夫差“播弃黎老，而孩童焉比谋”，以患为福，这是吴国灭亡的先兆。吴王见伍子胥说出这种不吉利的话，暴跳如雷，责问伍子胥：“你一次次声言吴国灭亡，到底是何居心？你对得起先王的嘱托吗？”言毕，命令卫士拿来宝剑，要伍子胥自裁。伍子胥仰天而叹：“想当初我竭诚辅佐你的父亲，设谋破楚，南服劲越，威加诸侯，有霸王之功。现在你不听我的忠言，反而赐宝剑要我自杀。我今天死了，用不了多久，吴国宫室将成废墟，庭园将生蔓草，越人就会灭亡吴国。”伍子胥临死时对家人说：“我死后，请把我的眼睛挖出来，挂在都城的东门上，我要看着越军是如何灭亡吴国的。”吴王听到后说：“孤不使汝得有所见。”（赵晔《吴越春秋·夫差内传》）命令把伍子胥的尸体装在皮袋中，抛到了江里。

伍子胥死后不久，公元前482年，吴王夫差又倾全国兵力北上黄池（今河南封丘西南），与单平公、晋定公、鲁哀公会盟。这次北上，吴王夫差来势汹汹，以强大的武力作后盾，一心想夺取霸主地位，与晋国一较高低，成为周王室的保护人。

就在这时，越国复仇的时机日趋成熟。经过10年的休养生息，越国度过危机，逐渐强大起来。越王见吴国出动全部精锐，与晋国在黄池争夺霸主地位，国内只剩些老弱残兵，感到机不可失，便出兵吴国，很快攻进吴都，焚烧姑苏台，俘虏了吴太子友。

吴都被攻破的消息传来，吴王夫差按捺不住心中的焦急和恐惧，便召集诸大夫商议：究竟是夺取霸主地位以后回国还是放弃争霸立即回国？商量的结果认为夺取霸主地位以后回国最为有利。于是在第二天黎明，吴军排成方阵，整队出行，向晋军挑战。晋定公见吴军队形整齐，准备充分，不敢应战。最后在吴国的威逼利诱下，晋国不得不让步，同意吴王为霸主。吴王乃派大臣向周敬王报告，周敬王赞扬了吴国。这样，吴国的霸主地位就更名正言顺了。

夫差夺得霸主地位后，立即撤军回国。到家一看，国内被越军洗劫一空，积蓄的军备物资丧失殆尽。面对这一局面，夫差只好放下霸主的架子，派人向越国求和。此时吴国势力尚强，又刚刚取得诸侯霸主的地位，越王估量自己未必能马上灭亡它，就同意了吴国的求和。

越王虽然同意了吴王的求和，但他的最终目的是消灭吴国，因此，越军撤回后，越王抓紧时机，加强战备，制造兵器，扩建战船，训练士兵，整顿军纪。公元前 479 年，吴国遭到一次严重的自然灾害，赤地千里，饿殍遍野，国内一片混乱。越国君臣认为灭吴的时机已经成熟，遂决定集中全国兵力同吴决战。

公元前 478 年三月，越王勾践在边境誓师，宣布作战纪律后，攻入吴境。吴王夫差闻报起兵抵御。两军在笠泽（今江苏苏州境内）相遇，摆好阵势。越王勾践把越军分成 3 部分，命令左军溯江而上，至上游 5 里处待命；右军沿江而下，至下游 5 里处待命；自己率中军主力隐蔽不动。到夜半时分，越王命左、右军涉江而渡，鸣鼓喧嗓，发动佯攻。吴王听到沿江上、下游两处的喊杀声，以为越军已从左、右两翼夹攻而来，大为吃惊，立即把吴军分作两队，分头迎击，自己则率少量士兵，坚守中央阵地。

越王勾践见吴军主力已被调开，便命令中军，人人口含小木条，悄悄地由中路渡江，直扑吴王夫差镇守的中央阵地。越军登岸后，鼓声大作，杀声震天。吴军没料到越军会从中央突然袭击，人人惊恐，乱作一团，被越军杀得大败。越王又命令左右两军乘机渡河包抄，吴军一触即溃，被打得落花流水。天亮时，战斗结束，吴军主力几乎全部被歼。吴王夫差只得带少量兵将逃回都城固守。越军经过一段时间的休整，于公元前 475 年再举伐吴，一路势如破竹，直逼姑苏城下，把吴国都城团团包围起来。

这次围城，勾践采取了围而不攻的战术，对于吴军的挑战，不理不睬，只是断绝吴军的粮草供应，消弭吴军的斗志。到公元前 473 年十月，吴国都城整整被包围了两个年头，城中军民无衣无食，饿死的人不计其数，百姓士兵纷纷逃散，越军毫不费力地占领了吴都。

吴王夫差带领着高级官吏和亲近之士逃出都城，又被围困在吴都西南的姑苏山上。在走投无路的情况下，夫差便命令王孙雒携带所有宫中的财宝，向越王勾践乞和存吴。

王孙雒袒露胸脯，用膝盖行路，来到越王面前，请求放吴王一条生路，让吴王充当越国的奴隶。面对吴人的卑辞厚礼，勾践为之心动，但站在一边的范蠡立即劝阻，希望越王不要忘记所受的苦楚和耻辱。勾践不忍心见到吴国使者的可怜样子，便全权委托范蠡处理这件事。范蠡驳回了吴国使者的请求，挥兵直上姑苏山。夫差见越兵攻来，东躲西藏，在姑苏山西北的干隧被越兵擒获。越王勾践不忍杀掉夫差，便派人对夫差说：“我想把你安置到甬东（东海的岛屿），分派 300 户百姓侍奉你，以使你安度晚年。”夫差推辞道：“天降祸于吴国，正当是我在位。如今宗庙被毁，国家被灭，吴国的土地、百姓都被越军占有了，我有何面目再见吴国的百姓！”又痛悔万分地说：“我懊悔不听伍子胥的话，以致落到这步田地。如死者无知，倒也罢了；如其有知，我有什么脸见伍子胥于地下！”说罢，就用一条大巾覆盖自己的面部，自刎而死。

夫差是在特定的时刻继承王位的，他念念不忘杀父之仇，苦心经营，厉兵秣马，终于打败越国，迫使越王勾践臣服。继而，挥师北上，争霸中原，黄池之会，吴晋争长，夫差依恃武力夺得霸主地位，使吴国趋于鼎盛。但夫差刚愎自用，不听诤言，终被经过“十年生聚，十年教训”而恢复发展起来的越国所灭。吴王夫差由诸侯霸主一变而为亡国之君。

三、阖闾城：春秋后期的吴国都城

如前所述，吴国是由周族的太伯、仲雍南奔荆蛮，在江南地区建立起来的国家。不过，太伯、仲雍所奔之地究竟在何处？这是一个迄今悬而未决的谜。结合考古资料和文献记载来看，吴国的立国之地可能在镇江一带，以后逐步向东南迁徙，至迟诸樊统治期间已迁至今天的苏州。但是，当时的吴国都城是不是现在的苏州古城，学界存有很大的争议。2000 年以来，考古工作者在苏州城西部木渎、胥口一带发现并探明了规模宏大的春秋古城遗址。有些学者据此认为，此城址当为春秋晚期的吴国都城，而现在的苏州古城则修建于汉代。但也有学者不同意这一观点，认为位于苏州城西部群山之间的古城应是吴王阖闾上台以前的吴国都城，而苏州古城则是阖闾继位后委托伍子胥所筑。

公元前 514 年，吴王阖闾在夺取王位后，委派伍子胥在原有的基础上重建都城。这一年被看作苏州正式的筑城之年，迄今已有 2 500 多年。

根据《吴越春秋》的记载，伍子胥在接受任务后，即“相土尝水，象天法地”，造筑大城。所造的大城平面形制呈西、北稍短，而东、

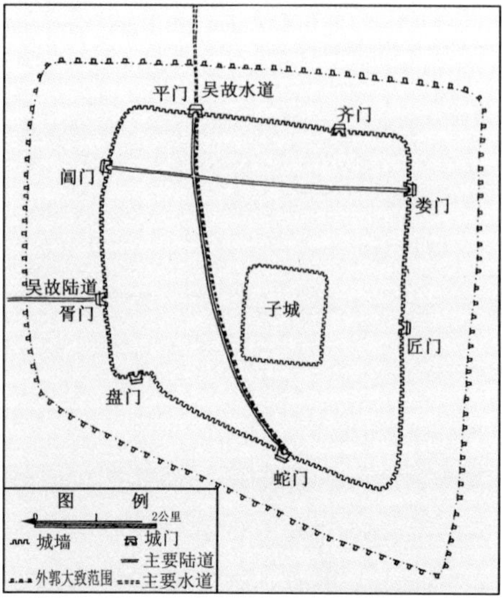

阖闾城址平面示意图

南较长的不规则四边形。据《吴越春秋》等书的记载，城周为 47 里，但按照《越绝书》中东、西、南、北四面城垣长度的具体记载测算，城周应为 37 里。大城中有小城（或称内城、宫城），周围 12 里；小城东还有伍子胥城。据说大城外面另有外郭，周围 68 里。但从阖闾大城形制分析，外郭之说值得怀疑。

重建后的都城有水、陆城门各 8 个，每面城垣各开 2 门，自西南至于东北，分别为阊门、胥门、盘门、蛇门、匠门、娄门、齐门和平门。各门名称均有来历。《吴越春秋》中说：“立阊门者以象天门，通阊阖风也。”阖闾为了西破楚国，而在西北方向“立阊门以通天气”，所以阊门又名破楚门。胥门又名姑胥门，因城外有姑胥山，取以为名。盘门，古作蟠门，从风水的角度，吴处于辰位，辰即龙，而越在巳位，巳即蛇，以龙克蛇，表示吴国征服越国的意思。蛇门，在东南方，其含义与蟠门略同，吴、越分别处于辰、巳之位，以龙、蛇为表征，故在南大门上制作一条木蛇，头向北，以示越国臣服于吴国。匠门，又称将门，干将门，即今相门，据说阖闾曾使名匠干将在此铸剑，因以为名。娄门，因通娄地而得名。齐门，吴国伐齐取胜，齐景公以女儿送入吴国为人质，后许配给吴太子。但齐女年少，思家心切，日夜啼泣，至于生病。吴王乃建北门，让齐女登高远望，以慰乡思，故齐门又称望齐门。平门，相传因伍子胥打败齐国，班师回朝，大军从此门进城，故名。在东南角又有葑门、赤门等，有些学者认为可能是原来阖闾城外郭的城门。

城内辟有宽广的街衢和密集的河道。其中见于《越绝书》被称为“邑中径”的中心干道有二：一条从阊门到娄门，约长 3 825 米、宽 32 米；一条从平门到蛇门，约长 4 244 米、宽 46 米。另有水道，约宽 39 米。城内街衢、水道的长度与宽度，在诸侯国都城中是少见的。从阖闾都城辟有 8 座陆门和 8 座水门的情况看，城内外陆路和水道是相当密集的。由此反映了阖闾都城水陆交通的四通八达。

重建的阖闾都城是吴国的政治、军事中心。城中有大量的宫室和军事设施，如阖闾宫、东宫、西宫、南城宫、射台等；城外也建有众多的离宫别馆和苑囿，如姑苏台、长洲苑、馆娃宫、吴宫、消夏湾等，其中以姑苏台、馆娃宫最为有名。姑苏台建于城西南的山上，有人以为即皋峰山。姑苏台始建于阖闾，增筑于夫差，耗时费力。建成后的姑苏台高 300 丈，宽 80 丈，据说周围 300 里内都能看到它，因而成为吴国的标志性建筑。台上别立春宵宫，宫中乐伎千人，又造千石酒钟，供作“长夜之饮”；还造了天池，池中有青龙舟，供夫差和西施寻欢作乐；其他如海灵馆、馆娃阁等，无不以珠玉为饰，豪华精致。这座富丽堂皇的姑苏台，在公元前 482 年越军进攻吴国时被焚毁。秦始皇统一全国后，东巡会稽，曾慕名登上姑苏台基；汉代著名史学家司马迁游历天下时，也曾登临姑苏台基眺望太湖；唐代大诗人李白、杜甫等也曾在姑苏台旧址留下过身影，杜甫《壮游》诗云：“东下姑苏台，已具浮海航。到今有遗恨，不得穷扶桑。王谢风流远，阖庐丘墓荒。剑池石壁仄，长洲荷芰香。嵯峨阊门北，清庙映回塘。每趋吴太伯，抚事泪浪浪。枕戈忆句（勾）践，渡浙想秦皇。蒸鱼闻匕首，除道哂要章。”诗中记录了他青年时畅游苏州的踪迹，抒发了思古之幽情。馆娃宫建于砚石山（今灵岩山）上。夫差自纳越国美女西施后，便营建这座离宫藏娇。吴人称美女为娃，故名馆娃宫。至今山上还保留了许多当年的遗迹：有琴台，相传为西施抚琴处；有玩花池、玩月池和吴王井，是夫差和西施赏花、赏月、避暑之地；有响屧廊、砚池、西施洞等。今灵岩寺基即为馆娃宫遗址。唐代诗人白居易曾作《题灵岩寺》诗，首 4 句感叹道：“娃宫屧廊寻已倾，砚池香径又欲平。二三月时但草绿，几百年来空月明。”

此外，都城周围还有不少的军事城堡，见于记载的如南武城、鱼城、越城、阖闾城等，起着拱卫都城的作用。

阖闾都城的经济职能显著，成为吴国的经济中心。城内外有手工业作坊、市场、仓库和畜牧业生产基地。吴国的青铜冶铸业十分发达，著名工匠干将、莫邪的铸剑作坊，相传就设在匠门；吴国的造船业也很有名，城外的櫑溪城，即是吴国的造船之所；胥门西南 3 里之处有酒醋城，当为王室生产酒醋的作坊；其他如丝织、制玉、陶瓷等作坊也大都分布于城内或城郊之地。城内有市场，从有关的记载分析，吴国的商业相当发达，市场当有一定的规模。市场可能坐落在今白塔西路与皮市街交界之处。遍布城内外的仓库、冰室、宾馆等是阖闾都城必要的生活设施，如胥门南 3 里处建有储城，为“吴王储粮处”。为王室储存食物的冰室有两处：一在阊门外郭中，一在巫门（即平门）外。城外还有一处名为巫櫑城的宾馆，专门用于接待各诸侯国的使者。

都城周围还分布着王室的农业和畜牧业生产基地。称为畴、虚的吴王田，是吴国的粮食生产基地；鸡陂墟、鸭城、牛宫、猪坟、麋湖城、鹿园、马城、豆园等，则是王室饲养鸡、鸭、牛、羊、猪、马、鹿等禽畜的地方。

由此可见，作为春秋时期吴国的政治、军事、经济中心，阖闾都城规模宏大、设施齐全，在发展国力、对外争霸战争中均发挥了重要的作用，所以民国《吴县志》的修纂者评论说："阖闾所凭借以称雄之。"

苏州城建于春秋后期，成为吴国的政治、军事、经济中心是一个不争的事实。迄今城内外尚有不少与吴国有关的遗迹，极大地丰富了苏州作为历史文化名城的内涵。而相传为吴王阖闾墓穴所在的虎丘，更成为古城苏州的象征。

公元前 496 年，吴王阖闾在槜李之战中负伤身死。夫差把他的父亲安葬在都城西北郊的虎丘山。

虎丘山原名海涌山，占地面积 2 平方千米，山高 10 丈。据说，夫差征发 10 万夫役修筑陵墓，下葬 3 日，忽有白虎蹲踞其上，故名虎丘山。《越绝书》具体介绍了这座王陵的内部设施，称："下池广六十步，水深丈五尺。铜椁三重，坟池六尺。玉凫之流、扁诸之剑三千，方圆之口三千，时耗、鱼肠之剑在焉。"而《吴地记》则说墓穴是以"水银灌体，金银为坑"的，可以想见营建这座陵墓时耗资之巨。相传，越王勾践灭吴后，曾想寻找宝藏，但面对虎丘山上的茫茫丘壑、嶙峋岩石，有无从下手之感，只好作罢。以后，秦始皇、孙权都曾有过挖墓取宝的念头，但也只能望山兴叹、徒唤奈何。岁月不驻，时光如流。明代正德年间，虎丘剑池之水忽然枯竭，文徵明、唐伯虎等苏

虎丘剑池

州名士在好奇心的驱使下，下到池底探索，竟在剑池的北端发现了“Δ”形石洞。他们估计这可能是吴王幽宫所在，立即报告了长洲县令。县令感到暴露先王遗骸乃后人的罪过，下令叠石封洞。直到1955年，苏州市文物管理委员会为整修虎丘，疏浚剑池，才再次发现了这个石洞。石洞仅可供一人进出，尽头处稍宽，但被3块青石板叠砌封闭。据推测，石洞可能是进入墓穴的甬道。由于凿开石板可能会导致山顶虎丘古塔的崩塌，出于保护文物的考虑，只好放弃进墓探查的打算。所以，虎丘山下阖闾墓的存在与否至今仍是一个历史之谜。唯其如此，才使得虎丘更加神秘，更具魅力。

四、真山墓地是吴国王陵区吗？

1992 年 11 月，苏州浒墅关真山采矿二厂在真山东脉（俗称小真山）炸山取石时，炸开了一座古墓。苏州博物馆闻讯后，立即组织力量进行了抢救性发掘，开挖土墩 3 座，发掘清理墓葬 7 座，出土文物 115 件，并追回了散失的文物。后来，苏州博物馆等单位又对真山主峰的大墓进行了发掘。根据发掘出的文物，考古工作者取得了惊人的发现。一时之间，真山是吴国王陵区的消息，通过各种新闻媒体沸沸扬扬地传布开来，不仅在学术界，甚至在苏州普通市民中也引起了少有的轰动。

真山位于苏州郊区浒墅关西北 1.5 千米处，主峰海拔 76.9 米，围绕主峰分东、南、西、北 4 脉。鸟瞰整个真山，形如展翅飞翔的大鸟，南脉较短似鸟首，北脉逶迤稍长似鸟尾，东、西两脉翼展两侧。傍山东侧有 312 国道及江南运河，北有华山，西临太湖，南有群山连绵叠嶂；从东至西分别为观山、凤凰山、鸡笼山和阳山。

目前，在真山墓地区内共发现了 57 座土墩（编号为 $D_1 \sim D_{57}$）。土墩的分布较有规律，以主峰 D_9M_1 为诸墩之冠，高达 15 米，直径 50 米左右；分布在山脊上的土墩，一般高 3.5~5 米，直径 20~30 米；真山东脉依次排列6座土墩，最大的即为已被炸开的 D_1M_1。根据对出土器物的分析，考古工作者认为小真山6座墓葬的时代约为战国至西汉初期。

与吴国历史密切相关的是位于真山主峰、编号为 D_9M_1 的土墩大墓。

D_9M_1 是在山体基岩上下凿形成的墓穴，在墓口堆筑高大的封土。封土顶部东西径26米、南北径7米；底部东西径70米、南北径32米；墓底至封土顶高8.3米。墓穴呈不太规整的长方形，墓口东西长13.8米，南北最宽处8米，最高处距墓底1.8米。墓坑东部有一条长3.6米、宽3米的墓道与墓室相通。整个墓室位于山体主峰正中，略偏向封土的东南部。发掘过程中发现，在墓中部的地表层下有一条长18米、宽3米的盗沟，估计在很早的时候，该墓即已被大规模地盗掘过。

D_9M_1 中发现了大量的遗物，总数达12 573件，主要为玉石器，还有陶瓷器和贝等。玉石器中，大部分为装饰品，计11 262件，有佩饰、器物上和衣上的坠饰、镶嵌饰以及用途不明的饰品，其中用玛瑙管、玛瑙珠、水晶珠及绿松石珠等串成的饰品即达11 055件。玉器中比较重要的是玉覆面，即用眉、鼻、眼、口等形状的玉片组成人脸的瞑目。与西周和西汉的玉覆面不同的是，墓中的玉覆面大于人的脸面。以玉覆面，是不是吴国的风俗，不得而知，但从《吴越春秋·夫差内传》中夫差自杀以前对左右随从说“吾生既惭，死亦愧矣。使死者有知，吾羞前君地下，不忍睹忠臣伍子胥及公孙圣。使其无知，吾负于生。死必连繴组以罩吾目，恐其不蔽，愿复重罗绣三幅，以为掩明”的记载来看，吴王夫差死时是以玉和丝织物覆面的。之所以这样做，是因为夫差觉得生前未能听从伍子胥和公孙圣的忠谏，如果人死有知，即使在彼岸世界也羞于面对两位忠臣。D_9M_1 中出土的玉器具有较高的工艺水平。在琢玉技法上，不仅保留了传统的细线阴刻与阴刻一面坡斜切法，还采用了减地线浮雕与阴刻阳线相结合的手法，多数玉器上都钻有大小不同的洞孔。这种琢玉技法，在 1986 年吴县严山窖藏出土的一批吴国王室玉器中也明显被采用。（姚勤德《论严山出土的吴国王室玉器》）

根据墓中出土的玉器、陶瓷器等遗物的形状、制作方法、纹饰等判断，考古工作者认为真山大墓（D_9M_1）应属于春秋中、晚期的墓葬。从墓葬所处的位置以及墓的规模来推测，D_9M_1 的墓主应该是吴国国王。但是，由于未能找到可供判断的依据，墓主究竟是哪一位国王难以确定。在已经公布的发掘报告中，考古工作者推定 D_9M_1 为不知姓名的吴国国王墓。

真山墓的发现，在考古学界引起了很大的震动，同时也引发了学术争议。一些学者提出了真山为吴国王陵区的观点。但是，从考古调查来看，位于真山主峰的 D_9M_1 是真山地区 57 座土墩中最大的，就规模而言，其他墓的墓主至多为贵族。因此，依据现有资料尚难得出真山地区是王陵区的结论。而且，真山地区的墓葬时代偏晚，约为春秋中、晚期至西汉初期。在此，必须提到的是，从 20 世纪 50 年代至 80 年代末，考古工作者在镇江丹徒发现了多处吴国时期的大型墓葬，并伴有铜器铭文或象征权力的器物出土，时代从周初至春秋中、晚期。有人据此认为丹徒谏壁至大港沿江低山丘陵地带是吴国的王陵区。（肖梦龙《吴国王陵区初探》）由此看来，即使承认真山周围地区是王陵区，其时代也只能定在春秋后期。

五、《孙子兵法》与吴国

孙子，名武，字长卿。孙子是后人对他的尊称。春秋后期，孙武出生于齐国的贵族家庭。其祖父孙书，官居大夫，在公元前 523 年讨伐莒国的战争中表现出高超的军事才能。所以，家学渊源是孙武写作举世闻名的《孙子兵法》的一个重要条件。

春秋后期，齐国内部陈、鲍、栾、高 4 个贵族争权夺利，内部矛盾尖锐。为了不成为权力斗争的牺牲品，孙武离开了故土，远走南方的吴国，在离吴都不远的郊外隐居下来。

这时正值楚平王杀害伍子胥父兄，伍子胥投奔吴国之时。因未得到吴王僚的重用，伍子胥便转而支持公子光，向公子光推荐勇士专诸，自己却在郊外隐居。隐居期间，伍子胥与孙武相识，结为知己。公元前 515 年，通过专诸刺王僚事件，公子光登上了吴国的王位，便封伍子胥为“行人”，与谋国政。吴王采取种种措施，励精图治，历 3 年而国力大为增强。此时，吴王有心与楚国一争高低，却又苦于缺少折冲销敌的将领。伍子胥适时推荐孙武。在召见孙武以及看过孙武所献的兵法以后，吴王大喜。经过吴宫练兵的试验，孙武被委以将军之职，在对楚战争中发挥了重要作用，为吴国的强大立下了汗马功劳。

《孙子兵法》是先秦时期兵学成就的集大成之作。它的成书固然有其家学渊源的因素，植根于齐文化的土壤，但是不可否认，它也受到了吴文化的熏陶，是齐文化与吴文化共同孕育的成果。

在《吴越春秋》的记载中，公元前512年孙武初见吴王阖闾时，已经献上了自己所写的兵法，似乎《孙子兵法》早就已经作成。但是，从书中所载有关吴越争战以及水战问题的议论可以推知，《孙子兵法》有一个逐步完善的过程。《孙子兵法》既是孙武对前人兵学成就的继承，也是自己军事实践经验的总结。

《孙子兵法》由13篇构成，论述了“计”“作战”“谋攻”“形”“势”“虚实”“军争”“九变”“行军”“地形”“九地”“火攻”“用间”等方方面面的问题。它不仅揭示了具有普遍意义的战争规律，而且充满了朴素唯物主义和辩证法的论断。

《孙子兵法》第一篇讨论了国家的长久大计，开宗明义提出了“兵者，国之大事，死生之地，存亡之道”的思想，分析了决定战争胜负的5个基本条件。第二篇论述了作战用兵之事。从战争对人力、物力和财力的依赖关系出发，着重阐述了“兵贵胜，不贵久”的观点。第三篇论述了谋划进攻的问题。书中强调要“多算”，要以谋胜敌。第四篇关于敌我军备形势，指出军队作战首先要使自己立于不败之地，然后寻找战机，以达到“自保而全胜”的目的。第五篇强调发挥将帅的指挥才能，造成和利用有利态势，出奇制胜地打击敌人。第六篇要求在作战指导上“避实而击虚”“因敌而制胜”“致人而不致于人”，主动灵活地争取战争的胜利。第七篇讨论主力军的正规战争，这是全书的中心部分。在这一篇中，孙武论述了克敌制胜的条件以及取得有利的作战地位的问题，并提出了“避其锐气，击其惰归”的著

兵圣孙武塑像

名军事原则。第八篇主要论述根据情况灵活运用原则的问题。第九篇阐明行军作战的要领。第十篇讲述构筑阵地对敌攻守作战时如何利用地形。第十一篇主要讲军队应适应不同的作战地区用兵，并阐述了兵贵神速等问题。第十二篇讨论火攻的种类、条件和实施方法。第十三篇主要论述使用间谍的重要性及其方法，并提出了先知敌情“不可取于鬼神”，“必取于人”的朴素唯物主义观点。（《孙子兵法新注》）

《孙子兵法》作为一本系统的军事理论著作，论述了基本的战略战术原则，提出了许多战略上卓越的命题，如“先胜而后求战”“知彼知己，百战不殆”“致人而不致于人”“攻其无备，出其不意”“避实而击虚”“以正合，以奇胜”等，至今仍具有科学的价值和指导意义。正因为如此，《孙子兵法》被后世奉为兵家经典。三国时的军事家曹操说：“吾观兵书、战策多矣，孙武所著深矣。”明代人茅元仪在为《武备志·兵诀评》作序时则说：“前《孙子》者，《孙子》不遗；后《孙子》者，不能遗《孙子》。”毛泽东也曾高度评价孙子及其所提出的“知彼知己，百战不殆”的军事原则，指出：“中国古代大军事学家孙武子书上‘知彼知己，百战不殆’这句话，是包括学习和使用两个阶段而说的，包括从认识客观实际中的发展规律，并按照这些规律去决定自己行动克服当前敌人而说的；我们不要看轻这句话。”（《毛泽东选集》第1卷）又说：“孙子的规律，‘知彼知己，百战不殆’，仍是科学的真理。”（《毛泽东选集》第2卷）《孙子兵法》不仅在军事史上占有重要的地位，而且在哲学史、文学史和科技史上也占有重要一席，甚至被运用于经济领域。它不仅指导了中国历史上千百次有声有色的战争，培养了众多的军事将领，而且早在1 000多年以前即已流传国外，先后被译成英、日、法、德、俄、朝等20多种文字，成为国外许多著名军事家爱不释手和竭力推崇的著作。《孙子兵法》的影响是深远的，它的价值与意义是名扬世界的。

◎ 第三章 ◎

秦汉六朝时期的“江东一都会”

公元前221年，秦始皇统一全国，建立起中央集权的君主专制制度，在全国推行郡县制，分天下为36郡，苏州属会稽郡，在原吴国故都设吴县，并以此作为会稽郡治。会稽郡辖26县，“兼有闽、两浙之地”，而吴县为首邑。当时的吴县包括今吴江、常熟、江阴、张家港等及上海西部地区。东汉顺帝永建四年（129），考虑到会稽郡地域辽阔，难以管理，乃析郡地东北部另置吴郡，郡治在吴县，而会稽郡治则徙山阴。分置后的吴郡辖13县，范围大致相当于今苏南、上海及杭嘉湖平原的东北部。三国时期，苏州仍为吴郡治所，属孙吴，领15县。孙皓宝鼎元年（266），从吴郡划出阳羡、余杭等5县和丹阳郡数县，另置吴兴郡。“三吴”的说法由此而来。此后，吴郡的建置时有变化，至陈代武帝永定二年（558）割吴郡所辖海盐、盐官、前京3县置海宁郡；后又划钱塘、富阳、新城等数县置钱塘郡；析建德、寿昌、桐庐等数县属新安郡。吴郡的辖地越来越窄，仅领吴、昆山、常熟、嘉兴4县。陈后主祯明元年（587）析扬州地，另置吴州。吴郡和钱塘郡等改属吴州。吴州、吴郡、吴县三级政权机构同驻苏州一城。

这一时期，苏州地方发生过项羽起兵反秦的战争和以吴王刘濞为首的叛乱，经历了孙吴割据政权的统治，并受到侯景之乱、苏峻之乱的摧残。但是，相对于东汉末年以后北方地区的战火而言，苏州地方的政治还是比较稳定的。与此相应，社会经济也得到了较快的发展，有“江东一都会”的称誉。

一、悲剧英雄项羽

宋代著名女词人李清照曾经写过一首《夏日绝句》诗："生当作人杰，死亦为鬼雄。至今思项羽，不肯过江东。"诗中说的就是楚汉相争中的失败者项羽的事情。

项羽（前232—前202），名籍，字羽，下相（今江苏宿迁）人，出身于楚国贵族家庭。在项羽10岁那年，他的祖父、楚国名将项燕在抵抗秦将王翦攻楚的战争中，兵败自杀。第二年，秦灭楚。国破家亡的悲剧，在项羽幼小的心灵中埋下了复仇的种子。项羽从小性格豪爽粗犷，有雄心大志，据说有一次他在会稽看到出游天下、威势赫赫的秦始皇，情不自禁地说道："彼可取而代也。"项羽幼时学识字不成功，改学剑术也没学好。他的叔父项梁问他究竟想学什么，他回答说想学"万人敌"，也就是一个人能战胜许多人的本领。于是，项梁教他学兵法，他很高兴。可是，学习并不适合他的性格，因而他也只是学了点皮毛，"略知其意"即罢。这也是他后来演成兵败自杀悲剧的原因之一。

后来项梁杀了人，为躲避仇家，带着项羽逃到了吴县（今苏州）。地方上有大徭役或丧事时，常请项梁主办，项梁事实上成为颇有威望的人物。利用这样的条件，项梁暗中用兵法教练吴中子弟，为反秦斗争作准备。而项羽则因为身材高大，“力能扛鼎，才气过人”，也得到了青年人的拥戴。

公元前 209 年七月，陈胜、吴广率先举起义旗，反对暴秦统治，一时天下响应，连秦朝的各级官员也看出秦朝的灭亡已不可避免，因而纷纷自谋出路。同年九月，会稽郡守殷通主动找项梁商议起兵，打算委派项梁和桓楚为将军。当时桓楚正在逃亡中，项梁称只有他侄子项羽知道桓楚的下落。殷通要项梁召见项羽。项羽应召而来，受项梁的指使，拔剑砍下殷通的脑袋，夺取了会稽郡的官印。项梁自称会稽郡守，任命项羽为裨将，选择精兵 8 000 人作为骨干力量，打出了反秦的旗号。

陈胜起义 6 个月后，兵败被害。其部将召平以陈胜王的名义封项梁为上柱国，并要项梁领兵西进，攻打秦军。项梁受命，率领江东子弟 8 000 人渡江北上，沿途收编了陈婴、黥布等起义队伍，发展壮大了自己的力量，并先后攻克彭城（今徐州）、薛城等地。

攻下薛城后，刘邦率领丰、沛子弟前往归附。项梁给刘邦补充士卒 5 000 人，让他回军攻下丰城（今江苏丰县）。此后，刘邦与项羽经常并肩作战，并结为兄弟。

公元前 208 年六月，项梁采纳范增的建议，立楚怀王之孙熊心为楚王，建都盱眙（今江苏盱眙北），重新建立起对抗秦王朝的政治中心。此后，义军在苏、鲁、豫交界处多次打败秦军，声威大震。但是，面对胜利，项梁表现出骄傲轻敌的情绪，结果在定陶之战中受到秦军的偷袭，不幸战死。其时，项羽、刘邦正在围攻陈留，得知项梁兵败的消息，立即撤军彭城，会聚各支起义军，共商大计。

楚项王画像

楚怀王亲自主持了彭城会议。根据当时的形势，会议决定兵分两路，一路由宋义率主力北上，攻打秦军章邯，救援赵国；一路由沛公刘邦领军西征，直捣咸阳。会议同时议定：谁先攻破秦国进入关中，谁就做秦王。当时，因秦军势力还比较强大，各路将领谁都不愿冒险西进。唯独项羽因报仇心切，“奋愿与沛公西入关”。但是考虑到项羽性格残暴，“所过无不残灭”，楚怀王不让他与刘邦西进入关，而让他作为宋义的副将北上救赵。

宋义带兵北上，因害怕和秦军作战，在安阳停留 46 天迟迟不进。项羽主张火速进兵，配合赵军内外夹攻，击破秦军。但宋义不予采纳。面对将士受冻挨饿的情况，项羽忍无可忍，在进帐参见宋义的时候，趁机砍下了宋义的头，并号令军中说宋义勾结齐国密谋反楚，自己奉怀王之令将其处死。全军欢呼，拥戴项羽为全军统帅。项羽整顿军队，挥师渡过漳河，命令将士凿沉渡船，砸破炊具，烧掉营房，只带3天的干粮，奋勇前进，表示了勇往直前、义无反顾的决心。这就是流传千古的“破釜沉舟”的故事。楚军以高昂的斗志向秦军发起进攻，在巨鹿地方九战九胜，大破秦军，俘虏秦军大将王离，斩杀副将苏角，副将涉间也被迫自杀。后来秦军另一大将章邯见大势已去，也率领20万大军投降了项羽。

巨鹿之战，项羽歼灭秦军主力，取得了反秦战争的决定性胜利。利用项羽牵制秦军主力的有利时机，刘邦军队一路势如破竹，顺利地进入了关中。秦王子婴向刘邦投降，维持统治仅15年的秦朝灭亡。刘邦进入咸阳后，与父老约法三章，“杀人者死，伤人及盗抵罪”，受到秦地民众的欢迎。刘邦怕项羽争夺关中，派兵把守住函谷关。

项羽在取得巨鹿之战的胜利后，威名大震，被诸侯推为上将军，带领各路义军40万人，浩浩荡荡地开赴函谷关。到了关下，始知刘邦已经进入关中，并派兵驻守，不禁勃然大怒，便挥兵破关而入，于公元前206年十二月进抵咸阳，驻兵鸿门，扬言要与刘邦决战。当时，刘邦仅有10万军队，驻在霸上，自知不是项羽的对手，便找谋臣张良商量对策。这时项羽的叔父项伯因曾受张良救命之恩，派人劝张良逃走。但张良却趁机拉拢项伯，使其与刘邦结为儿女亲家，并要他代刘邦向项羽求情。项伯满口答应，提出翌日清晨刘邦要到项羽营中赔礼；同时在回营后又劝说项羽：“要不是刘邦先入关中，你也不可能不费吹灰之力地进关。刘邦立了大功而你却要消灭他，这是不义行为。明天刘邦要来赔罪，你不如好好款待他。”项羽同意了这个请求。

第二天清晨，刘邦带了张良、樊哙等百十名随从到鸿门拜见项羽。项羽设宴款待。席间，刘邦向项羽致歉说："我和将军同心协力灭了秦朝，将军在河北作战，我从河南进兵，没料到我先进了关，今天得以在这里见到将军。不知是哪个小人造谣挑拨，使将军对我产生了误会。"性格直爽的项羽未及思考，脱口说道："听你的左司马曹无伤说，你要当关中王。"项羽的谋臣范增见项羽没有动武杀掉刘邦的意思，就叫来项羽的堂兄项庄在酒席上舞剑，以便伺机刺杀刘邦。项伯识破了项庄的用意，随即离席拔剑同他对舞，时时注意着掩护刘邦，使项庄没有下手的机会。张良见情势危急，赶忙出去找来刘邦的侍卫官樊哙。樊哙全身披挂，直闯大帐，对项羽怒目而视。项羽称赞说："好一位壮士，赏他一杯酒。"左右捧上一大杯酒，樊哙一饮而尽。项羽又说："赏他一只猪肩。"左右拿来一只生猪肩，樊哙拔剑切而食之。项羽问："壮士，还能喝酒吗？"樊哙借题发挥说："臣死且不辞，岂特卮酒乎！且沛公先入定咸阳，暴师霸上，以待大王。大王今日至，听小人之言，与沛公有隙，臣恐天下解，心疑大王也。"（《史记·樊郦滕灌列传》）项羽无言以对，便说："请坐。"紧张的气氛总算缓和了下来。老谋深算的刘邦趁机以上厕所为名，招呼樊哙等4名亲信溜出军中，逃奔回营。留下张良去向项羽道歉说："沛公酒喝多了，不能亲来辞行。叫我献上白璧一对，敬赠大王（即项羽），玉斗一对，敬赠大将军（即范增）。"项羽收下了白璧，而范增却拔剑把玉斗砍了个粉碎，感叹说："唉！竖子不足与谋。夺项王天下者，必沛公也，吾属今为之虏矣。"（《史记·项羽本纪》）鸿门宴上的刀光剑影，预示着项、刘势不两立。4年之后，范增的话果然应验了——项羽被刘邦围困在垓下，落得个刎颈自杀的下场。

鸿门宴之后，项羽驱兵进入咸阳，"杀秦降王子婴，烧秦宫室"，据说大火“三月不灭”，同时又封了18个诸侯王，自称“西楚霸王”。本来，项羽听从范增的计谋封刘邦为蜀王，想把刘邦束缚在西南一隅。后经张良运动项伯说情，改封刘邦为汉中王。项羽刚刚东归彭城，刘邦便明修栈道，暗渡陈仓，占领关中地区，从汉中杀出，与项羽公开争夺天下，从而开始了历时4年之久的“楚汉相争”。

项羽的分封诸侯，引起了各方面的矛盾；他所施行的坑杀降卒、“所过无不残灭”的残暴政策，招致了老百姓的普遍不满和反对；他猜忌功臣，只听信项伯等亲戚的话，致使有才干的人都倒向刘邦一方：能征善战的韩信，得不到项羽的重用，给刘邦当了大将；足智多谋的陈平，背叛项羽，给刘邦当了谋臣；甚至项羽手下最得力的大将黥布也投了刘邦。而项羽最重要的谋臣范增，也因为刘邦使用的反间计而遭到项羽的猜疑，一怒之下拂袖而去，未几便“疽发背而死”。至公元前202年十月，项羽已到了众叛亲离、难以为继的地步。正在这时，刘邦又设计了一个陷阱：以鸿沟为界，与项羽平分天下。鸿沟以东归楚，以西归汉。项羽识不破刘邦的阴谋，一口应承，撤兵东去。刘邦趁机调动几路大军，对项羽发动战略反攻。公元前202年十二月，项羽被围困在垓下（今安徽灵璧东南），“兵少食尽”。夜间，汉军四面大唱楚歌，迷惑项羽。项羽误以为楚国已尽被刘邦所占，感觉到了穷途末路，十分悲哀。他借酒浇愁，面对心爱的乌骓马和美人虞姬，情不自禁地慷慨悲歌：“力拔山兮气盖世，时不利兮骓不逝。骓不逝兮可奈何，虞兮虞兮奈若何！”虞美人随声附和，凄凉婉转。项羽泪流满面，“左右皆泣，莫能仰视”。然后，项羽跨上乌骓马乘夜突围，左右壮士能跟上去的仅800多骑。天明后，汉军派5 000名骑兵追击。几天后，项羽来到了乌江边（今安徽和县境内），身边只剩下 28 名骑兵。乌江亭长划着一条小船在江边等候，他劝项羽说："江东虽小，地方千里，也足够独立称王。现在就我这一条船，请大王快上船吧。"项羽苦笑着回答："天要亡我，我渡江干什么？想当年我带着江东八千子弟渡江西征，现在却没有一个人回来，我怎么有脸去见江东父老？"他于是把乌骓马送给亭长，自己徒步冲入汉军，又斩杀了 100 多人，自己也负伤多处，最后拔剑自杀。

曾几何时，西楚霸王从吴郡走向天下，叱咤风云，身经百战，在反抗暴秦的斗争中立下了赫赫功绩。但是，由于策略上的失误和个人性格上的欠缺，最终演出了一曲"霸王别姬"的悲剧。毛泽东曾经以项羽为例告诫全国军民"宜将剩勇追穷寇，不可沽名学霸王"。作为一位悲剧英雄，项羽为后人留下了许多值得引以为戒的教训。

二、汉代苏州与刘濞谋反

吴国灭亡以后，吴地隶属越国。公元前 334 年，越国又为楚国所灭。吴地并入楚国的版图。楚国封春申君黄歇于江东，以阖闾旧城为封国都邑。春申君在苏州大建宫室，以前、后两殿为主体，东、西两仓为外围，另建有附房若干间，形成了完整的建筑群。该建筑群宏大壮丽，以至司马迁游历至此，发出了“宫室盛矣哉”的感叹。春申君还在城内修筑了多项水利工程，“大内北渎，四从五横”，初步奠定了苏州城市空间的基本格局。

秦汉时期，江南地区由于人口稀少，未能得到很好的开发，经济发展水平远远落后于中原地区，司马迁《史记·货殖列传》中的一段话形象地描绘了江南地区的社会面貌：“楚越之地，地广人希，饭稻羹鱼，或火耕而水耨，果隋蠃蛤，不待贾而足，地势饶食，无饥馑之患，以故呰窳偷生，无积聚而多贫。是故江淮以南，无冻饿之人，亦无千金之家。”但是，江南地区的情况不可一概而论。尤其是作为会稽郡治、吴县县治以及汉初荆国都城的苏州，城市建设并未停滞，经济仍然得到了缓慢的发展。苏州城内外大量汉井和汉墓的存在，印证了司马迁“江东一都会”的记载。尤其在吴王刘濞统治时期，苏州经济发展曾经掀起过一个小小的高潮。

汉高祖刘邦在位期间，为了巩固汉朝的统治，在消灭异姓诸侯王的过程中，分封了一批宗室子弟到各地担任诸侯。考虑到苏州所在的江南地区民风“轻悍”，必须派一个强有力的诸侯才能治理，于是立侄子刘濞为吴王。据说刘邦分封时，曾为刘濞看相，见他面有反相，心里非常懊悔。但身为皇帝，一言既出难以轻改，因而手抚其背告诫说：“汉后五十年东南有乱者，岂若邪？然天下同姓为一家也，慎无反！”（《史记・吴王濞列传》）其实，刘濞倒也并非寡仁薄义之辈，汉文帝和当时的大臣都说他“重厚”“惠仁以好德”，是一个讲究仁义的忠厚之人。刘濞来到封国后，即利用本地的有利条件，开山铸铜、煮海为盐，以至天宝墩汉墓出土的钱币“国用饶足”；他还认真执行汉王朝的与民休息政策，在国内免除百姓的赋税；对于那些不愿服劳役的人，规定可以通过本人出钱由政府雇人代役的办法解决，在付给受雇者费用时，按照平价付钱，以示公平；另外，收容和保护从其他诸侯国逃亡来的人员以充劳动力。通过这些措施，吴国成为一个封土广大、经济富庶、实力雄厚、民人安附的诸侯国。吴王刘濞在起兵反叛时发布的“遗诸侯书”中所称“敝国虽贫，寡人节衣食之用，积金钱，修兵革，聚谷食，夜以继日，三十余年矣……寡人金钱在天下者往往而有，非必取于吴，诸王日夜用之弗能尽”，（《史记・吴王濞列传》）并非全是虚夸之辞。《汉书・食货志》中即有“吴以诸侯即山铸钱，富埒天子”及“吴、邓钱布天下”之说；枚乘也称“夫吴有诸侯之位，而实富于天子”。可见，吴国积累的财富是非常惊人的，这是刘濞发动叛乱的物质基础。

吴、楚七国之乱是王国分权势力与中央集权的矛盾日趋激化的产

刘濞雕像

物。但是，就吴王刘濞来说，其对中央的反叛之心起于文帝时吴太子的被杀。当时，吴太子入京朝见，与皇太子争道，表现颇不恭敬而被皇太子所杀。在封建等级制度下，吴王刘濞虽不敢公开表示反对，但是当吴太子遗体被送至吴国时，刘濞以“天下同宗，死长安即葬长安，何必来葬为”的态度表露心中的愤恨，并“由此稍失藩臣之礼，称病不朝”。（《史记·吴王濞列传》）尽管文帝采用了安抚之策，“赐吴王几杖”，并考虑到他年事已高，特准免去朝见之礼，但吴王心中失子之痛是不可能平复的，所以司马迁说刘濞“逆乱之萌，自其子兴”的分析，应该说是符合历史实际的。

最终促使刘濞决心反汉的还是景帝的“削藩”政策。

早在文帝时期，面对诸侯王势力坐大、时有反叛发生的情况，大臣贾谊就提出了“众建诸侯”之策，主张尽封诸侯王子弟，使大国分为尽可能多的小国，从而削弱地方势力，达到“令海内之势如身之使臂，臂之使指，莫不制从”的目的。景帝上台以后，加强了这方面的措施，采用大臣晁错提出的“请诸侯之罪过，削其地，收其枝郡”的建议，直接削夺诸侯王的土地。晁错在提出这一建议时，已经考虑到了诸侯王发动叛乱的可能性，但他认为“今削之亦反，不削亦反。削之，其反亟，祸小；不削之，其反迟，祸大”。(《汉书·荆燕吴传第五》）既然是祸，迟发作不如早发作，因而建议景帝抓紧“削藩”。景帝先后削夺了赵国、楚国、胶西国的几个郡县。这样一来，引起了诸侯王的惊恐。吴王刘濞“恐削地无已”，便在景帝前元三年（前154）正月，以“诛晁错”“清君侧”为名，联合楚、赵、胶西、胶东、淄川、济南6国，发动了公开的叛乱。

刘濞谋反开始时，下令国中14岁以上、62岁以下的男子全部入伍，聚众20多万人，从广陵（今扬州）出发向西汉统治中心区域进攻。楚、赵等6国也起兵响应。一时之间，叛军声势浩大，大有“黑云压城城欲摧”的态势。汉景帝面对吴、楚等7国气势汹汹的进攻，也发生了动摇。他以为既然叛军以“清君侧”为名，只要牺牲晁错，叛军就会自动退兵，因而听信大臣爰盎之言，杀掉了晁错。但是，事情并没有朝着他预想的方向发展。谒者仆射邓公从前线归来后，景帝问他：“……闻晁错死，吴楚罢不?”而邓公回答说：“吴为反数十岁矣，发怒削地，以诛错为名，其意不在错也。”这时，他才恍然大悟，发觉自己犯了一个可笑的错误，但错已铸成，无可挽回，只有“喟然长息”而已。(《汉书·爰盎晁错传》）

刘濞发动叛乱是蓄谋已久的。“诛晁错”“清君侧”只是一个幌子。他的目的是进军长安，夺取西汉中央政权。当晁错已诛，枚乘劝刘濞罢兵时，刘濞予以拒绝，并对朝廷派来的使者说：“我已为东帝。”其“吞天下之心”昭然若揭。但是，统一是大势所趋，任何破坏国家统一的企图都是不得民心的。吴、楚七国之乱破坏了社会政治安定的局面，阻碍了社会经济的发展，失败是不可避免的。

在叛乱的消息传到长安时，汉景帝即已进行了部署，派太尉周亚夫率领大军迎击吴、楚叛军，又派曲周侯郦寄领兵攻赵、将军栾布率兵解齐之围、大将军窦婴驻守荥阳督战策应。

吴、楚叛军西进，遇到拥护汉王朝的梁国军队的拼死抵抗。与此同时，周亚夫派兵切断了叛军的粮道。叛军久攻梁国不下，即掉过头来攻击汉军。汉军在周亚夫的统领下，据险固守，并不应战。叛军连战无功，供应短缺，士气低落，终于自行崩溃。周亚夫挥兵猛追，大破叛军，吴王刘濞带领残兵数千人逃往东越。楚王自杀，叛军主力瓦解。在汉王朝重赏引诱下，东越人杀死刘濞，献其头于汉王朝。吴、楚七国之乱，历时仅 3 个月就失败了。

镇压叛乱后，汉王朝即抓住时机，对诸侯国的设置进行了大调整。吴国被废除，苏州直接隶属中央王朝。

三、孙吴立国的根据地

东汉末年，群雄并起，干戈不休。经过长期的争战，逐渐形成了北方的曹魏、长江上游的蜀汉、长江下游的孙吴 3 个割据政权，出现了三国鼎立的局面。其中，割据江东的孙吴政权是在苏州发迹的。

孙吴政权的奠基人是吴郡富春（今浙江富阳）人孙坚。孙坚起自县吏，曾经历事朱儁、张温、袁术等，官至长沙太守，封乌程侯。他一直在别人的号令指挥下，未见有割据一方的意图，所以史书中称许他有“忠壮之烈”。实际上，他也在尽量扩张自己的势力，逐步巩固自己的地位，为他的儿子占据江东打下了基础。

孙坚死后，其长子孙策继承了父业。他向袁术要回父亲的部曲 1 000多人，并募得部众数百人，以此为基本队伍，开始在江东发展势力。汉献帝兴平二年（195），孙策继占据丹阳、会稽后，回师进攻吴郡，赶走吴郡太守许贡，消灭吴地地方武装严白虎，完全控制了苏州一带。至建安四年（199），孙策已尽占包括吴郡、丹阳、会稽等 6 郡在内的江东之地。第二年，孙策遭许贡原部属的伏击暗算，重伤而亡。临终时，遗令弟弟孙权继位，并对孙权说：“举江东之众，决机于两陈（阵）之间，与天下争衡，卿不如我；举贤任能，各尽其心，以保江东，我不如卿。”（《三国志・吴书一・孙策传》）孙权掌权后，继续在江东巩固和发展势力。曹操封孙权为讨虏将军，领会稽太守事。但孙权将会稽政务交由顾雍管理，自己则常驻苏州。此后10多年间，孙权以苏州为根据地，苦心经营鼎足江东的事业。

孙权初立时，形势很不稳定：虽然占有江东6郡之地，但深险之处，多为山越所据，未尽从命；部下也各怀彼此，去就未定；特别是当地的世家大族，尚未归心。正如《三国志・吴书二・吴主传第二》中所分析的：“是时惟有会稽、吴郡、丹杨、豫章、庐陵，然深险之地犹未尽从，而天下英豪布在州郡，宾旅寄寓之士以安危去就为意，未有君臣之固。”针对这种情况，孙权在周瑜、张昭等人的协助支持下，在苏州“分部诸将，镇抚山越，讨不从命”，扑灭了以庐江太守李术为首的反叛势力，同时又“招延俊秀，聘求名士”，把江东大族和北方南下的士大夫团结在身边，稳定和加强了自己的政权。

江东大族的支持，对孙吴政权具有举足轻重的意义。江东大族以吴郡顾、陆、朱、张四姓最为著名。陆机《吴趋行》中曾说：“属城咸有士，吴邑最为多。八族未多侈，四姓实名家。”吴郡所属城邑，几乎都有强宗存在。最多的是吴县，除顾、陆、朱、张四姓外，还有陈、桓、吕、窦、公孙、司马、徐、傅八族。这些大族居高官、享厚爵。吴郡四姓之中，以顾、陆两族兴起较早，朱、张两姓兴起略晚，他们各自形成了独具特色的门风，《世说新语》中曾称“陆忠、顾厚”“张文、朱武”，即陆氏忠烈、顾氏厚重、张姓尚文、朱姓重武。在孙吴政权中，顾雍、陆逊都曾贵为丞相，顾、陆两姓子弟为官者相继，可以说是孙吴政权的两大支柱。他们还拥有强大的经济、军事力量，所谓“吴名宗大族，皆有部曲，阻兵仗势，足以建命”（《三国志·魏书·邓艾传》）。他们“势利倾于邦君，储积富乎公室……僮仆成军，闭门为市。牛羊掩原隰，田池布千里……金玉满堂，伎妾溢房，商贩千艘，腐谷万庾”。孙策据有江东，便是依靠拥有部曲和财富的江东大族的支持。东晋史家孙盛评论说：孙策虽据江东，但“势一则禄祚可终，情乖则祸乱尘起”。就是说，江东大族如果一致支持孙氏，那么孙氏的统治就可延续下去，如果二者发生冲突，那么孙氏的政权就难保了。正因为如此，孙吴政权所采取的政策始终不敢违背江东大族的利益。

建安十六年（211），孙权徙治秣陵（今南京），后来又迁都武昌。苏州虽不再作为孙吴政权的政治中心，但经过 10 多年的经营，经济得到了开发，并不断地发展，出现了“其野沃，其民练，其财丰，其器利”的局面，成为孙吴政权巩固的后方基地。

为了维持鼎足江东的局面，巩固孙氏的统治，孙吴政权采取了很多措施，推动了苏州地区经济的发展。

以苏州为中心的江南地区拥有得天独厚的自然条件，资源丰富，所谓“畛畷无数，膏腴兼倍，原隰殊品，窊隆异等”，生产条件十分优越。但是，孙吴建国以前，由于缺乏必要的劳动力，江南经济资源长期得不到开发。孙吴占据江东后，注意招徕劳动力：一是掠夺敌国人口。如孙策当政时，周瑜攻破皖城，把原属袁术的“百工及鼓吹、部曲三万余人”掠回江东。二是吸引外来人口。由于北方战乱，锋镝之下少有苟生之人，故而中原士大夫把江南视为“乐土”，纷纷举族南迁，孙吴朝廷中的著名大臣张昭、鲁肃等即是由北方迁入吴地的。三是驱山越民众出山。当时在孙吴辖境内的山区，居住着大量的越族后裔，称为山越。他们在丛山中过着自给自足的生活。孙吴政权出兵征服，并采取了“强者为兵，羸者补户”的政策。据统计，孙吴共掠得山越精兵 10 多万人，约占吴国兵额的半数，并增置了不少郡县，以安顿其中的老弱、女子，使他们参加生产。这些措施，在很大程度上缓解了吴国劳动力紧缺的困难。同时，孙吴还大办屯田，兴修水利，使得吴国的农业生产得到了前所未有的发展，社会经济面貌发生了显著的变化。西晋文学家左思追忆当时的农业经济情况，在《吴都赋》中作了如下的描述：“其四野则畛畷无数，膏腴兼倍，原隰殊品，窊隆异等……国税再熟之稻，乡贡八蚕之绵。”“窥东山之府，则瑰宝溢目；覸海陵之仓，则红粟流衍。”

苏州的手工业也有了很大的发展。汉代即已著名的葛、麻布生产，孙吴时更为发达。丝织业逐步发展起来，政府建立了官营织造工场——织络，专为统治集团生产丝织品。在此基础上，出现了刺绣工艺，《三国志・吴书・华覈传》有“妇人为绮靡之饰”，“绣文黼黻，转相仿效”的说法，人们追求华丽的丝织绣衣成为风气，这是吴地手工业发展中的一项突出成就。

瓷器制造是孙吴时期手工业发展的又一重要标志。青瓷器的烧造是这一时期手工业的重大贡献。从考古发现的窑址、窑具和生产的成品看，青瓷烧造已成专业，水平和规模在全国处于领先地位。1975 年和 1976 年在苏州平门城墙中发掘出两座孙吴时代的墓葬，出土了一批图案造型美观、烧制精良的壶、罐、碗、钵等青瓷制品，充分体现了苏州制瓷业的水平。

苏州的造船业在继承传统的基础上有了更大的发展。政府专门设置了负责造船的官吏，称典船都尉。因造船业发达，吴国已拥有一支相当规模的水师。大的战船有上下5层，海船长达20余丈，可载人数百、载货万斛。而且，吴国的船只“雕刻丹缕，青盖绛襜”，造型美观，装饰华丽，左思《吴都赋》中描写道：“弘舸连舳，巨槛接舻，飞云盖海，制非常模。叠华楼而岛跱，时仿佛于方壶。”孙吴政权灭亡时，西晋收缴到的船只竟多达5 000余艘，足见造船数量之多。舟船的精良，加上航海技术的提高，使吴国的船只能出海远航台湾、辽东、日本、高丽等地。孙吴政权与海外的频繁联系，扩大了中国在海外的影响，在隋唐以前，“吴”成为日本称呼中国的代名词。

农业、手工业的发展，促进了城市商业的繁荣。《隋书 · 地理志》称南朝时的吴郡等地川泽沃衍，有海陆之饶，珍异所聚，故商贾并凑，当是孙吴时期打下的基础。

苏州城中至今保留着一些孙吴时期的遗迹。随着佛教传入中国，信奉佛教的人越来越多，孙权的母亲吴夫人即是虔诚的信徒之一。相传孙吴时期创建于城内的寺院有9所，其中最为著名的是坐落在郡城北部的报恩寺，俗称北寺，赤乌年间由吴夫人舍宅而建（原名通玄寺，后改为报恩寺）；赤乌四年（241），西域僧性康来吴传教，孙权在盘门内为他辟建普济禅寺；赤乌十年（247），孙权为报乳母陈氏恩，又在普济禅寺内建13层舍利塔，这就是历经浩劫而未堕废的瑞光塔。景德路雍熙寺弄西城隍庙旧址的周瑜宅第，是孙策据吴时所建，这座宅第一直保存到宋代，其地至今以周将军巷为名。宅内有周瑜手植柏树一棵，名为“周将军柏”，至近代犹存。

报恩寺塔，俗称北寺塔

孙权称帝前吴中流传的“黄金车，班兰耳，闿阊门，出天子”的童谣，表明了苏州在孙吴建国过程中的特殊地位。其后，吴都虽屡经迁徙，但苏州在支持孙吴政权对外争战、鼎足江东的事业中所发挥的后方基地的作用仍是不可低估的。

◎ 第四章 ◎

唐宋元时期的东南雄藩

公元589年，隋文帝灭陈后，废吴郡建置；以城西有姑苏山之故，易吴州为苏州，这是苏州得名之始。后越国公杨素以苏州地处平原，“非设险之地”为由，在城西南10多里处的横山山麓另建新城，作为州治。唐初又将州治迁回旧城。武则天时期，因吴县地广人众，析其东南地另置长洲县，于是苏州城以卧龙街（即今人民路）为界，东归长洲，西属吴县，并且州治和长、吴两县县治同驻一城。以后，苏州的建置、名称屡有更易。唐代宗大历年间，苏州因人口繁富，被升为江南地区唯一的雄州。五代时期，苏州属吴越国，改称中吴府，后又置中吴军节度使。北宋政权建立后，吴越国纳土称臣。朝廷改中吴军节度使为平江军节度使，属两浙路。苏州一度成为两浙路转运司、提点刑狱使司、安抚使司和提举常平司治所。宋徽宗政和三年（1113），敕升苏州为平江府，从此苏州又有平江之称。元朝以苏州为平江路，属江淮行省。元末张士诚起义，割据平江，建大周政权，一度改平江路为隆平府。后来张士诚接受元朝册封，复称平江路，直至被朱元璋所灭。

一、“上有天堂，下有苏杭”与“苏湖熟，天下足”

随着南朝时期江南地区经济的快速增长和全国经济重心的逐渐南移，苏州的经济地位日益上升，发展成为江南地区的经济中心城市。

苏州经济的发展与江南运河的修拓有密切关系。江南运河奠基于春秋晚期，至隋代正式修成。运河的通航，改善了江南地区的水陆交通，促进了生产力的发展与社会经济的繁荣，加强了南北经济文化的交流。从此以后，江南地区的粮食物资源源不断地运往北方，“天下利于转输”。同时，它也刺激了处于运河侧畔的苏州的经济发展。唐初，统治集团采取了一系列发展生产的措施，使苏州经济在隋末一度受挫后得到了恢复和发展。1969 年，我国考古工作者在洛阳含嘉仓内发现了一块记载武则天圣历二年（699）从苏州运去 1 万余石糙米的铭砖，表明苏州在唐朝前期已是全国的一个重要产粮区。唐朝中叶以后，北方经安史之乱，一片残破，而江南地区的经济却愈益发达，逐渐成为国家财政的支柱。而苏州在江南地区又居于领先地位，白居易在《苏州刺史谢上表》中声称：“况当今国用，多出江南；江南诸州，苏最为大。兵数不少，税额至多。”（顾学颉校点《白居易集》第 4 册）

苏州经济的发展，在人口增长和税收增加两方面有明显的反映。

唐朝初年，苏州的户数仅 1.1 万余，开元时期为 6.8 万多，天宝年间增至 7.6 万，安史之乱以后人口猛增，突破 10 万，唐末更超过了 14 万。从唐初至唐末，苏州户数一直呈上升趋势，这在整个江南地区是独一无二的现象。正因为如此，苏州成为江南地区唯一的雄州。苏州人口众多、地繁民富，也引起了诗人们的浓厚兴趣，在他们的诗中曾多次予以揭示，如白居易诗有“版图十万户，兵籍五千人”“十万夫家供课税，五千子弟守封疆”的说法。在古代社会，经济发展速度与人口增长速度是成正比的，因而人口的持续增加反映出苏州经济发展较快的事实。

苏州每年向朝廷交纳的赋税，据《吴郡志》引《大唐国要图》称，为 105 万贯钱。当时，两浙地区 13 州，共纳钱 665 万贯，平均每州负担 51 万贯，而苏州的税额竟达 105 万贯，占两浙诸场收钱总数的 1/6 左右，超出各州平均数 1 倍，所以刘禹锡说“苏州口赋，首出诸郡”，白居易称“江南诸州，苏最为大，兵数不少，税额至多”是客观的事实。税额的增加，一方面固然说明统治阶级剥削的苛重，另一方面也表明苏州的经济发展水平高于其他地区。

苏州经济的发展还突出地表现为农业和工商业的兴盛。

农业生产工具的改进是农业发展的一个重要表现。唐代苏州农具的改进，主要表现为对耕犁的改造。据晚唐诗人陆龟蒙《耒耜经》的记载，江东犁（曲辕犁）由铁制的镵、壁和木质的犁底、压镵、策额、箭、辕、梢、评、建、槃等 11 个部件构成，轻巧灵便，可以调节入土深度，操纵自如。以前的耕犁都是直辕犁，笨重费力，效率不高。由直辕改为曲辕后，不仅省力，而且大大提高了耕地效率。其他还有耙、碌碡、锹、铲、耘荡、耘爪、艾、镰等配套工具用来碎土、平田、挖土、除草、耘田、收割，其中耘荡、耘爪等都是吴农新创的。农具的改进和创造，使精耕细作成为可能，从而大大提高了农业产量，“吴门转粟帛”“粳米来东吴”等诗句，从一个侧面反映了苏州地区粮食产量提高的实情。

唐代，苏州的手工业发展很快。《新唐书·地理志》等史书所记苏州上贡朝廷的手工业品种达数十种之多，包括丝葛、丝绵、八蚕丝、绯绫、乌眼绫、衫缎、罗纻布、折皂布、白角簟、草席等。其中最为突出的是丝织业。唐代以前，苏州丝织业虽已出现，但不及黄河

大运河

流域和四川地区发达。安史之乱以后，随着北方人口南下和江南经济的发展，苏州丝织业的规模有了扩大，技术水平不断提高。天宝年间，吴郡进贡的方文绫受到唐玄宗的赞赏。诗人们在他们的作品中对当时江南地区生产的吴绫、越罗、绛纱等也称颂不已。尤为可道的是，苏州的“织纤”技术，成为帝都所在的关陇地区之人仿效的对象，充分反映出苏州丝织业地位的提高。唐代，苏州生产的各种书画用的彩笺也备受人们青睐，《吴郡志》说：唐代彩笺，吴中所造，名闻四方。这种彩笺是用多种颜料和胶刷制作而成的，隐以罗纹，状如鱼子，故又称鱼笺。著名诗人皮日休与陆龟蒙的唱和鱼笺诗中有“向日乍惊新茧色，临风时辨白萍文”句，即是指此。到了宋代，四川所造的粉笺因采用了苏州的工艺，故名“吴笺”。此外，如苏州的造船、煮盐、草席、酿酒、食品加工、金银细作业等也都有可述之处，兹不一一罗列。

运河的通航，农业、手工业的发展，推动了城市商业的兴盛。唐代以前，城市中实行坊市制度，规定居民的住宅区和市区分开，交易必须在市区进行，商品交换受到时间、空间的严格限制。但是，随着商品经济的发展，这种束缚城市经济发展的坊市制度受到冲击，并逐渐走向崩溃。白居易诗中称苏州“人稠过扬府，坊闹半长安”，前句表明当时苏州城市人口超过了当时有“扬一益二”（意即城市的繁华以扬州为第一、成都为第二）之誉的扬州；后句则说明城内商业活动的喧闹景象，而这种景象在严格实行坊市制度的情况下是难以见到的。夜市的兴起是坊市制度趋向崩溃的重要表征。杜荀鹤《送人游吴》诗中说道：“君到姑苏见，人家尽枕河。古宫闲地少，水港小桥多。夜市卖菱藕，春船载绮罗。”极为生动地描写了苏州城内夜市的情景。这种夜市不是仅限于城内，甚至已经出现在整个江南水乡地区。杜荀鹤的另外一首诗《送友游吴越》描绘了苏州农村夜市的情况："去越从吴过，吴疆与越连。有园多种橘，无水不生莲。夜市桥边火，春风寺外船。"坊市制度的崩溃还表现为市场的增多。按照坊市制度的规定，苏州应有东、西两市，但唐代的苏州，在传统的市区之外又出现了不少新的市场，这些市场因专门出售一种或几种商品而被称为谷市、橘市、鱼市、槐市等。市场的扩展为商业发展提供了更为有利的条件，从事工商业经营的人越来越多，皮日休《吴中苦雨因书一百韵寄鲁望》诗中"吴中铜臭户，七万沸如臛"，即形象地说明了这一点。凭借交通的便利，苏州市场吸引了不少远方的商旅，刘禹锡《采菱行》诗中有云："笑语哇咬顾晚晖，蓼花缘岸扣舷归。归来共到市桥步，野蔓系船萍满衣。家家竹楼临广陌，下有连樯多估客。"这些估客大多是从事贩运贸易的商人，他们携带各种货物来到苏州市场，再从苏州运走农副产品和手工业品，从而沟通了苏州市场与外地市场，促进了苏州城市的繁荣和商业的兴盛。

唐代末年，藩镇割据，战火纷飞，古城苏州历尽劫难。其后，苏州成为吴越国的辖地。由于吴越国统治者采取了保境安民的政策，苏州地区的经济才又得到恢复和发展。尤其吴越政权重视农田水利建设，组织了一支拥有七八千人之多的营田军，管理、养护农田水利，使得太湖流域形成"五里或七里一纵浦，七里或十里一横塘"、圩田和塘浦相应布列的棋盘式圩田系统，为宋代苏州农业的发展打下了坚实的基础。

苏州的经济开发到宋代进入了一个新的阶段。

经过夺权政变建立起来的北宋王朝，很快结束了干戈扰攘和分裂割据局面，把广大的国土置于中央政权的有效管理之下。宋朝统治者清楚地认识到农业是富国裕民、安邦定国的物质基础，因而积极推行奖励农桑的政策，地方官府认真贯彻朝廷旨意，注意发展生产。在这样的背景下，苏州经济潜力得到了进一步的挖掘，粮食生产上升到前所未有的水平。

宋代，苏州农业经济的高度发展是与注重农田水利建设密不可分的。苏州地处太湖流域。太湖地区自然条件优越，雨水丰富，西南的天目山苕溪水系和西面茅山荆溪水系汇集到这个地势低洼的地区，形成了包括著名的太湖在内的大大小小的湖泊，水利资源丰富。然而，水源畅旺并非绝对是好事，如果不能加以改造、利用，往往会变水利为水害，历史上太湖地区水灾频繁，即由此之故。处于太湖东北部的苏州，是这一地区最为“沮洳”的低洼之地，同时又是太湖水系东向入海的枢纽，排除积潦便成为苏州，也是太湖地区水利建设的当务之急。

注重农田水利，不自宋代始。可以说，六朝以来苏州经济地位的上升，是农田水利开发的结果。唐代，苏州地区的地方官都十分重视兴修水利，先后筑有运河塘、常熟塘等。吴越农田水利的成就更为突出。北宋初年，苏州地区农田水利开发一度松懈，以致“其患方剧”，水灾连年。其后，有识之士都十分注重水利，范仲淹、郏亶和郏乔父子、单锷、苏轼等人都对太湖水利提出过各自的认识和主张。历任地方官对太湖主要泄水道吴淞江也屡次进行整治。景祐年间，范仲淹治苏时，“询访高年”，“深究利病”，认为吴淞江不能尽泄太湖等众湖之水，主张向北开辟通江河道，引湖水“东北入于扬子江与海”。他“力破浮议”，“亲至海浦，开浚五河”，即在昆山、常熟之间开茜泾、下张、七丫、白茆、许浦，引湖水东北流于江，从而“为数州之利”。事隔50年，朱长文作《吴郡图经续记》时仍说此举使“民到于今受其赐”。北宋末年，平江府司户曹事赵霖募灾民兴修水利，“开一江一港四浦五十八渎”，也以排除积涝为主。宋室南迁后，继承了这种做法，如开昆山七丫、茜泾、下张诸浦，浚导吴淞江，并开大盈、顾汇、柘湖、下金山小官浦以入海，“自是水不为患”。开港浦和疏浚吴淞江，排积涝于江海，这是宋代太湖地区水利的主要工程，是太湖地区人民改造低洼地的主要手段。这种做法收到良好的效果，同时在施行中，泾渎港汊纵横交错，相互贯通，逐步建立起水网化系统，为本地区粮食的稳产高产创造了条件。

在兴修水利的过程中，苏州地区人民向自然开战，与水争田，取得了重大成果。与水争田的主要方法是“治湖造田”，这有两种情况：一种是废湖为田，即将湖水排干，以湖底为田，前代已有“决湖以为田”的记载，宋时此风大炽；另一种是围湖为田，即在水中筑堤，与岸相接，将湖泊一部分围圈起来，排出堤内之水，露出湖底，以之为田，堤立于水中，水挡在堤外，水高于田，干旱时可随时灌溉，故围内都是旱涝保收的良田。与此相类的还有圩田，规模更大，其堤又高又厚，堤长少则数十里，多则百余里。湖底土壤肥沃，故水中所造之田产量很高，收入甚丰，对于农业的发展起了积极作用，提高了江南的经济地位，同时也增加了政府收入，稳固了宋王朝统治的经济基础。但不能不看到，废湖为田或围湖为田破坏了生态平衡。南宋时，苏湖之间被围湖田达1 489处之多，并继续恶性发展，以至于“陂塘、溇渎悉为田畴，曩日潴水之地，百不一存”。湖泊本是调节水流的天然水库，废湖或围湖为田的结果，缩小了湖面或消灭了整个湖泊，致使湖泊调节水流的功能丧失，大多数良田旱则无灌溉之利，涝则洪水横流，泛滥成灾；而且，由于废湖或围湖为田缺乏统一规划，往往只求近功，不计长远后果，围垦的目的，又往往多在得田而不在治水，治水的其他措施，如开掘、疏浚河道之类，也都未能贯彻执行，造成了太湖地区水道系统的紊乱；再加上豪强贵族、达官权势之家纷纷加入造湖为田的行列，导致混乱，为害愈烈。由此，有识之士纷纷陈辞，请求制止。从宋高宗末年开始，政府即下令严禁，但这些诏令遭到豪势的公然抵制，他们撤毁禁约石碑，肆意围筑，广包强占，如有过问者，则刀刃相向，以致几十年间，江河湖泊尽皆为田。因此，后人谈及吴中有水旱之患的原因时，认为“其弊在于围田”。可见，太湖地区对低洼地的改造，是付出了沉重代价的。

与水争田的另一种方法是“葑田”，这是苏州地区劳动人民的一大创造。所谓葑田，又名架田，就是在江、湖中，茭、蒲等植物经水流长期冲击，根部与土分离，浮于水面，动辄有数十丈之长，厚达数尺，上面可供耕种，人居其上犹如站在木筏上一样。从宋代诗人的吟咏中可见，葑田俨然土肥苗壮，林和靖《葑田》诗云：“淤泥肥黑稻秧青，阔盖深流旋旋生，拟倩湖君书版籍，水仙今佃老农耕。”葑田的产生，反映了劳动人民的聪明才智和与水争田的坚强意志。

耕作栽培技术水平的提高，促进了苏州农业生产的进一步发展。宋代苏州，无论是在生产工具的改进，抑或生产过程中的经营管理，还是粮食品种的选择等方面，都达到了前所未有的水平，反映出精耕细作程度的提高。

先进的生产工具是苏州农业得以采用精耕细作经营方式的主要条件。前文曾经述及，从唐代后期始，苏州地区的耕犁就已得到改良，由直辕改为曲辕，既灵活方便，又提高了耕田效率。宋代沿用了曲辕犁，并作了重大改进，在犁上配置了銐刀（劙刀）。“銐刀”是用来垦辟荒田的，把銐刀安置在犁上，能轻易地划断芦根。两宋时期，曾对太湖地区大片低洼地进行改造，除筑堤御水外，很大的工程是处理排水后芰荑丛生的蒲芦杂草，而安置在耕犁前部的銐刀，是改造这种低洼地的一种极其得力的工具。是故著名农史专家刘仙洲教授在所著《中国古代农业机械发明史》一书中，对这一创造大加称赞，认为是一件值得大书特书的事情。

宋代创制、改进的工具中，还有秧马、耘荡、筒车等，在节省人力和提高劳动生产率方面起了很大的作用。其中值得一提的是作为灌溉工具的筒车。筒车又称水轮，建立在靠河岸的水中，利用水流的力量转动轮辐，轮辐上的竹筒灌满了水，而后流到岸上，通过渠道灌于田中。时人称赞说：“吴侬踏车茧盈足，用力多而见功少。江南水轮不假人，智者创物真大巧。一轮十筒挹且注，循环下上无时了。”此外，前代早已出现的龙骨水车在此时使用得更为普遍，范仲淹专门写了一篇《水车赋》，称颂龙骨水车为大旱之岁的“霖雨”，说这种水车“假一毂汲引之利，为万顷生成之惠，扬清激浊，诚运转而有时，救患分灾，幸周旋于当世……河水浼浼，得我而不滞不凝；原田莓莓，用我而无灾无害”。苏东坡《无锡道中赋水车》诗中也有“翻翻联联衔尾鸦，荦荦确确蜕骨蛇。分畴翠浪走云阵，刺水绿针抽稻牙”等句，描述天旱之际水车引水灌溉稻田的情景。

在长期实践的基础上，苏州地区逐渐形成了一套比较完整的田间管理技术和精耕细作经验。高斯得《宁国府劝农文》中描写当时包括苏州在内的太湖地区精耕细作的情况时说：“浙人治田，比蜀中尤精。

土膏既发，地力有余，深耕熟犁，壤细如面，故其种入土坚致而不疏。苗既茂矣，大暑之时，决去其水，使日曝之，固其根，名曰靠田。根既固矣，复车水入田，名曰还水，其劳如此。还水之后，苗日以盛，虽遇旱暵，可保无忧。”

太湖地区古属扬州，《禹贡》说这个地区“厥田惟下下”。但唐、宋以后，太湖地区一改卑湿下田而为肥沃之壤，其来有因。著名词人秦观说：“今天下之田称沃衍者莫如吴越闽蜀，其一亩所出视他州辄数倍。彼闽蜀吴越者，古扬州梁州之地也。按《禹贡》扬州之田第九、梁州之田第七，是二州之田，在九州之中等最为下，而乃今以沃衍称者何哉？吴越闽蜀地狭人众，培粪灌溉之功至也。”（秦观《淮海集》卷 15）可见，宋代太湖地区农民十分注重以粪肥田。除以粪肥田外，河泥的肥田功用也引起人们注意，南宋诗人毛珝《吴门田家十咏》中有一首诗说：“竹罾两两夹河泥，近郭沟渠此最肥。载得满船归插种，胜如贾贩岭南归。”他认为用河泥肥田比到岭南经商好处更多，显见时人对施肥的重视。

宋人郏亶说过：“天下之利，莫大于水田。水田之美，无过于苏州。”苏州地区以种植水稻为主，从文献记载看，水稻品种很多，如昆山有 33 个，常熟有 40 多个。水稻品种丰富，充分说明了水稻种植的兴盛，同时也是苏州农业发展的重要标志。在认识各品种性能的基础上，人们选择优良品种培育；或者因地制宜，发展稻稻两作或稻麦两作制。因此，苏州地区“稻一岁再熟”等记载不绝于书，从而大大提高了粮食产量。

宋代，苏州地区农业生产的内部结构也发生了变化。经济作物的数量增多，种植更为普遍，并且出现了商品性农业，从而涌现出大批种植经济作物的专业户，形成了新的农业分支。

苏州地区的茶叶生产获得很大发展，茶叶名品更多，种植更为普遍，唐时盛行的川茶至宋则为江南各地名茶所取代。苏州洞庭山所产的茶叶曾作为贡品进奉朝廷。

苏州地区蚕桑业后来居上，使其逐渐成为蚕桑业中心。唐代，吴地的蚕桑生产还不普遍，至宋代，情况就大不相同了，李觏描述说："东南之郡，……平原沃土，桑柘甚盛，蚕女勤苦，罔畏饥渴，急采疾食，如避盗贼，茧簿山立，缲车之声，连甍相闻；非贵非骄，靡不务此，是丝非不多也。"（李觏《直讲李先生文集》卷 16）苏州地区因自然条件较好，出现了"蚕一年八育"的情况。蚕桑业欣欣向荣，推动了丝织业的发展，其具体情况将在后文述及。以太湖地区为中心的两浙路上贡的丝织品和租税占全国总数的 1/4。这充分说明全国的蚕桑业中心已转移到以苏州为中心的太湖流域。

宋代，苏州一带以盛产甘蔗著称，即所谓"甘蔗盛于吴中"。当时甘蔗有很多品种，其精粗好坏，主要是根据所含糖分的多少来区分的。

苏州的柑橘在唐代即已有名，上贡朝廷，宋代更为发展，范成大《吴郡志》称苏州一带"橘园"甚多，成为产橘中心。柑橘产量最多、质量最好的是两浙路的温州、苏州和台州。苏州洞庭山的洞庭橘树苗大多买自苏、湖、秀 3 州，而以湖州所产为上，经本地水土的浸润，长成后"皮细而味美"，遐迩闻名。

此外，如养花业、蔬菜业等也都发展起来了，至迟在南宋，苏州地区已经开始种植木棉了。

随着经济作物的广泛种植，出现了许多专业户，如苏州洞庭山民，“皆以树桑栀甘柚为常产”，或以蚕桑为生，或以种植柑橘为业，“糊口之物，尽仰商贩”，完全靠商品粮供给，一旦粮食供给断绝，便有挨饿甚至饿死之虞，如南宋绍兴二年（1132）冬，天大寒，湖水结冰，米船不能通行，以致饿死许多山民。可见，这些专业户已完全脱离粮食生产。蚕桑、柑橘等业在苏州地区某些地方已经独立成为一个新的农业分支了。

水利的兴修，圩田的增加，以及深挖土地潜力，注意精耕细作，使苏州农业生产有了明显发展，单位面积产量大大高于其他地区。范仲淹说：苏州水稻“中稔之利，每亩得米二石至三石”，折合稻谷 3 石至 5 石。这还只是中等年成的情况。因此，太湖地区遂成为宋朝政府的粮仓。范仲淹说过：“苏、常、湖、秀，膏腴千里，国之仓庾也。”著名宋史专家朱瑞熙先生在《宋代“苏湖熟，天下足”谚语的形成》一文中曾经指出：如果以湖州每年粮食产量仅达苏州的一半计算，两州的年产粮食则达到 1 000 万石以上，这样，就不是一个很小的数字了。按照南宋全国人口保持在 1 100 多万户到 1 200 多万户……平江府和湖州两地每年的粮食产量几乎可以分给全国每户 1 石米。实际情况还不止如此。（朱瑞熙《宋代“苏湖熟，天下足”谚语的形成》）因此，到南宋年间就有了“苏湖熟，天下足”和“苏常熟，天下足”的谚语。吴泳《隆兴府劝农文》说：“吴中厥壤沃，厥田肥，稻一岁再熟，蚕一年八育……故谚曰：‘苏湖熟，天下足’，勤所致也。”陆游《常州奔牛闸记》则说：“语曰：苏常熟，天下足。”不论哪一种说法，都深刻地反映出苏州农业生产发展的状况。

粮食生产的增长，为手工业的发展奠定了基础。除传统的手工行业外，又出现了一些新的部门。宋代的苏州已成为丝织品生产最为发达的地区之一。以太湖地区为中心的两浙路所生产的罗、绢、绸、丝绵等产品产量都占全国首位。不仅丝织品数量超过前代，质量也大为提高。明代著名画家董其昌评论说："唐绢粗而厚，宋绢细而薄。"从"粗而厚"到"细而薄"，反映了宋代丝织技术上的一个突破。宋代的刺绣工艺更为精巧，1956 年 3 月，苏州市文物管理委员会整修虎丘云岩寺塔时发现了北宋建隆二年（961）保护经卷的丝织物——"经袱"和"经帙"，虽时隔千余年之久，但仍可辨出黄、绿、紫等不同色泽的绫、绢和锦，印有淡黄色的圆形花纹、金黄的黑色花纹和拉毛织纹。同时，还发现了 4 块残破的刺绣经帙，绣有花卉图案，针法虽不甚细致，但都古朴大方，反映了苏州丝织技术和刺绣工艺的水平。

金银制作业等成就非凡。崇宁元年（1102），宋王朝在苏州置"造作局"，专门制造牙、角、犀、玉、金银、竹藤、裱糊、雕刻等物，每天役使能工巧匠数千人。1978 年在苏州瑞光塔中发现了制作于大中祥符年间的真珠舍利宝幢一座，通高 122. 6 厘米，由须弥座、经幢和刹顶等部分构成，上饰银丝如意，描金牡丹，宝相花和海棠花嵌宝图案漆雕，木雕天王神像，金银丝编织的飞龙走狮，串珠嵌宝的飞檐、翘角、华盖等，制作精细，设计巧妙。它综合了描金、漆雕、木雕、金银细作和珠宝镶嵌等各种工艺。宝幢镶嵌近40 000 颗珍珠，是一件稀世国宝，它是古代苏州劳动人民智慧的结晶，反映了精湛的手工艺水平。

其他如酿酒、造船、瓷器、印刷业等也都有不同程度的发展。

农业、手工业的发展，促进了城乡商业的兴盛。苏州作为商业都会，冠盖东南，朱长文《吴郡图经续记》中描写道："自钱俶纳土至于今元丰七年，百有七年矣。当此百年之间，井邑之富，过于唐世，郛郭填溢，楼阁相望，飞杠如虹，栉比棋布，近郊隘巷，悉甃以甓。冠盖之多，人物之盛，为东南冠。”俨然蕃阜气象。城中商业兴盛，交易频繁。同书中又说：“珍货远物，毕集于吴之市。”商业市场的分工日趋细致。宋代，苏州的商业中心在乐桥、利市桥附近，各行业相对集中，出现了谷市、鱼行、丝行、荐行等专门市场。此外，从王謇《宋平江城坊考》一书中所列纸廊巷、豆粉巷、米巷、药市街、金银巷、绣衣坊等街巷名称，也可看出宋代苏州城内手工业和商业市场分工的大致情况。城乡经济联系更强，在草市的基础上，市镇开始兴起，如南宋时，苏州府有 11 个市镇，有些市镇的商业盛况不下于州县城市。苏州府吴江县的平望，“宋元间，两岸邸肆间列，以便行旅”；庵村“自古为市”，南宋初年，“士民随驾南渡寄居此地者千余家”；江阴的江下市“以通黄田港，绍熙间商船倭舶岁尝辐辏，故市大于城阛”，南宋嘉定时，“高丽、日本不至，非复曩日，然而通、泰、靖江之贸易者犹翕集焉”。市镇兴起的过程，既典型地反映了商品经济由城市伸展到农村的横向进步，同时又标志着封建社会的商品经济逐步把基础建立在农副业经济的发展上，包含着纵向的进步。

发达的农业，繁华的城市，优美的环境，使苏州地区成了人们向往的人间乐土。“天上天堂，地下苏杭”，“上界有天堂，下界有苏杭”的谣谚渐渐蜚声海内外。以苏州地区为中心的江南地区经济重心地位完全确立，这种格局延续数百年而未变，至今仍发挥着她独特的功能。

二、“何似姑苏诗太守，吟诗相继有三人”

唐代的苏州相当繁荣，已成为繁剧难治之地，来守土者往往是一时之人选。尤为可道的是，唐代著名诗人韦应物、白居易和刘禹锡曾先后出任苏州刺史。他们在任的时间虽然不长，却为苏州百姓做了不少好事。他们留下的描绘和歌颂苏州的众多诗篇，也为古城添姿增彩，扩大了苏州的影响。他们享有“诗太守”的美誉，其守苏的事迹被传为历史佳话。

最早出任苏州刺史的是韦应物。韦应物（约 737—793），京兆万年（今陕西西安）人，出身于高门望族。他少年时代喜欢习武，有很高的骑射本领，因而 15 岁即当上了唐玄宗的侍卫。安史之乱以后，他历任洛阳丞、高陵宰、雩县令、栎阳令、滁州刺史、江州刺史、苏州刺史等地方官，被后人称为韦江州或韦苏州。

韦应物是唐代中期一位杰出的诗人。他的诗歌注重反映现实生活，具有浓厚的生活气息，风格潇洒自然，淳厚朴实，清远简净中时见秾丽，淘洗锤炼而又轻松活泼，在吟诗成风、诗人辈出的唐代卓然成家，形成了自己的特色。白居易称赞他的五言诗“高雅闲淡，自成一家之体”；苏东坡甚至说“乐天（指白居易）长短三千首，却逊韦

虎丘五贤堂，纪念唐代苏州三位杰出的诗人刺史和宋代的王禹偁、苏轼

郎五字诗”，所论虽未必公允，亦足见韦应物在文学史上具有相当的地位。

唐德宗贞元四年（788）秋，韦应物被任命为苏州刺史。比起江州来，苏州是一个富庶繁华的“大藩”。由江州转任苏州，虽不是升官，却是对他能力和成绩的肯定。因此，来苏州后，韦应物颇想成就一番事业。《登重玄寺阁》一诗即表露了他的心迹：“时暇陟云构，晨霁澄景光。始见吴都大，十里郁苍苍。山川表明丽，湖海吞大荒。合沓臻水陆，骈阗会四方。俗繁节又暄，雨顺物亦康。禽鱼各翔泳，草木遍芬芳。于兹省甿俗，一用劝农桑。诚知虎符忝，但恨归路长。”尽管结尾处语声略显凄凉，但全诗充满了喜悦之情和积极向上的精神，表明诗人希望能够有所作为。

韦应物深受儒家仁政爱民思想的熏陶，关心民瘼，他表示“仁贤忧斯民，贱子甘所役”，为了解百姓之忧，即使吃苦受累也无怨言。他曾训诫下属，必须“矜老疾，活艰困”。贫民若有欠赋之事，由“乡计之而白于县，县审之而上于郡”，然后由刺史根据实情予以蠲免。他对于百姓的疾苦给予了一定的同情，在《夏至避暑北池》诗中说：“未及施政教，所忧变炎凉。公门日多暇，是月农稍忙。高居念田里，苦热安可当？”在自己闲暇高居的时候，能够想到农田里顶着烈暑辛勤劳作的农民。基于仁政爱民思想和对劳动人民的同情心，他常常因不能解除百姓的苦难，自己却无功受禄而感到惭愧，所谓“自惭居处崇，未睹斯民康”，“身多疾病思田里，邑有流亡愧俸钱”。在这种心情支配下，韦应物勤于政务，“省甿俗”，“劝农桑”，以致荒废了自己热衷的诗歌创作。韦应物的爱民与勤政，收到了良好的效果，也赢得了后人的敬重，朱长文在《吴郡图经续记》中赞扬说：“若韦应物、白居易、刘禹锡，亦可谓循吏，而世独知其能诗耳。韦公以清德为唐人所重，天下号曰‘韦苏州’。当正（当为‘贞’）元时，为郡于此，人赖以安。”

为政之余，韦应物还热衷于与吴中文士诗歌酬唱，交流感受，与他密切交往的有著名诗人刘太真、顾况、孟郊、皎然等，既增进了友谊，也沟通了思想，切磋了诗歌创作的理论，为唐诗宝库增添了新的篇章。

贞元七年（791）秋，根据3年一任的规定，韦应物任苏州刺史期满。尽管为官30载，他仍然两袖清风，甚至拿不出回乡的路费，到头来还要流落他乡，寄迹于苏州郊区的永定寺，晚景之凄凉令人难以置信。为了生活，他便督子弟租田耕种，《寓居永定精舍》诗中对此有如下的描述：“野寺霜露月，农兴羁旅情。聊租二顷田，方课子弟耕。”退官后约 2 年，韦应物便离开了人世。

白居易（772—846），字乐天，号香山居士，祖籍太原，出生于河南新郑。贞元十六年（800）考中进士，曾任翰林学士、左拾遗、赞善大夫之职，后因直言遭贬，出任外职，在杭州当过两年刺史，宝历元年（825）被任命为苏州刺史。自宝历元年（825）五月抵任至翌年九月离任，在苏州为官时间虽仅 17 个月，但诗人与苏州结下了深厚的情缘。

早在贞元初期，少年白居易即已到过苏州游历。当时的苏州刺史韦应物、杭州刺史房孺复均为性格直爽之人。韦应物喜欢作诗，房孺复喜欢饮酒，每当与宾友相聚时，一醉一吟，其事迹风流传播吴中，因而被人称为“诗酒仙”。白居易以年少未得与游，却深切地感受到韦、房二人的格调之高与郡守的地位之尊，不觉生出“异日苏、杭苟获一郡足矣”的遐想。人生际遇是如此的奇妙，为官后的白居易竟然先后出任杭州刺史和苏州刺史，以至于“苏、杭之风景，韦、房之诗酒，兼有之矣”，这就无怪他有“岂始愿及此哉”的感叹了。

宝历元年（825）五月五日，白居易抵苏以后，即投入紧张的公务之中。经过 10 多天的了解、研究，初步确定了施政方针。《白香山集》卷 54 所收《自到郡斋仅经旬日方专公务未及宴游偷闲走笔题二十四韵兼寄常州贾舍人湖州崔郎中仍呈吴中诸客》诗中说：“候病须通脉，防流要塞津。救烦无若静，补拙莫如勤。削使科条简，摊令赋役均。……敢辞称俗吏，且愿活疲民。”他以冷静的态度处理繁杂的政务，简化清规戒律，平均赋税徭役，力图救民于水火。为此，他勤于政务，工作极为紧张。在《秋寄微之十二韵》中提到：“清旦方堆案，黄昏始退公。可怜朝暮景，销在两衙中。”从早到晚在衙中处理庶务，如此两个月，才缓过气来，开始举行宴会，招待宾客和郡僚。

白居易极为喜欢苏州的自然风光。苏州的大街小巷到处都留下了他的足迹。他的《正月三日闲行》诗有云："黄鹂巷口莺欲语，乌鹊河头冰欲销（消）。绿浪东西南北水，红栏三百九十桥。"为了游赏方便，他还特意造了一只游艇，他的《小舫》诗说："小舫一艘新造了，轻装梁柱庳安篷。深坊静岸游应遍，浅水低桥去尽通。黄柳影笼随棹月，白蘋香起打头风。慢牵欲傍樱桃泊，借问谁家花最红。"他遍访名胜，游灵岩，上天平，最常去的地方是虎丘，诗中曾说："不厌西丘寺，闲来即一过。"虎丘作为苏州的名胜古迹，是游人荟聚之地。为了方便游人往来，白居易在山塘河边修建了一条从阊门到虎丘的7里长堤，后人称为"白公堤"，即今山塘街。堤上夹种桃李，河中栽植荷莲，每当春、夏、秋三季，红男绿女，游人如织，白居易有诗描写道："自开山寺路，水陆往来频。银勒牵骄马，花船载丽人。"

作为唐代著名的大诗人，白居易在苏州写下了很多诗篇，其中不少描写了苏州的城市风景，为我们了解唐代苏州的城市风貌提供了不可多得的素材。

有一次，在公务之余，白居易登上阊门城楼，举目眺望，满城秋色，水色山景尽入眼底，不知不觉间，诗兴油然而生，遂吟《登阊门闲望》，诗云："阊门四望郁苍苍，始觉州雄土俗强。十万夫家供课税，五千子弟守封疆。阖闾城碧铺秋草，乌鹊桥红带夕阳。处处楼前飘管吹，家家门外泊舟航。云埋虎寺山藏色，月耀娃宫水放光。曾赏钱塘嫌茂苑，今来未敢苦夸张。"九月九日重阳节，白居易宴集郡楼，凭高远眺，觉得古城着实壮观，值得称赞，遂作《九日宴集醉题郡楼兼呈周殷二判官》："半酣凭槛起四顾，七堰八门六十坊。远近高低寺间出，东西南北桥相望，水道脉分棹鳞次，里闾棋布城册方。人烟树色无隙罅，十里一片青茫茫。”吟诵这样的诗句，在我们的脑海中足以浮现出当时苏州城市布局的立体图像。作为一座水乡城市，多水多桥构成苏州城市风光的一个重要特点。对此，白居易诗中也有反映，所谓“东西南北桥相望”，“绿浪东西南北水，红栏三百九十桥”。“三百九十桥”未必是一个确数，却足以说明苏州城中桥梁之多。白居易在苏州当了17个月的刺史，大约在宝历二年（826）九月初，停职离任。临行时，他再次登上郡治后子城上的齐云楼，面对巨郡雄姿，不觉思绪万千，出生阵阵离愁别绪，作成《齐云楼晚望偶题十韵兼呈冯侍御周殷二协律》：“潦倒宦情尽，萧条芳岁阑。欲辞南国去，重上北城看。复叠江山壮，平铺井邑宽。人稠过扬府，坊闹半长安。插雾峰头没，穿霞日脚残。水光红漾漾，树色绿漫漫。约略留遗爱，殷勤念旧欢。病抛官职易，老别友朋难。九月全无热，西风亦未寒。齐云楼北面，半日凭栏干。”当时的苏州城不愧为雄冠东南的一方巨藩，人口之多超过扬州，坊市之喧闹仅稍逊于京城长安。尽管诗人因病去职，甚至去职后感到了无官一身轻的愉悦，但毕竟在苏州为官是他少年时代就有的梦，为官期间又度过了一生中极为欢乐的岁月，保留了令人愉快的回忆，因而一旦别离，心中仍不免有点凄凉。由于他为官清正，造福于民，苏州的百姓也十分怀念他，殷勤挽留，“州民劝使君，且莫抛官去”；离苏时，百姓更是倾城而出，为他送行，刘禹锡作诗描述道：“苏州十万户，尽作婴儿啼。”后人还在虎丘为其建立了白公祠以资纪念。

刘禹锡（772—842），字梦得，祖籍中山，北魏时迁居洛阳。安史之乱时，举家南迁于浙江嘉兴。贞元九年（793）进士，曾任

韦应物、白居易、刘禹锡　选自清刊本《历代名臣像解》

太子宾客，世称刘宾客。因参加王叔文革新集团，先后被贬为朗州司马和连州刺史。太和六年（832）出任苏州刺史。

在刘禹锡来苏州的前一年，恰逢苏州遭遇特大水灾，哀鸿遍野，满目疮痍。太和六年（832）二月，刘禹锡到达苏州后，目睹了水灾所造成的严重后果，“水潦虽退，流庸尚多”，“饥寒殒仆，相枕于野”。因此，他深入民间，询访疾苦，了解灾情，筹谋救灾之策。在得到朝廷的批准后，从常平义仓中拨出 12 万石大米，按户口数平均分发给饥民，并宣布免除赋税徭役。这些措施安定了民心，为恢复和发展农业生产提供了条件。朱长文《吴郡图经续记》中称道：“梦得之为州，当灾疫之后，民无流徙。”朝廷以其政绩突出，赐三品紫金服。为此，白居易专门给他写了一首贺诗，而刘禹锡自己也在《酬乐天见贻贺金紫之什》中洋洋自得地说：“旧来词客多无位，金紫同游谁得如?”刘禹锡在苏州做了两年多刺史，关心民瘼，注意发展生产，不仅灾情基本消除，户口也有所增加。后人把他与韦应物、白居易并称为“循吏”、苏州的“三贤”，为他们建了三贤堂，岁时致祭。

刘禹锡也是一位著名的诗人。他与白居易过从甚密、时相唱和，被人称为“刘白”。他的诗于诸家之外独辟蹊径，在内容上积极反映下层民众的生活和风土人情，在艺术形式上则努力学习民歌，逐渐形成自己独特的艺术风格，如他写的《竹枝词》，“杨柳青青江水平，闻郎江上唱歌声。东边日出西边雨，道是无晴却有晴”，具有清新爽朗的情调和响亮和谐的节奏，读来朗朗上口。即便像白居易这样的大诗人，对刘禹锡也深为推崇，称之为“诗豪”，说他的诗达到了“神妙”的境界。在苏州任上，刘禹锡因“夙夜竭诚”地忙于救灾等公务，作诗的时间不多，仅为我们留下了《题报恩寺》《虎丘寺路宴》《姑苏台》等少数诗作。太和八年（834）七月中旬，他离开苏州时曾写《别苏州二首》，其二曰：“流水阊门外，秋风吹柳条。从来送客处，今日自魂销。”从中可以看出他对苏州依依不舍的恋情。

三、范仲淹在苏州的政绩与范氏义庄

范仲淹（989—1052），字希文，祖籍邠州，后来徙家江南，遂为苏州吴县人。他的高、曾、祖、考 4 世的墓域位于苏州城西天平山麓，故天平山或称范坟山。

范仲淹出生于徐州，从小在北方长大。他幼年丧父，母亲谢氏本为侧室，家贫无依，再嫁山东长山朱氏，范仲淹改从朱姓，名说。青年时期的范仲淹刻苦好学，据说他在山寺读书时，夜以继日地学习，疲倦了就以冷水“沃面”，吃不起饭，每天煮一锅稠粥，待冷后划为 2 块，早晚各吃 1 块，有时拌一点腌菜，这便是众所周知的“断齑划粥”的故事。他 27 岁时考中进士，步入仕途，开始了心忧天下、不断进取的政治生涯。

范仲淹胸怀大志，“以天下为己任”，在《岳阳楼记》中写下的“先天下之忧而忧，后天下之乐而乐”的名句，既是他孜孜追求的人生境界，也是他一生行事的光辉写照。范仲淹一生出将入相，“忠义满朝廷，事业满边陲，功名满天下”，是中国历史上不可多得的杰出人物。无论“居庙堂之高”，还是“处江湖之远”，他总是关心民间疾苦，想方设法消除弊政，所至之处，都留下了卓著的声名和政绩。尤为可道的是，范仲淹直言勇谏，不畏强权，不计得失，一身浩然正气。他曾屡次上书，要求朝廷改革弊政。特别是庆历三年（1043），他出任参知政事、枢密副使时，与名臣韩琦、富弼等人“条奏当世之务”，写成《答手诏条陈十事》，提出了包括明黜陟、抑侥幸、精贡举、择官长、均公田、厚农桑、修武备、减徭役、覃恩信、重命令等在内的10条兴利除弊的改革措施，并得到宋仁宗的支持，推行“庆历新政”。尽管“庆历新政”后因保守派的反对而被迫中断，却为后来的王安石变法开了先河。所以，南宋著名理学家朱熹推崇他为“扬天地间正气，第一流人物”，“其心量之广大高明，可为百世之师表”。

苏州是范仲淹的故乡。他一生从政30余年，1034年出任平江知府，为官仅1年多，主要政绩虽不在苏州，却为家乡的父老乡亲做了不少好事。

苏州地处太湖下游，地势低洼，是太湖出水必经之地，也是水灾多发地区。范仲淹出知苏州后，对苏州的水患进行了充分的调查研究。他“询访高年”，了解前人导河筑堤的治水经验，同时“按而视之，究而思之”，在“深究利病”的基础上，提出了治理水患的主张与办法。他认为治理太湖水患的关键在于疏导太湖出水，不但要使湖水泄于东南的淞江，还要使之分流，由东北入长江与大海，以减轻淞江泄水的压力。为此，他主持开浚了处于昆山、常熟之间的白茆、茜泾、许浦、下张、七丫5条大河，在河上设闸，平时关闸以阻潮沙，旱潦时开闸灌溉或泄洪。这样一来，苏州地区的水患得到了有效的控制，农业生产得到了保障。元代著名水利专家任仁发评论说：范仲淹尽心于水利，疏浚积潦，数年大稔，民受其赐。范仲淹治理苏州水患收到了显著的效果，取得了重要的成就，也为后世提供了成功的经验。

范仲淹是一个有远见卓识的政治家。他重视人才，主张兴学育才。他到苏州后，“叹庠序之未立”，奏请朝廷，购南园之地创立苏州府学。关于他创建府学，在苏州还流传着这样一个故事：范仲淹原想在南园建造私宅，有一位阴阳先生看了风水后，对范仲淹说，这条街（即今人民路）就像龙的身体，北寺塔是龙尾，这里（指南园）正处于龙首的位置，如在这里兴建住宅，家中定会科甲不断，公卿相继出世。范仲淹听了以后笑笑说，如此风水宝地，与其让他家独占，何不让出建立学校，让苏州士人在此受教育，出更多的公卿将相人才。于是就在这块地方建立了府学。当时所建的府学，左为广殿，右为正堂，泮池在前，斋室在旁，规模相当大。创立之初有学生 20 余人。有人提出府学地基太大，范仲淹却说：“我还怕将来会嫌太小呢！”府学建成后，范仲淹聘请了著名学者胡瑗、孙复等来此讲学。胡、孙二人是当时有名的大儒，被后人视为“宋学的开山者”。在他们的主持下，苏州府学文风大昌，英才云集，“登科者逾百数，多致显”，人才辈出，盛况空前，影响越来越大。后人曾评论说：“天下郡县学莫盛于宋，然其始亦由于中吴，盖范文正以宅建学，延胡安定为师，文教自此兴焉。”（同治《苏州府志》卷 26）范仲淹为苏州教育事业的发展和文化中心的形成作出了巨大贡献。

范仲淹在苏州首创范氏义庄，开了中国封建社会义庄制度的先河，在历史上产生了广泛而深远的影响。

宋仁宗皇祐元年（1049），出任杭州知州的范仲淹返回故乡，寻访宗族，创建了旨在解决族中贫困之人困难的范氏义庄。关于范氏义庄的创建情况，与范仲淹几乎同时代的钱公辅在《义田记》中有较为详细的说明，该文因收入《古文观止》一书而广为人知，文中有谓：“范文正公，苏人也。平生好施与，择其亲而贫，疏而贤者，咸施之。方贵显时，置负郭常稔之田千亩，号曰义田，以养济群族之人。日有食，岁有衣，嫁娶婚葬皆有赡。择族之长而贤者主其计，而时其出纳焉。”为了确保义庄的正常运行，实现他创办义庄的初旨，范仲淹还手书“义田规矩”13 条，对赡族支出作了种种规定。义田是义庄的主体，除此以外，义庄内还包括义宅和义学等。义宅是义庄的建筑，位于今苏州市景范中学校址所在处，用以收聚族人；义学用以培育子弟，所以元代牟巘《范文正公义学记》中指出：“范文正公尝建义宅，置义田、义庄，以收其宗族，又设以义学，教养咸备，意最近古。”

天平山范仲淹“先忧后乐”坊

由此看来，范氏义庄是一个自成系统的救济机构。范仲淹死后，其子孙世修其业，经久不衰。其后，吴中大族纷纷效法，至清代达到了数百个，形成了一种义庄制度。范仲淹建立义庄固然是为了巩固封建的宗族制度，稳定封建的统治秩序，但与他倡导的“先忧后乐”思想也是一脉相承的，是“先忧后乐”思想的一种外在表现。尽管在后来的流变中，范氏义庄劣迹昭昭，但这与范仲淹倡建义庄的初衷已是相去甚远了。

四、朱勔与花石纲之役

北宋王朝是通过统治阶级内部夺权政变的手段建立起来的，它从建立的时候起就奉行保护大地主集团利益的政策，因而有宋一代的阶级矛盾和斗争十分尖锐。北宋末年，封建统治集团越来越腐朽。宋徽宗更是历史上有名的荒淫帝王，他只知道声色犬马，寻欢作乐，搜刮民脂民膏，任用奸佞，朝政大权落入蔡京、童贯、王黼、朱勔、梁师成、李彦等被民间称为“六贼”的人的手中。他们为非作歹，肆意掠夺，使得北宋王朝统治更加黑暗，处于危机四伏、内外交困的境地。而花石纲事件终于敲响了北宋王朝灭亡的丧钟。

纲是一种运输货物的组织编制。北宋时期，全国各地的货物往京城开封运送时，都要编成一组一组的，一组就称为一纲。这种成批运送货物的方法，称为“纲运”，如当时把运牛的叫牛纲，运粮的叫粮纲。而所谓花石纲，是指蔡京等“六贼”组织人马从全国，尤其是江浙地区掠夺大量的奇珍异宝、可供观赏的花木和玲珑剔透的太湖石，然后运往京师的纲运。说起北宋末年的花石纲事件，不能不谈到苏州，而说到苏州，又不能不提起“六贼”之一的朱勔。

朱勔是平江（今苏州）人，其父朱冲本为市井贱流，因家贫落魄而佣作于人。由于他“狡狯有智数”，借到些本钱，以卖药为生，方使家业渐增，“易为药肆”，逐渐致富。朱冲从一个潦倒者一跃而为暴发户，但他并没有改掉市井无赖的本性，因行为不检，两次受刑。随着财富的增加，他一方面经营园圃业，交结权贵；另一方面又施小恩小惠，收买人心，以致得到不明真相之人的称誉，成为地方的名人。有一次，蔡京自杭州路过平江，欲建佛教寺院，需钱数万。朱冲感到这是巴结蔡京的绝好机会，独力出资赞助，赢得蔡京欢心。蔡京回朝后，让其冒充军功，父子都取得了官位。

宋徽宗爱好书画，喜欢花石珍奇。蔡京投其所好，引见朱勔于徽宗，使“密取浙中珍异以进”。起初，进贡数量很少，次数也不多。后来在童贯的指使下，朱勔负责苏州应奉局，专门采办进贡物品，于是进贡的数量越来越多，“舳舻相衔于淮、汴，号花石纲”。当时，徽宗大兴土木，相继营建延福宫及艮岳，正需要大量的奇花异草、珍木怪石来装饰，“一时应奉天下皆不及”，而“朱勔之纲为最”。朱勔由此更博得了徽宗的青睐，官位累迁至合州防御史。这个无赖子弟依靠蔡京的引荐、童贯的扶持，用巧取豪夺来的珍奇物品奉迎徽宗，从此官运亨通。

花石纲之役给全国人民带来了灾难。遍布各地的采办人员穷凶极恶地掠夺，阻碍了商品流通，摧残了商品经济的发展。纲运所过之地，往往要拆桥、毁房，因而花石纲给江南，特别是苏州人民带来了深重的灾难。

《宋史·朱勔传》记载：应奉局设于苏州，专办采贡之物，“豪夺渔取于民，毛发不少偿”。对于民间稍堪玩赏的一石一木，即领爪牙直入其家，贴上黄封条，作为御前贡物，下令保护，稍有不慎，即被冠以“大不恭罪”。运走的时候，“必彻屋抉墙以出”。老百姓一遭花石纲之灾，中等之家即遭破产，甚至有卖妻鬻子“以供其须”的，以致民间“畏之如虎”，不敢私藏一花一木。

运送花石纲工程浩大。太湖石经过水波的长期冲击，有很多嵌空的洞孔，形成皱、瘦、漏、透的特点，搬运时极易损坏。于是有人想出办法，先以胶泥将洞孔填实，外面用麻筋夹泥包裹，待晒干坚实，才以船启运，这做起来相当麻烦。有一次，朱勔发现了一块后来被赐名为“神运昭功石”的太湖巨石。为了运此石，“载以巨舰，役夫数千人，所经州县，有拆水门、桥梁，凿城垣以过者”（《宋史·朱勔传》），花了几个月时间才运到开封。这一切力役、费用负担无不落在苏州人民身上。当时的花石纲运，连樯接橹，日夜不绝，名曰“神运”，有时还要征发粮船和民间商船，以致影响到了京城的粮食供应。

由于朱勔是苏州人，苏州人民还要受到多方面的奴役和掠夺，如地方官赵霖为了拍朱勔的马屁，在严寒的冬季，大征徭役，使得“役死者相枕藉”，“吴、越不胜其苦”。朱勔利用手中的特权公开掠夺，大肆兼并农民的土地，家有田庄 10 所，良田 30 万亩（一亩≈666.7 平方米），岁收租课 10 多万石，“甲第名园，几半吴郡，皆夺士庶而有之者”。凡是他看中的地方，只要对地方官稍加示意，即可轻而易举地占为己有。《宋史·朱勔传》中记载：“所居直苏市中孙老桥，忽称诏，凡桥东西四至壤地室庐悉买赐予己，合数百家，期五日尽徙，郡吏逼逐，民嗟哭于路。”他在盘门内造的绿水园，栽种牡丹数千株，每株饰以彩帛，挂以金牌，标以名称，园中有水阁，造九曲径以进，范围极广。家中“服膳器用逼玉食，而华致过之”，说其富比王侯，诚非虚言。

留园冠云峰

朱勔因采办花石纲有功，官越做越大，从防御使到节度使。“一人得道，鸡犬升天”，朱氏一门也因此尽居显职，朱勔兄弟子侄 15 人分别当上了承宣使、阁门宣赞舍人、朝奉大夫直龙图阁、观察使和刺史等高官，“一时轩裳之盛”，空前未有。为了保证朱氏世代为官，门第不衰，朱勔又千方百计地攀龙附凤，与皇族结成姻缘。赫赫权势，炙手可热，“在仕途者，稍拂其意，则以违上命文致其罪”。而东南一带的郡守县令多出其门，“颐指目摄，皆奔走听命”。朱氏一门的荣华富贵是建立在广大劳动人民的血海骨山之上的。

统治阶级大兴花石纲之役，草菅人命，使得本来就已尖锐的阶级矛盾更加激化，而江浙地区被害最甚，“吴民不聊生矣”。因此，到了宣和年间，终于在东南地区爆发了方腊领导的声势浩大的农民起义。起义军打出了“诛朱勔”的旗帜，因而“所在响应，数日有众十万”，很快就攻下了浙东的数十个州县。当时在苏州也发生了以石生为首的农民起义，他与方腊等起义军互相呼应，使得“东南大震”。

面对越烧越旺的农民起义烈火，北宋统治集团一方面宣布撤销设于苏、杭两地的应奉局，停止花石纲之役，并罢免朱勔父子的官职；另一方面又调集重兵，进行血腥镇压。到第二年四月，起义失败。

但是，农民起义军将士的血迹未干，统治阶级又恢复了苏、杭应奉局，朱勔父子重被任用。他们怙权恃势，收受贿赂，培植亲信党羽，有不愿附己者则罢去，时人目为“东南小朝廷”。宋徽宗对朱勔更加宠信。朱勔出入宫廷可以不避嫔妃。在一次宴会上，徽宗曾亲握其手与之交谈，朱勔以此为无上荣耀，在这只手臂上缠上黄罗，与人见面作揖，此臂竟然不举。朱氏势力“前后盘结固宠二十年”，威风无比，不可一世。

长达数十年之久的花石纲之役，使得国库空虚，民不堪命，北宋王朝再也无力抵御女真族的侵扰。宣和七年（1125）十月，金军包抄开封。宋徽宗匆忙让皇位于儿子钦宗，自己带领蔡京、朱勔父子等人逃到镇江避难。由于金军未克开封而还，徽宗才得以回到京城。这时，朝野内外同声要求诛杀“六贼”。在全国舆论及官民的强大压力下，钦宗不得不处置了“六贼”，削朱勔父子弟侄之官，将其流放韶州、循州，后又下诏中途处死，籍没其家。当这个消息传到苏州后，积怨已久的人们迅速冲进朱勔家中，赶出朱勔家人，捣毁园宅。当时有人作了一首谑词嘲讽道：“做园子得数载，栽培得那花木，就中堪爱，特将一保义酬劳，反做了今日殃害。诏书下来索金带，这官诰看看毁坏，放牙笏，便担屎担，却依旧种菜。”现在苏州留园内的冠云峰和第十中学内的瑞云峰，据说就是当年花石纲的遗物，现已列为省级文物保护单位。

五、《平江图》反映的苏州城市风貌

北宋时期，苏州的繁荣超过唐代，达到了相当的程度。但是，到了南宋建炎四年（1130）二月，这座古城却遭到了空前的浩劫。金兀术自临安退军途中，进犯平江。金兵由盘门入城，劫掠民居，纵火延烧。大火升腾天空，五昼夜不息。苏州城中居民“迁避不及遭杀者十之六七”。兵事过后，苏州城市建设重新展开，逐渐恢复了昔日的风貌。现存南宋绍定二年（1229）石刻的《平江图》即为经过恢复后又有所发展的府城平面图。

《平江图》碑通高 284 厘米、宽 145 厘米。碑额雕有二龙相交图案，正中刻“平江图”3 字。额下为碑心，内刻平江府城全图。该图基本上沿用了东晋裴秀所创造的制图六法，方位、比例、尺度等掌握得比较正确，具有较高的测绘水平，而且雕刻精细，图像清晰。图中刻有 2 重城垣及水陆 5 门、65 座坊表、359 座桥梁，以及公署、军寨、学校、楼台、亭馆、园第、寺观、祠庙、河流、湖泊、山陵、古迹等，从中可以看出平江府城的城市布局。

由《平江图》来看，平江城呈一不规则的长方形，北部两侧略宽，西南盘门所在之处略向外凸出呈弧形。其之所以如此，主要是因为因势利用天然河道作为护城河及考虑河水的缓急。平江城四周筑有高大的城墙，墙身内外都包砖加固。城墙每隔一段距离都筑有“马面”（突出部分），共有60余个，既可起加固的作用，也有利于防守。苏州自春秋筑城起即有城门8座，历代时有兴废，《平江图》中只有5座城门，即阊门、盘门、葑门、娄门、齐门，各门都建有高大的城楼。

城内，街道、河流的布列井然有序。街、河并行，南北方向6条，东西方向14条，以城北居民区最为密集。居民住宅临水面街，夹岸相望。与此相应，城内桥梁遍布，有名可考者285座，加上城外的桥梁，共计359座。唐时，苏州的桥梁均为木质，故白居易诗中有“红栏三百九十桥”之说。因木质易于腐烂，入宋以后，“叠石甃甓”，都改成了“工奇致密”的石桥。正是这块《平江图》碑，形象地反映了苏州“小桥流水人家”的水乡城市风貌。

城中央偏东南有子城，周围12里，辟有南、北、西3座城门，皆有楼，是平江府治所在。内有府署，设厅、签判厅、小堂、宅堂、路分厅、路黔衙、教场等建筑与设施，以及东斋、西斋、坐啸亭、逍遥阁、观德堂等亭台楼阁，组成一个有序的建筑群体。后园西北隅建有“瞻仪堂”，绘历届郡守像于壁间，后专门供奉韦应物、王仲舒、白居易、刘禹锡和范仲淹五贤像于此。此外，子城外面也有不少的官署或官方设施，如北部的长洲县、吴县，西部的府仓、贡院，西南部的府学、姑苏馆等。在平江城的四周城墙内侧，有标着“威果二十八营”“威果四十一营”“雄节营”等字的营寨，驻有禁军及地方武装数千人。凡此都说明平江府城仍然是江南地区的政治、军事中心。

平江城文化气息浓厚。坐落在南园的府学广袤宏大，占地150

亩，建有洗马池、大成殿和教授厅等，是平江的最高学府。在其周围还有长洲县学、鹤山书院、和靖书院等。可以说，这一带是平江城内主要的文化区。在西城墙下，建有供科举考试用的贡院，院中东、西两旁，号舍林立。城内寺观坛庙众多，据说有 139 处，见于《平江图》的即有报恩寺、能仁寺、崇真观、至德庙等 50 多所，所以史书中有“东南寺观之胜，莫盛于吴郡”的说法。出于表彰先贤、提倡封建道德以激励后学的需要，平江城中坊表林立，仅《平江图》中所标示的坊表即达 65 座之多，如“儒学坊”“状元坊”等。园林第宅，遍布各处，城南有沧浪亭、南园，城东有杨园，城中有乐圃等，风景秀丽，“不出郛郭，旷若郊野”，有花木、山石、林泉之胜。学校、寺观、坊表、园林的多重组合，使得苏州城内充满了浓厚的文化气息，构成了古城绚丽多姿的文化风景线。

平江城的经济职能显著加强，工商业日趋繁荣。如前所述，宋代苏州地区的农业生产有了长足的进步，吴中水利专家郏亶所说“天下之利，莫大于水田。水田之美，无过于苏州”的赞语以及“苏湖熟，天下足”等谚语的广泛流传，真实地反映了宋代苏州在全国的粮仓地位。平江城内仓库众多，除子城内的公使库、酒库、军资库，子城外西侧的茶场、盐仓等外，还有南仓（即府仓）、北仓、常平仓、归仁仓、报功仓（以上三仓均在南仓内）、户部百万仓（后增为东、西二仓）、平籴仓、宝祐百万仓、本府籴纳仓等，其中南仓贮税粮，北仓贮和籴米。粮仓的不断兴建，说明运输出入平江城的粮食数量庞大，由粮食运输所带动的多项经济活动越来越盛。平江城手工业的发展情况已在前文作了专门介绍，而在《平江图》中也可以得到证明。当时的手工业有 100 余种行业，并出现了按行业性质而聚居生产的专业坊巷，如醋库巷、石匠巷、乐鼓巷、弓矢巷、砖巷、巾子巷、绣线巷、幛子巷、金银巷等，见于文献记载的就更多了，从中反映出行业分工的扩大和专业生产能力的提高。在此基础上，城市商业趋于繁荣。城内主要商业区在乐桥一带，有大市、西市和东市等集中进行贸易的综合市场。从“米行”“丝行”“果子行”“药市”等名称可以推知，当时城内存在不少的专门市场。随着城市经济的发展，宋代苏州的城市机能开始发生变化，由传统的政治中心城市朝着以经济职能为主的城市转变。

通过《平江图》，我们可以了解宋代苏州的城市风貌及其发展趋势。

宋碑《平江图》

六、田园诗人范成大

范成大（1126—1193），字至能，自号石湖居士，吴郡（今苏州）人。父亲范雩，宣和六年（1124）进士，宋室南渡后官至秘书郎，颇有文名。母亲是北宋名臣蔡襄的孙女、宰相文彦博的外孙女。出身于书香门第的范成大自幼便受到传统文化熏陶，12岁时遍读经史，14岁时即能文章。不幸的是，未成年时即遭家庭变故，父母相继谢世。范成大的身心受到摧残，一度借住于寺院，以读书吟咏为乐，无意于科举功名，度过了10年的光阴。后经父亲挚友相助，于绍兴二十四年（1154）考取进士，开始了历时30年的仕宦生涯。

范成大出仕后，担任过徽州司户参军、监临安太平惠民和济局、圣政所检讨官历枢密院编修、秘书省正字、校书郎、著作仕郎等职。乾道二年（1166）由史馆转入政务机构，除吏部员外郎，后又出知处州。在处州任上，深感于胥吏催租贪索害民之事，创“义役”法，又兴修水利，做了一些有利于地方人民之事。

乾道六年（1170），已被擢升为起居郎假资政殿大学士的范成大受宋孝宗的委派，出使金国，旨在索取河南陵寝之地，并面议受书礼仪。当时，朝臣惧怕金人如虎，另一被推荐为使者的官员李焘胆怯不允，而范成大却慷慨请行，表现出了超人的胆识。出使途中，范成大凭吊了历史上英雄人物的故迹、前辈将领以及广大军民和金兵浴血奋战的疆场、故都汴京的断壁残垣等，特别是北地父老乡亲流涕扶拜，渴望宋军早日收复中原的情景，激起他心中无限感慨，写下了 72 首记事诗和使金日记《揽辔录》。在金国期间，范成大面对金国君臣的胁逼，始终表现出不屈的气概，以至金国君臣也不能不表示钦佩。范成大不辱使命，为南宋朝廷赢得了威信，因此深受宋孝宗的器重和朝野人士的称道，回朝后即升任中书舍人、实录院同修撰。后因事触犯圣颜，请求归里。乾道九年（1173），范成大被起用为广西经略安抚使，5 年后改知成都府，任四川制置使。无论是在边关，还是在少数民族地区，他都能在力所能及的范围内做一些匡时救弊、有利于百姓的事情，尤其注意招纳贤士、选拔人才。1178 年，范成大以中大夫为参知政事，成为宰执之臣，但仅两个月即遭御史弹劾，落职归里。其后还曾知明州、建康等地，淳熙十年（1183），因病归隐苏州石湖，达 10 年之久。对于范成大的仕宦生涯，时人曾给予较高的评价，岳飞的孙子岳珂在《桯史》中赞扬说“石湖（即范成大）立朝多奇节”；楼钥在《资政殿大学士通议大夫范成大转一官致仕》中说“胸中之有兵甲，世称小范之才高”，以北宋名臣范仲淹抵御西夏的典故媲美范成大，可见时人对他的推崇。

范成大素负文名，周必大在《神道碑》中说他“文章赡丽清逸，自成一家”；与范成大齐名的杨万里在《石湖先生大资参政范公文集序》中对范成大的文章作了如下的评价：“训诰具西汉之尔雅，赋篇有杜牧之刻深，骚词得楚人之幽婉，序山水则柳子厚，传任侠则太史迁。至于大篇决流，短章敛芒，缛而不酿，缩而不窘。清新妩丽，奄有鲍谢，奔逸隽伟，穷追太白……”他的《三高祠记》《馆娃宫赋》一出来，人们争相传诵，被誉为“天下奇笔”。不过与散文相比，范成大在诗歌方面所取得的成就更为辉煌，作为南宋时期的著名诗人，范成大与陆游、杨万里、尤袤并称为“中兴四大家”，以清新、温润、轻巧的多样诗风为人所推崇。

范成大一生写作了 1 900 多首诗。他的诗歌创作，随着生活阅历的变化而呈现出不同的风采，题材内容亦很广泛，既有描绘山川形胜、风土人情、岁时民俗和农家苦乐的诗篇，也有关注国事、表现自我的作品，其中成就最高的是表现爱国思想情操的诗作和反映农村耕织生活图景而富有泥土气息的田园诗。

范成大生活于靖康之耻、神州陆沉的时代，金人进犯，中原失陷，南宋王朝僻居江南，破国失土之痛与怀念故国的精神风貌，在他的诗篇中得到了清晰的反映。尤其他在出使金国途中所作的 72 首绝句，是他爱国诗篇的代表作品。在《双庙》一诗中，在歌颂张巡、许远保卫孤城和力抗强敌的同时，范成大对那些使神州陆沉的误国权奸进行了谴责：“平地孤城寇若林，两公犹解障妖祲。大梁襟带洪河险，谁遣神州陆地沉!”在《州桥》一诗中，诗人对中原百姓迎拜汉使、天街父老南望王师的动人情景进行了描述：“州桥南北是天街，父老年年等驾回。忍泪失声询使者，几时真有六军来。”逗留金国期间，面对金朝的威逼，范成大从容镇定，赋《会同馆》诗明志：“万里孤臣致命秋，此身何止一沤浮！提携汉节同生死，休问羝羊解乳不。”而最能代表范成大艺术成就的篇章，当数晚年隐居石湖时所作的田园诗。

石湖是太湖东出水的一个分支，位于苏州城西南郊。南北长 4. 5 千米，东西宽 2 千米，面积 3. 5 平方千米。石湖四周有溪、河、塘、港、浜、湾等组成的完整的水系和各具异趣的水景，并与湖西的上方、七子、吴山、尧峰等远山近峰相映成趣，成为一幅天然的山水画图。范成大喜爱石湖的山水，于淳熙十年（1183）告老回乡，选择石湖为隐居之地，在春秋吴越争战时的古迹越城之南筑石湖别墅，背山临湖，随地势高下而构堂、馆、亭、轩，以湖中“天镜阁”为最胜。宋光宗赐以御书“寿栎堂”额，一时名人会聚，作文以贺。别墅之南辟有“范村”，范成大于此植梅种菊，并著有《范村记》和《范村梅菊二谱》。在10年的隐居生活期间，范成大优游吟唱，仍不忘民生疾苦，曾多次应诏上书，极论利弊，惜未能被采纳。他把自己的生活感受尽寄于诗篇，写下了千古传诵的《四时田园杂兴》60首。

范成大的《四时田园杂兴》，集我国古代田园诗之大成。他继承了自《诗经》以来包括陶渊明、王维、元稹等人在内的田园农事诗的传统，并把它推进到一个崭新的阶段。在表现农村生活的广度和深度上，范成大均超过了前人。钱锺书先生在《宋诗选注》中认为，“到范成大的《四时田园杂兴》六十首才仿佛把《七月》、《怀古田舍》、《田家词》这三条线索打成一个总结，使脱离现实的田园诗有了泥土和血汗的气息，根据他的亲切的观感，把一年四季的农村劳动和生活鲜明地刻画出一个比较完全的面貌。田园诗又获得了生命，扩大了境地，范成大就可以跟陶潜相提并称，甚至比他后来居上”。

范成大的田园诗，诗风“清新、温润、妩丽，尤喜吟唱乡俗、节令、物产，把风土岁华的制作，寄之于《杨柳》、《竹枝》的体裁，颇具民歌风味”［孙望、常国武主编《宋代文学史》（下）］。他的《四时田园杂兴》组诗，恰似一幅农村耕织的长卷，描绘了江南水乡的农村风光，反映了农民的生产劳动、生活情态和思想感情，如“高田二

石湖居士范成大

麦接山青，傍水低田绿未耕。桃杏满村春似锦，踏歌椎鼓过清明。”“昼出耘田夜绩麻，村庄儿女各当家。童孙未解供耕织，也傍桑阴学种瓜。”“新筑场泥镜面平，家家打稻趁霜晴。笑歌声里轻雷动，一夜连枷响到明。”这些诗轻松活泼，读来朗朗上口，至今仍为人们传诵。通过这些诗篇，苏州地区农民的生产与生活情状，栩栩如生地展现在读者的眼前。尤为可贵的是，诗人能透过农村和谐生活的表面，深刻地揭露统治阶级残酷剥削农民的事实：“垂成穑事苦艰难，忌雨嫌风更怯寒。笺诉天公休掠剩，半偿私债半输官。”“租船满载候开仓，粒粒如珠白似霜。不惜两钟输一斛，尚赢糠核饱儿郎。”“黄纸蠲租白纸催，皂衣旁午下乡来。长官头脑冬烘甚，乞汝青钱买酒回。”这些诗暴露了租赋苛重、胥吏贪横的社会现实和农民的艰辛劳动以及遭受压榨的苦难情景，成为范成大诗作中最为光彩、最富社会意义、最有影响力的部分。

涉及范成大与苏州的关系，不能不说到他所编纂的苏州地方志——《吴郡志》。

《吴郡志》由范成大初纂，后经汪泰亨等订伪补缺，于绍定年间刊行于世。全志50卷，分沿革、风俗、城郭、学校、官宇、古迹、山川、水利、人物等39门，是一部以苏州兼及所属诸县为记述对象，并以“志”命名而流传迄今的宋代唯一的方志。它记事详赡，内容丰富，门类区分也较为合理，历来受到方志学者的好评，清代《四库全书总目提要》称其“征引浩博，而叙述简核，为地志中之善本”；清代方志学的创始人章学诚虽然对《吴郡志》颇有微词，但也不能不承认它“文笔亦自清简……编次亦尔雅洁”，“今学者论宋人方志，亦推罗氏《新安志》与范氏《吴郡志》为称首，无异辞矣”。（章学诚《章氏遗书》卷14）

七、马可·波罗笔下的苏州

1271 年，来自北方蒙古高原的忽必烈建立元朝，开始了统一中国的进程。1275 年，元军占领平江，由于执行了“凡城池悉命夷堙”的政策，苏州城遭到了严重的破坏。

元朝政局稳定后，采取了一系列措施发展生产。尤其自宋代以来，全国经济重心已经转移到以太湖流域为中心的江南地区。凭借雄厚的基础，苏州的经济得到了迅速的恢复和发展，城市呈现出初步繁荣的景象。这在《马可·波罗游记》一书中得到了明显的反映。

马可·波罗是著名的意大利旅行家，出生于濒临亚得里亚海的威尼斯城。17 岁时，他跟随经商的父亲和叔父克服重重艰难险阻，于 1275 年到达中国的上都，受到元世祖忽必烈的热烈欢迎和盛情款待。马可·波罗勤奋地学习中国文化，通晓汉语和蒙语，在很短的时间内就熟悉了元朝宫廷中的礼仪和行政机构中的法规，深受忽必烈的器重。忽必烈就让他在元朝政府中供职。前后 17 年中，马可·波罗多次奉命出使，足迹遍及长城内外、大江南北和周边诸国。他每次出使归来总要详细地汇报情况，尤其着力探索和收集各地风土人情、物产资源，忽必烈因此而更加喜欢他，“待遇优渥，置之左右”。

马可·波罗和他的父、叔尽管在元朝宫廷里过着优越的生活，但故国之思始终未曾泯灭。1292 年夏天，他们利用护送元朝公主去波斯的机会，踏上了返回故乡的旅程，终于在 1295 年冬回到了阔别 20 多年的故乡。长达 17 年之久的中国生活，使马可·波罗“在举止和言行上有一种不可形容的鞑靼人的风味”，语言变调，加上长途跋涉后外貌的变化，以致亲友们差点不敢相认。回到故乡的马可·波罗作为游历异域的英雄和百万富翁，受到了威尼斯社会的普遍欢迎。

在他回乡后不久，即发生了威尼斯和热那亚之间争夺商业利益的战争。马可·波罗自费购置舰船，带兵作战，结果被热那亚人俘虏，投入了监狱。正是在那里，他把自己的亲身经历口述给狱中结识的一位通晓法文的难友——比萨作家鲁思梯谦，由鲁思梯谦笔录成稿，这便是著名的《马可·波罗游记》，也称《东方见闻录》。《马可·波罗游记》是脍炙人口的“世界一大奇书”，出版以后即被翻译成多种文字，风靡于世。书中描绘得栩栩如生的景物，激起了欧洲人对东方的向往，成为 15 世纪末地理大发现的原因之一。

《马可·波罗游记》记录了马可·波罗游历中国时在各地所见到的风土人情。其中对苏州的描述，为我们了解元代前期苏州的情况提供了生动的素材。

《马可·波罗游记》第 75 章《苏州市和吴州市》记道：

> 苏州城漂亮得惊人，方圆有三十二公里。居民生产大量的生丝制成的绸缎，不仅供给自己消费，使人人都穿上绸缎，而且还行销其它市场。他们之中，有些人已成为富商大贾。这里人口众多，稠密得令人吃惊。然而，民性善良怯懦。他们只从事工商

业，在这方面，的确显得相当能干。如果他们的勇敢和他们的机智一样优越，那么，就凭他们众多的人口，不仅可以征服全省，而且还可以放眼图谋更远的地方。

他们中有许多医术高明的医生，善于探出病根，对症下药。有些人，是学识渊博著称的教授，或者如我们应该称呼他们的那样，是哲学家，还有一些人或许可以称做魔术家或巫师。

在城外附近的山上，大黄长得茁壮喜人，并从这里分布到全省各地。也盛产生姜。而且售价低廉，一个威尼斯的银币，可买到十八公斤的生姜。

有十六个富庶的大城市和城镇，属于苏州的管辖范围。这里商业和工艺十分繁荣兴盛。苏州的名字，就是指“地上的城市”，正如京师的名字，是指“天上的城市”一样。（陈开俊等译《马可·波罗游记》）

马可·波罗的有些记述并不切合实际，有些记述可能夸大其词，但不可否认，其记载大体上是可信的。

苏州在元代是一个人口众多的大城市。虽然由于史料的缺乏，我们无从得知当时城市人口的确切数字，但就大的平江路范围来看，与前代相比，人口有了快速的增加。北宋初年，平江府人口为 3.5 万多户，元丰年间近 20 万户，南宋德祐元年（1275）曾达 32.96 万户。其后经过南宋末年的战争，人口大量减少，但在忽必烈统治时期，人口又增加到了 46.6 万户。从横向比较来看，同时期的常州路近 21 万户 102 万人，每平方千米人口密度为 158.86 人；松江路约 16.4 万户 80 万人，人口密度为每平方千米 231.88 人；而介于两路之间的平江路则为 46.6 万户 243.4 万人，人口密度高达每平方千米 328.48 人。当时的苏州是江南地区的中心城市，有河道堙塞、“人皆聚闾而居，开凿为难”的说法，不难想见城市人口多、密度大的盛况。

苏州人善良、怯懦。众所周知，崇尚武力是六朝以前吴地民风习性的最大特色。随着北方人口的大量南下，北方先进文化的广为传播，吴地民风习性开始发生深刻的变化。昔日有“天下劲旅”之称的江东子弟被贴上了“吴人不习战”“南人怯懦”的标签。由于社会经济的发展、人民生活水平的提高和礼教的传播，尚武的风气逐渐泯灭，崇文重道之风成为吴地社会的主流，所谓“当赵宋时，俗益不变，有胡安定、范文正之遗风焉。及后礼义渐摩，而前辈名德，以身率先，又皆以文章振动。今后生文词，动师古昔，而不梏于专经之陋。矜名节，重清议，下至布衣韦带之士，皆能摛章染墨，其格甚美”（胡朴安《中华风俗志》卷 2）。所以，“尚礼、淳庞、澄清、隆洽”成为宋代以后苏州民风习性的主要特征。

苏州有许多医术高明的医生。今人所编《吴中名医录》元代部分收录了 17 位名医，还未必全面。吴中名医医术高超，多有奇效，《明史·葛乾孙传》记载：某官家女四肢痿痹，目瞪不能食，医治无效。苏州名医葛乾孙诊视以后，辨明症状，让撤去房中香奁流苏之属，掘地坎，置此女于其中，令家人待她手足能动则相告。过了一段时间，此女果然举手而呼。葛乾孙又让她服药一丸。第二天，此女就从坎中走了出来。葛乾孙还长于针灸，疗效显著，以至名列金元四大家的神医朱震亨对其也极为推崇。有一次，朱震亨为浙中一女子治肺结核病，将痊愈，但该女子两颊上丹点不退。朱震亨无法可施，便对主人说只有吴中葛乾孙能治。主人乘舟前往迎接。朱震亨对葛乾孙说明缘故，请出女子诊治，葛乾孙说："依法应当针刺两乳。"主人感到很为难。葛乾孙说可以穿上衣服，不必裸身。援针而刺，颊上丹点应手而灭。葛乾孙精医多能，"勇士言其长于武，士子言其长于文，方士言其长于医，实文武医药皆精通"（《吴中名医录》）。苏州的名医不仅精于疗疾，且精研医道，在医学理论方面也多所发明，如葛乾孙的父亲葛应雷，专攻医学，对古代医籍《灵枢》《素问》等书加以精研，深窥奥旨，"见世之言医者，拘方执论，而莫究其原委，宣泄补益，守护攻伐之法，不识时用"，于是著《医学会同》一书，"推五运六气之标本，察阴阳升降之左右，以定五脏六腑之虚实，以合经络气血之流注，使学者知疾病之侯（候），死生之期"。（《吴中名医录》）再如倪维德，见历代有关伤寒、内伤、妇幼之科著述已多，唯治眼疾者独缺不全，遂著《原机启微》一书，为现存最早的眼科专书。由此可见，马可·波罗所谓苏州多名医，"善于探出病根，对症下药。有些人，是学识渊博著称的教授"等，是言而有征，可以引为依据的。

苏州的丝织业日趋兴盛。如前所述，宋代的苏州丝织业已有了相当程度的发展，南宋晚期，丝织业已普遍成为苏州农家副业。沿至元代，丝织业有了进一步的发展，以至政府在苏州设立了"织染局"，作为专门的织染机构。由于丝织业的兴盛，从事丝织业的同行还在玄妙观建立了行会组织——吴郡机业公所，以便协调和管理。苏州的丝织品以其品种多、质量高而闻名，方志中说："纱有数等，暗花为贵。暗花者，素纱之上，花纹隐然，即之若无，望之则有。他处少传其法，惟平江机工能之。"又说："巾纱，吴郡漆者最佳。""绫，土人善织……今时织纻丝细花绫，亦龙凤等样练染，光彩耀目。"正因为如此，元代输出海外的丝织品统称为"苏杭色缎"。所以，尽管马可·

波罗说苏州“人人都穿上绸缎”不免夸张，但说苏州居民大量生产生丝制成的绸缎，行销其他市场，还是反映了客观实际的。

马可·波罗把苏州理解成“地上的城市”，实际上是对“上有天堂，下有苏杭”谚语的曲解。作为一个未能深入地域文化的外国人，这样的错误是难免的。但是，通过马可·波罗的中介，中意两国人民之间架起了友谊的桥梁。今天，水乡城市威尼斯和享有“东方威尼斯”之誉的苏州已结成了友好城市。我们衷心地祝愿两国、两城人民的友情世代长存！

八、张士诚建立大周政权

今苏州市五卅路体育场一带旧称皇废基。考其名称由来，即与元末张士诚在苏州称王有关。

张士诚，小名九四，泰州白驹场（今江苏大丰境内）人。与弟士义、士德、士信等贩盐为业，平时常受元朝军士的窘辱，又受富户欺凌，心中愤懑，伺机复仇。恰逢各地农民起义风起云涌，元朝统治岌岌可危。至正十三年（1353）正月，张士诚与诸弟及李伯升等18人杀军士丘义及仇家，焚其庐舍，起兵反元，攻克泰州。此后，他招募兵丁，不断扩展自己的势力，连占兴化、高邮、扬州及其附近州县。至正十四年（1354）正月，张士诚于高邮建立政权，国号大周，自称诚王，改元天祐。张士诚的称王，引起元朝政权的忧虑，元顺帝派丞相脱脱督率各省兵马，号称百万，出征高邮。张士诚惊慌失措，想要投降。适逢脱脱遭谗被贬，临阵易将，元军溃散。张士诚不战而胜。

至正十五年（1355）年底，张士诚为江南的“钱粮之多，子女玉帛之富”所吸引，决定挥兵南下。先遣其弟士德由通州渡江，进攻常熟。次年二月，又攻克平江城。平江城中元军一触即溃，江浙行省参政脱因被杀，平江达鲁花赤哈散沙自溺而死。张士诚军又分兵四出，进占常州、湖州、松江、杭州等地，江南富庶之地大部为其所有。三月，张士诚自高邮移居平江，以元至正十六年（1356）为天祐三年，仍以大周为国号，设官分职，以阴阳术士李行素为丞相，张士德为平章，蒋辉为右丞，潘元明为左丞，史文炳为枢密院同知，改平江路为隆平府，以锻工周仁为太守。当时，张士诚的势力发展至鼎盛，占领的地区“南抵绍兴，北逾徐州，达于济宁之金沟，西距汝、颍、濠、泗，东薄海，二千余里，带甲数十万”（《明史·张士诚传》）。

张士诚占据平江之初，采取了一些措施，安定人民生活和恢复生产：免除百姓欠赋，赈济贫民；针对元朝滥发宝钞，以致物价飞涨、民不聊生的情况，采矿炼铜，铸成铜币；设劝农官，提倡养蚕煮茧，发展农桑；修筑城墙，如在苏州城墙上增置月城；重视兴修水利，减少了水患等。他还注意吸收一些社会下层的人充实政权机构，如担任隆平府太守的周仁就是锻工出身。时人黄省曾在《吴风录》中说：张士诚时，“走卒厮养皆授官爵，至今称呼椎油作面佣夫为博士，剃工为待诏，家人奴仆为郎中，吏人为相公”。

但是，张士诚没有能够利用军事胜利的大好形势和江南地区“民物蕃盛，储积殷富”的有利条件，联合其他农民起义军，扩大成果，推翻腐朽的元朝统治，而是满足于划地称王的局面，热衷于建立一个封建小王朝，终于蜕化变质，走向了农民起义的对立面。

在生活上，张士诚与其部下贪恋江南的财富美色，追求安乐享受，沉湎于纸醉金迷的生活。他“经岁不出门，不理政事”，忙于招延宾客，日夜歌舞自娱；同时大兴土木，造宫殿王府，修富丽堂皇的景云楼和齐云楼，以作金屋藏娇、寻欢作乐之用。其弟张士信有“后房百余人”，珠金玉翠，极其丽饰，园中采莲舟楫，竟以檀木制成。

部下们大建第宅，饰园池，畜声伎，购图画，唯酒色耽乐是从，以致有军事行动，将领装病，不肯应命，待到“官爵美田宅”到手，才肯出征。出征时也是“载妓女歌舞，日命游谈之士酣宴博弈”。及至丧师失地，非但不予惩处，有时“复用为将”，赏罚不明，威权不立，这样的军队当然缺乏战斗力。大周政权的灭亡只是迟早而已。

在政治上，张士诚反复无常，曾有多次降元的经历。早在泰州起兵不久，他就曾受高邮知府李齐的招降，被委任为千夫长。后因嫌官职太小，又不愿充当元朝的炮灰，遂再次起兵反元。占据平江后，张士诚向西进攻镇江，为朱元璋红巾军所阻。朱元璋占领集庆（今南京）后，接受儒士朱升“高筑墙，广积粮，缓称王”的建议，致力于巩固根据地和整顿内政，不愿四面树敌，愿与东面近邻张士诚修好。但是，张士诚踌躇满志，拒绝朱元璋的要求，首先挑起战端，结果屡遭失败。在此形势下，张士诚被迫采取低姿态，向朱元璋低声下气赔礼道歉，并表示愿岁输粮 20 万石，黄金 500 两，白银 300 斤，以为犒军之资。不意遭到朱元璋的训斥。1357 年，朱元璋军连克长兴、常州、泰兴、江阴、常熟等地，并在常熟俘虏了张士诚的弟弟、大周政权中最有作为的张士德。面对势穷力迫的困窘，张士诚在周围一帮旧官吏政客的蛊惑下，决定投降元朝，派周仁赴元朝江浙行省衙门具陈降意。元朝江浙行省右丞相派参知政事周伯琦到平江“抚谕”。起初，张士诚还想继续称王，遭到拒绝，最后只好接受元顺帝所封的太尉官职，废弃国号，改奉元朝至正年号，立江淮分省、江浙分枢密院于平江，以设其官属。从此以后，张士诚完全背叛了农民起义的宗旨，堕落为元朝的帮凶。当时，元大都发生粮荒，元顺帝向张士诚“遣使征粮”，张士诚便“自海道输粮十一万石于大都，岁以为常”，从而加强了元朝镇压农民起义的力量，延长了元朝的统治时间。至正二十三年（1363）三月，张士诚趁北方红巾军三路北伐、后方空虚之机，派干将吕珍率领10万大军围攻红巾军政权中心安丰（今安徽寿县），杀死了最早举起反元大旗的红巾军首领刘福通，赶走了“小明王”韩林儿，大大打击了元末的农民起义。张士诚占领安丰后，又恃功向元朝政府邀封。这年九月，张士诚自称吴王，要求元朝批准，又遭元顺帝拒绝。张士诚便立即停止向大都供粮，与元朝断绝关系。张士诚的吴政权完全成为割据江南的封建政权。

张士诚像

《张士诚记功碑》

在政权内部，张士诚重用的大都是元朝的旧官吏和封建文人，即便原来的农民起义军将领也蜕化成新的地主分子。张士德被俘后，张士诚重用四弟士信。张士信生活奢侈、荒淫无道，一切政事委托弄权舞弊的地主文人黄敬夫、叶德新、蔡彦文3人处理，以致国事日非。吴中百姓对此十分痛恨，作17字民谣加以讥讽：“丞相做事业，专用黄蔡叶，一朝西风起，干鳖!”呻吟在元朝残暴统治下的广大人民盼望起义军犹如大旱之望云霓，但张士诚的倒行逆施却使吴中百姓大失所望，原来曾有“死不怨泰州张（士诚），生不谢宝庆杨（完者）”的说法，现在百姓则改变了态度。至正二十三年（1363）冬，张士诚疏浚白茆塘。这本来是一件好事，但老百姓却并不支持，他们编了一首民歌说：“好条白茆塘，只是开不全，若与开得全，好与西帅歇战船。”西帅是指朱元璋，可见吴中人心已向着朱元璋了。

至正二十五年（1365）起，张士诚与朱元璋之间展开了决战。在此以前，趁着朱元璋与长江中游的陈友谅争战的机会，张士诚在平江加强城防，在虎丘筑城，于枫桥铁铃关、浒墅关驻扎重军，构成掎角之势，拱卫平江，因而有效地阻止了朱元璋军队的进攻。后来，朱元璋改变战略，派徐达、常遇春率师绕过苏州，自太湖向南先取湖州、嘉兴、松江等地，迂回包抄，形成对平江城的包围。张士诚拒守数月，弹尽粮绝，以至于 1 只老鼠可卖 300 文钱，将士只能煮皮革充饥。1367 年 9 月，徐达驱军攻破平江，张士诚督军巷战，兵败自杀未遂，被俘送往应天（今南京），最后自缢身亡。张士诚死后，朱元璋命令给棺木以葬。据《元和唯亭志》的记载，张士诚墓在吴县斜塘。

在长达 10 个月之久的围城战役中，平江城又遭到严重的破坏。张士诚初居承天寺，后迁入子城，先后改为太尉府和吴王府。城破之时，子城建筑毁于大火。明初仅存南门颓垣；子城周围城濠，即锦帆泾也逐渐淤塞；昔日高耸入云的齐云楼，化为灰烬。面对张士诚的吴王府废墟，后人作《张王府基》诗感叹道：“舞榭倾欹蔓草荒，宾贤旧馆益凄凉。张王事业随流水，又见西风蔡叶黄。”

◎ 第五章 ◎

明清时期的工商业中心

1367 年 9 月，徐达大军攻克平江后，改平江路为苏州府。其后，苏州府的隶属关系尽管一再改变，管辖的区域范围也时有变动，但苏州府的名称一直沿用至清末。明代，苏州是江南巡抚的常驻之地。清代，苏州是江苏巡抚驻地和江苏布政使司所在地。雍正年间，从长洲县析置元和县。江苏巡抚衙门，江苏布政使司，苏州府治和长、元、吴三县县治同驻一城，苏州成为容纳省、府、县三级行政机构的大城市。

明清时期，城乡商品经济的发展促进了城市工商业的繁荣，推动了社会的进步和文化的昌盛。苏州发展成为全国著名的经济中心和文化中心。

一、从《阊门即事》诗看苏州城市的发展

生活在明代中期、有“江南第一才子”之誉的苏州文人唐伯虎曾写过一首《阊门即事》诗，诗中描述了阊门一带工商业的盛况：“世间乐土是吴中，中有阊门更擅雄。翠袖三千楼上下，黄金百万水西

东。五更市买何曾绝，四远方言总不同。若使画师描作画，画师应道画难工。”在诗人的笔下，苏州是人们向往的乐土，其中阊门一带楼阁林立，翠袖飞舞，店肆众多，市场繁荣，来自全国各地的商贾操着不同的方言，通宵达旦地进行着交易。这是一幅无论多么高明的画师都难以描摹的立体的市井繁华图卷。

唐伯虎家居阊门附近的桃花坞，身历其境，对苏州、对阊门商业繁荣情况的描写是不过分的。

明代初期，战争的重创使苏州的城市经济一度处于萧条状态，当时人王锜在《寓圃杂记》卷 5 中这样记载：“吴中素号繁华，自张氏之据，天兵所临，虽不被屠戮，人民迁徙，实三都、戍远方者相继。至营籍亦隶教坊，邑里萧然，生计鲜薄。”由于明朝政府实行了一系列“与民休息”的政策，苏州的经济逐步得到了恢复和发展。时隔近百年，苏州城市呈现出了崭新的面貌，王锜说：“迨成化间……以至于今，愈益繁盛。闾檐辐辏，万瓦甃鳞；城隅濠股，亭馆布列，略无隙地。舆马从盖，壶觞罍盒，交驰于通衢永巷中，光彩耀目。游山之舫，载妓之舟，鱼贯于绿波朱阁之间。丝竹讴舞，与市声相杂。”城内民居鳞次栉比，寺观庙宇林立，亭台楼阁密布，行人车马往来，一派繁忙景象。文人雅士、富裕之家游山玩水，狎妓逐欢，追求奢侈豪华的生活，沉湎于歌舞升平之中。自此以后，苏州日臻繁华，成为“商贩之所走集，财货之所辐辏，游手游食之辈，异言异服之徒，无不托足而潜处”的天下“一大都会”。(韩大成《明代社会经济初探》)

明代以前，苏州的商业中心大致在城中乐桥一带。南宋以后，凭借近傍运河、交通便利的有利条件，城西北的阊门一带逐渐发展成为新兴的商业区。元代后期，阊门外的土地因“附郭通舟，商旅辐集”而为“规利者之所必争”。进入明代，阊门内外更趋繁华，明后期的王心一说：“尝出阊市，见错综连云，肩摩毂击，枫江之舳舻衔尾，南濠之货物如山，则可谓此亦江南一都会。”阊门一带终于取代乐桥商业区，成为苏州城中最为热闹、商业最为繁盛的地区。

苏州城中有众多的外地商人，他们从五湖四海汇聚到这个全国最为著名的工商业都会，希望能圆自己的淘金梦。弘治年间的吴宽称苏州为“四方商人辐辏其地，而蜀舻越舵昼夜上下于门”。外地商人操着不同的方言，带来了各自家乡的土特产品和江南地区最为紧缺的商品——粮食，从苏州运走丝绸、棉布以及其他各种商品，因此在当时的苏州市场上，商品琳琅满目，应有尽有。明代末期到过苏州的意大利天主教传教士利玛窦曾说：“经由澳门的大量葡萄牙商品以及其他国家的商品都经过这个河港。商人一年到头和国内其他贸易中心在这里进行大量的贸易，结果是在这个市场上样样东西都没有买不到的。”（利玛窦、金尼阁《利玛窦中国札记》）

苏州商业的兴盛，是与它得天独厚的地理位置分不开的。苏州倚湖枕江控海，又得大运河之便利，是南北往来的水陆交通要道。明代为科举应考人士和商人编写的《新刻士商要览天下水陆行程图》一书中，列出全国水陆行程图 100 条路线，其中有 6 条以苏州为起点，还有一些是以苏州为必经之途的，这是苏州成为商品货物集散地的前提。

明代苏州商业的兴盛和城市的繁华，是建立在手工业发展的基础上的。

苏州是一个发达的手工业城市，手工行业很多，其中最为著名的是丝织业。丝织业的发展与丝织技术水平的提高密不可分。据徐光启《农政全书》的记载，明代后期出现了由人工操作的脚踏南北两式缫车，每天可缫细丝 10 两、中等丝 20 两、粗丝 30 两，缫丝生产达到了空前的水平。织机也有了改进，除有织平面纹的腰机外，出现了提花机，宋应星《天工开物》中称：提花机长、高各 1.6 丈，置有花楼，需要 2 人同时操作，1 人司织，1 人提花，能织出由画师设计的各种复杂的纹饰和图案。明末，苏州市场上有绫、绢、纱、绸、罗、布 6 种织机销售，所织成品“巧变百出，花色日新”。

由于拥有悠久的传统和雄厚的技术力量，从明代初年起政府就在苏州设立了官营织造局。织造局位于天心桥北局，分设 6 堂，共有房屋 295 间、织机 173 张。每堂设一堂长，由官府挑选民间殷实机户充当，有各式工匠 1 705 名，从事挽花、络纬、络丝、攒丝、打线、染、结综、裁金、刷印等工种。织造局还压榨民间机户的劳动力，实行领织制度，即由政府发放钱粮，机户买丝置料，承领包织，回收成品。随着商品经济的发展，明代后期，政府改变了剥削方式，允许机户纳银代役，官府募匠应役，发给口粮。匠役制度的变革和封建隶属关系的松弛，为苏州民间丝织业的发展创造了条件。苏州东城区是丝织业的中心地区，嘉靖《吴邑志》中说：“绫锦纻丝纱罗绸绢，皆出郡城机房，产兼两邑，而东城为盛，比屋皆工织作，转资四方，吴之大资也。”所以，有人称苏州“以杼轴冠天下”。在丝织业的发展过程中，出现了贫富两极分化的情况。有的人发财致富，扩大生产规模，雇用机匠进行劳动；有的人在竞争中破产，沦为出卖劳动力的雇佣工人。二者之间以金钱为纽带，“相资为生”，从而使得城市的社会矛盾日趋复杂化。

《姑苏阊门图》 选自苏州桃花坞木刻年画

棉纺织加工业也是苏州的特色行业。明代，苏州所属的嘉定、常熟、太仓等县是著名的植棉区，居民大多以纺纱织布为业。农家织成的坯布往往要经过踹、染加工后才运销各地，而苏州扮演了区域性的棉布加工业中心的角色。由于苏州交通便利，是著名的经济大都会，南来北往的布商大多以苏州作为商品转运的枢纽，所谓“布店在松，发卖在苏”，说的就是这个道理。

得天独厚的地理位置和发达的工商业，促成了苏州在江南地区乃至全国作为经济中心城市的地位。她的繁华给人们留下了如此深刻的印象，以至被誉为“世间乐土”“人间天堂”。

二、况钟治苏的政绩

况钟是大家熟悉的著名历史人物。20 世纪五六十年代，在全国各地上演的昆剧《十五贯》，即是以况钟为历史原型创作的。不过，昆剧《十五贯》仅仅反映了主人公为民申冤、执法公正的一个侧面。况钟出任苏州知府 13 年，不仅清正廉洁，还改革弊政，为苏州百姓办了不少好事、实事，因而受到了苏州百姓的爱戴和尊敬。

况钟（1383—1442），字伯律，号龙冈，别号如愚，江西靖安县人。他出身于破落地主家庭，幼年时生活贫苦，对民生疾苦有一定的了解。23 岁那年，因才识出众而被靖安知县录用为礼曹，后来即以吏起家，供职礼部，繁简轻重，处置得宜，受到主官信任。宣德五年（1430），鉴于苏州繁剧难治、税粮甲于他省的情况，朝廷打算选派得力干臣前往掌理，经同乡内阁首辅杨士奇推荐，皇帝钦定才能超卓的况钟为苏州知府。从宣德五年至正统七年（1442），况钟在苏州知府任上，不畏强暴，兴利除弊，进行了许多大刀阔斧的改革。

第一，减免重赋，废除苛捐杂税。从唐朝后期起，江南即已成为全国财富之区。到了明代，这种情况更为突出。尤其是苏州府，田地数量只占全国总数的 1/88，而赋税额却占了全国总额的 1/10 左右，足见税额之重。究其赋重之由，在于官田多于民田，官租重于民租。

官田问题是明代最大的社会问题之一。朱元璋在攻克苏州以后，把大量富民迁徙至他乡，富民的土地成为官田，据顾炎武的说法，“是一府之地土，无虑皆官田，而民田不过十五分之一”。官田的租粮普遍高于民田，一般在民田的1倍以上，有些官田的租粮甚至为民田的14倍。因此，苏州上交国家的税粮年年不能完成，拖欠越来越多。况钟上任以后，多次请求朝廷予以蠲免。

宣德五年（1430），苏州官粮绝大部分被派运到北京、临清、徐州等地，朝廷征收官粮，还加收运粮开支。在征收粮赋时，农民还要遭受官僚、胥吏的层层盘剥。不堪重负的农民只好背井离乡，纷纷逃亡。对此，况钟一方面上书朝廷要求削减税粮；另一方面制定措施堵塞漏洞，如建立纲运簿，尽量减轻运粮费用和防止押运官员从中渔利等。此外，国家还有许多不合理的苛捐杂税，对于诸如此类的滥征科派，况钟也都一一上书，辩明原委，请求废除。这样就减轻了苏州百姓的负担，对于安定地方、发展生产起了积极的作用。

第二，兴修水利，发展农业生产。苏州地区素有“水乡泽国”之称。每当雨季来临，河水泛滥，水患成灾。因此，兴修水利，疏浚河道，历来是地方官的重要职责。况钟来到苏州后，看到“湖水泛涨，淹没田地”的情况，探明原委，请求朝廷派员前来，将出水干道加以疏通，导泄水源，并在自己的职能范围内，对府内的圩田进行整治，收到了较好的效果。

第三，设济农仓，备荒赈济灾民。苏州府田赋沉重，贫民无以为生，被迫向富室借高利贷，灾荒之年更是如此。宣德八年（1433），况钟协同江南巡抚周忱奏请设置济农仓，在当年收成后，以官钞平粜及向富民劝借之法，筹得 30 万石米以为仓本，又通过节省运粮开支，增加济农仓储备。当青黄不接之时，就从仓中借给贫民粮食，秋收后归还。济农仓的设置，不仅使苏州贫民百姓免除了高利贷的盘剥，而且在救灾抗灾中发挥了重要作用。

第四，整饬吏治，严惩贪官污吏。况钟就任苏州知府时，宣德皇帝在敕书中鼓励他“毋为权势所胁，毋为奸吏所欺。凡公差官员人等，有违法害民者，即具实奏闻。所属官员人等，或作弊害人，尔就提下差人解京”。为此，他一到任，就写了一篇座右铭：“卑而不可不牧者，民也；迩而不可不察者，吏也；严而不可不用者，刑也；微而不可不崇者，德也。不植其德，难施乎刑。不施乎刑，难以正吏。不正乎吏，民曷由安之？”表达了整饬吏治、严肃纲纪的决心。况钟以吏起家，深知官场的浑浊，也积有治理的实践经验。他认为“法不立则吏奸难除，而民终不得蒙其利”，因此，他以坚决但有策略的态度，首先依法整治了一批专横跋扈、欺上瞒下的吏胥。而后又在充分调查研究、掌握确切证据的基础上，罢黜了一批怯懦无能、庸碌无为的僚属。对于那些贪赃枉法、扰害民生的贪官污吏，他更是严惩不贷。他查得苏州府经历傅德“以催并秋粮等项为由，非法用刑拷打、逼取银两等物入己”，贪污赃银 573 两的事实，即据实参奏，要求“明正其罪”。接着又连上两本，参奏昆山知县任豫、县丞吴仲郢，“节次酷刑，科取银两等物入己”的罪行，奏劾长洲县典史薛孟真，以催粮为由，敲诈勒索、殴打推官、欺压知县、辱骂县丞的不法行为。通过这一系列雷厉风行的举措，苏州府的吏治为之一清，从而为社会经济的发展廓清了障碍。

第五，不畏强暴，打击不法豪横。苏州是富庶繁华之地，那些仗

况公祠

势欺人的豪强莫不将之当作肥肉。经办织造的太监、临江沿海的卫所军官、地方上的乡宦富豪，都是权势显赫、关系网上通下达、作恶害民的豪强劣绅。况钟在处理这类案件时，不畏强暴，有胆有识，一旦查有实据，即施打击，绳之以法。苏州府属粮长、里老、圩长等基层小吏均由富户充任，本意是让其劝民农桑、催征税粮。然而，这批人往往“倚法为奸，豪横粮里”。他们“以催征税粮、买办军需颜料等项为由，科敛小民财物，以一科十，无措者至准折子女，或作佣工；逼民逃窜”。对于这帮坑害百姓的恶棍，况钟一面“许被害之人告官，从重治罪”，一面又将圩长等具奏革除。港口、海边卫所的军官更是如狼似虎，经常凌虐平民，有的甚至明火执仗，抢劫过往商船；有的贩卖私盐，抗拒缉捕。况钟敢于碰硬，先后把做强盗的海宁卫百户林保，贩卖私盐的千户所军户陈胜童，百户叶俊、陶义等一一捉拿解京。况钟执法如山，迫使那些一贯欺压良善、横行不法的豪强富户和卫所军官不得不有所收敛。所以，时人称赞他“专戢豪狡，抚良善”，“兴利除害，不遗余力”。

第六，清理积案，为民申冤平反。前任苏州知府对民生疾苦漠不关心，致使豪强吏胥横行乡里，诬陷冤案堆积如山，讼狱累年莫决。况钟到任后，即着手处理历年积案。苏州府辖吴县、长洲、吴江、昆山、嘉定、崇明、常熟7县，他“每一日轮治一县事，未期年，勘问过轻重罪囚一千五百二十余名”，无不分辨是非，若有冤狱，则为之昭雪。况廷秀《太守列传编年》卷下中说：“折狱明断，民有奇冤，无不昭雪。有熊友兰、友蕙兄弟冤狱，公为雪之。”这便是昆剧《十五贯》的蓝本。在况钟任内，“吏不敢为奸，民无冤抑，咸颂包龙图复生”。

第七，兴办学校，培养举荐人才。况钟非常重视教育，十分注意培养人才。他说：“尝谓士为民秀。国家之简拔，所凭学先品行，平日之敦养。宜预教官之设，专为人才。”他考虑到苏州府学房舍狭窄，难于容纳众多生徒，便在正统初年下令大规模进行扩建，先后建成了大成殿、至善堂、后堂、明伦堂、斋舍和射圃，共数百间之多。他认为，学校是为士子提供良好学习环境的必备条件，“提调官员常加省视”，遇有损漏，应及时修缮。他还谆谆告诫学生，“诚宜鼓舞振兴，积学端品，以绍前休，以图进取”，成为一个“行修学博”的、国家所需要的有用之才。况钟把向国家举荐优秀人才作为一个地方官的重要职责，凡是品德和才能有突出表现的，他都竭力向国家推荐。长洲县儒生邹亮“才性通敏，德行无亏，文词丰赡，书法亦佳。屡试高等，为士林所推服”，是一个“出众之才”，经况钟力荐，得以擢用，从吏部、刑部低级官员升迁至监察御史。况钟“重学校，礼文儒”的措施，得到了苏州士人的敬仰，推动了地方文化的发展。

况钟铲除贪官污吏，自己则勤俭节约，一身正气。他在《示诸子诗》中说自己“虽无经济才，尚守清白节”，告诫子女们“非财不可取，勤俭用无竭”。他生前俭约，死后薄葬。后世况钟的坟墓曾被挖开，结果仅发现几件衣服和一根发簪。对于他的俭约，时人多予赞美，称他为“廉太守”，如内阁首辅杨士奇就曾在《咏梅赠况伯律》诗中说：“我忆吴门廉太守，一枝遥寄岁寒情。”

况钟在苏州关心人民疾苦，兴利除弊，使苏州境内社会相对安定，经济得到发展，人民生活有所改善，所谓“岁复丰稔，家给人足，讼简风醇，几致刑措”，呈现出封建经济复苏、人民安居乐业的“太平”景象。苏州人民因此而尊敬他、爱戴他，称他为“况青天”，生前死后，建祠祭祀。况钟到苏州赴任的第二年，母亲故世，按照礼制，应回籍守丧 3 年。苏州士民 3. 7 万多人上书挽留，要求破例，还编了歌谣：“况太守，民父母。众怀思，因去后。愿复来，养田叟。”“郡中齐说使君贤，只剪轻蒲为作鞭。兵杖不烦森画戟，歌谣曾唱是青天。”这些歌谣在大街小巷到处传唱。明宣宗顺从民意，命令况钟回苏州就任。宣德九年（1434）正月，况钟进京述职。苏州百姓以为他将升官离去，心中戚然。及其归来，民心欣悦，作歌唱道：“太守朝京，我民不宁；太守归来，我民忻哉!”宣德十年（1435）春，宣宗死，英宗即位，下诏“天下府州县官有廉勤公正能恤民者，亲临上司，宜以礼待”。苏州 7 县士民 8 万多人上书歌颂况钟的政绩。十一月，况钟任满 6 年，奏准进京朝觐。苏州百姓咸谓：“公优异政绩既达，必升擢去。”老年人作歌唱道：“公政惠我，公恩息我。父母畜我，长我育我。我饥谷我，我困苏我。公去慑我，谁与活我？”儿童唱道：“况青天，朝命宣；愿早归，在新年。”明英宗也从民之请，于第二年令况钟再任苏州知府。消息传来，“耆民夹道欢迎，视昔有加焉”。正统五年（1440），况钟任满 9 年，循例应进京候升。在他起程时，苏州士民“饯送者数百里不绝”。当时，吏部已选定杨衡接任苏州知府，但苏州百姓 1.8 万多人上书请求，认为苏州知府非况钟莫属。英宗见状，命升况钟为正三品衔，仍复苏州知府任。当他返苏时，“民欢迎者，不远数百里之遥”。据说，自明朝开国 70 多年中，苏州知府没有一个是满任后才离去的。一再经士民恳请留任的苏州知府，唯有况钟。正统七年（1442）夏，况钟积劳成疾，两次上疏乞求解任，未得批准。苏州百姓听说况钟生病，纷纷为其筑坛祈祷，甚至有人愿意“以身代死”。十二月，60 岁的况钟卒于任上。噩耗传出，“郡民罢市，如哭私亲”。不仅苏州府 7 县的百姓都“奔赴哭奠”，甚至邻近的常州、松江、嘉兴、湖州等府的士民也络绎不绝地前来吊唁。第二年春天，况钟的灵柩送归故乡，苏州全城百姓出城相送，穿白衣戴白帽的人挤满了河堤，不少人随船而走，一路祭奠。翻检史书，在中国历史上得到百姓如此爱戴、尊崇的地方官员，唯况钟一人而已。（吴奈夫等点校《况太守集》）

三、《盛世滋生图》与苏州

明清鼎革，朝代更易，苏州经济遭到摧残，一度凋敝不堪，物价飞涨，斗米升至千三四百文，以致“民生日艰”。经过几十年的休养生息，大致到康熙中期，苏州经济得到恢复并取得了初步发展，从阊门到枫桥，“列市二十里”。乾隆年间，苏州城市经济更呈现出前所未有的繁荣景象。在苏州游历以后，孙嘉淦写下了他亲身的见闻：“阊门内外，居货山积，行人水流，列肆招牌，灿若云锦。语其繁华，都门不逮。”（孙嘉淦《南游记》卷1）一个不愿透露姓名的人通过对汉口、扬州、苏州和北京等城市的对比，作了这样的描述：“繁而不华汉川口，华而不繁广陵阜，人间都会最繁华，除是京师吴下有。”（佚名《韵鹤轩杂著》）类似的记载，在文献中引不胜引，我们大可不必再事罗列，只要看看徐扬所画的《盛世滋生图》，即可概见苏州城市繁华、工商业发达的情况。

《盛世滋生图》又称《姑苏繁华图》。作者徐扬，号云亭，吴县（今江苏苏州）人，家住阊门专诸巷，是乾隆年间有名的画家。乾隆十六年（1751），乾隆南巡到苏州时，他因献画而入画院，并得到乾隆皇帝的赏识，钦赐举人，官至内阁中书。乾隆二十四年（1759），他为了颂扬“国家治化昌明，超轶三代，幅员之广，生齿之繁，亘古未有”的“乾隆盛世”，创作了《盛世滋生图》。该画长 1 225 厘米，宽 35. 8 厘米，画面起自城西灵岩山，经木渎镇东行，过横山，渡石湖，历上方山至苏州城，绕葑门、盘门、胥门出阊门，转山塘街至于虎丘。作者采用了我国传统绘画的长卷形式和散点透视法，重点描绘了一村（山前）、一镇（木渎）、一城（苏州）、一街（山塘）的景况。画面上，人物摩肩接踵、熙来攘往，据粗略统计约有 1. 2 万人；河上运粮船、货船、客船、木筏等各种船只穿梭往来，拥挤不堪，计近 400 只；街道上店坊林立，市招繁多，可以辨认的市招共有 230 余家，其中包括丝绸业、棉花棉布业、蜡烛业、烟草业、染作业、杂货业、饭馆业、医药业、珠宝首饰业、典当钱庄业、洋货业等 50 多个行业。经营的商品，除本地所产外，不少是来自外地的名、特产品。《盛世滋生图》不过是当时苏州城市繁华的一个缩影，实际情况远非一幅画所能描绘。结合这幅画，我们可以具体看到苏州的城市风貌和工商业情况。

人口的增加和居民结构的变化，是清代苏州城市经济发展的突出标志。

清代苏州城市的人口迄今没有精确的统计。史书中有所谓“郡城之户，十万烟火”的说法，但“十万烟火”不过是一种习惯的表述方法，并非统计数字。有人以杭州作为参照，推测苏州人口在乾隆年间约为 10 万人，嘉庆年间约为 28 万人，显然这是难以令人信服的。因为，从康熙年间起，苏州即已有“除是京师吴下有”的天下第二大城市之称，时人盛称“吴城烟火，奚啻百万”。尽管“百万”之说仍是笼统的概念，但既然有人敢于把苏州与人口达百万的京师媲美，说明苏州人口即使不及北京，相去也不会太远，应大大超出其他城市。通过苏州与南京的比较，可以认为，乾隆年间苏州的人口不会少于70万，嘉庆年间更在百万以上。

中国的传统城市一般为政治中心，是历代王朝实行统治的各级据点，因此贵族、官僚、地主、军人和富商巨贾以及为他们的生活服务的手工业者与商人，成为传统城市人口的主要成分。但是，明清时期苏州城市居民的成分已发生了变化，在城市经济和生活中发挥主体作用的是广大的工商业者。

官员、军人的数量在苏州城市人口中只占极小的比重。清代中期，苏州的百万人口中，政府官员及其眷属、属员与军队的人数估计不超过6 700人，只占人口总数的0.67%，可以说是微不足道的。

城居地主的人口有所增加。商品货币经济的发展，促使人口不断地向城镇集中，尤其是以苏州为中心的江南地区，为繁华的城市生活所吸引，原来蛰居乡村的地主纷纷迁居城市，出现了地主城居化的现象，如苏州附近就有约占一半的地主迁到了城中。城居地主“种种皆取于钱”，尽管有丰厚的地租收入，也不可能坐城消费，其中有不少人从事商业和高利贷活动。

手工作坊主或手工工场主不断产生。苏州城东北部是从事丝织业的机户聚居之区。这些机户除了一部分是小商品生产者外，有不少是从中分化出来的、拥有一定数量织机和资金的殷实大户，即手工作坊主或手工工场主，如郑灏家中雇用了数十个织帛工和挽丝佣，潘璧成家通过织作丝绸发家致富，家财达百万。苏州城中的手工作坊或手工工场为数甚多，仅纸坊就有60多家，雇用工人800多人。据调查统计，鸦片战争以前，吴县开业的账房约有11家，他们是经营纱缎机业的铺户，故称“经造纱缎账房”。这些账房一般将经纬材料发放给机户，由机户在自己的作坊内雇工织造，也有少量的账房自设工场，置机雇匠生产。在这样的作坊或工场内，存在着“机户出资，机工出力”的雇佣劳动关系。因此，这些手工作坊主或工场主是典型意义上的近代市民阶级的雏形。

富商大贾人数众多，在城市经济中起着重要作用。苏州城中居住着大量的富商巨贾，他们手握重金，操纵大宗商品的运营，有的甚至操纵生产，如著名的绸缎庄最多时有 61 家，布庄字号最多时达 76 家。“汪益美”字号设在阊门，一年售出的布匹在百万匹以上，“十年富甲诸商，而布更遍天下”。孙春阳南货店规模有如州县衙门，辖有 6 个部门，即南北货房、海货房、腌腊房、酱货房、蜜饯房和蜡烛房，“售者由柜上给钱，取一票自往各房发货，而总管者掌其纲，一日一小结，一年一大结”。这是一种大规模的批发商店，反映了商业资本的活跃。与孙春阳南货店齐名的店铺作坊，仅据《吴门表隐》一书列举的，就有高遵王葵扇、曹素功墨局、褚三山眼镜、雷允上药材、黄宏成绸缎等 20 多家。

广大的小商品生产者、手工业工人、小铺户商人，以及肩担手提、沿街叫卖的小商贩，是城市经济活动的主体。东北半城是小商品生产者、家庭手工业者、丝织工匠聚居的地方，据统计，从事丝织业生产、销售的人及其家属人数约有 30 万人。城西是广大手工业者和商人集中之处，阊门内外集中了数以万计的踹匠（踹布工匠）和染匠，而且这一带店肆充斥、铺户众多，居民大多以经商为生，以至年终年始也不得休息。值得指出的是，这里还汇集着大量的外来经商人口，仅来自福建的工商业者就有万人之多。他们以地缘为纽带组织会

馆、结成商帮，正如后文所述，在苏州，外来工商业者结成的会馆达60多所，徽商、晋商、江右商人、闽粤商人、浙江商人等在当时都是势力雄厚的著名商帮。

明清时期，苏州的城市空间布局发生了异于前代的变化，这就是随着城市经济的发展和职业分化而形成的区位差异。

苏州城以南北向的卧龙街为界，分成东、西两区，东属长洲，西隶吴县。明代中期以后，东、西两区形成了不同的职业分工。东城之人以丝织为业，西城之人比户贸易。入清以后，这种布局有了进一步的发展。

东北半城仍是丝织专业区，所谓“织作在东城，比户习织”。从丝业公所创设于花桥阁，等待别人雇用的缎工和纱工等在花桥、广化

清·徐扬《盛世滋生图·胥门》

寺桥站立候唤等情况分析，东城的丝织业是北部盛于南部。

西北的阊门外上、下塘一带是棉布加工区。由于商路的改变，明代有“衣被天下”之称的松江棉布加工业逐渐衰落，雍正后期起，苏州取代松江成为棉布整染加工业的中心。从事这一行业的布号大都集中在阊门外上、下塘一带，乾隆《元和县志》中说：“苏布名称四方，习是业者，阊门外上下塘居多，谓之字号，自漂布、染布及看布、行布各有其人，一字号常数十家赖以举火。”

阊胥一带商业更为繁盛。这一带为百货所聚，是苏州最大的商业中心，所谓“南濠为苏州最盛之地，百货所集，商贾辐辏”。七里山塘，到处都有杂货店肆、酒楼饭馆。阊胥附近一些地方明时尚属空地，至清代已变成商业繁华地段，商店房屋鳞次栉比；本来阊门街上尚有不少名公巨卿的跨街坊表，道路为可容五马并行的康庄大道，而清代已是民舍店铺侵占官道，“人居稠密，五方杂处，宜乎地值寸金矣”。

葑门乃是新兴的海货水产市场。从明代至清代前期，苏州城内东南部一直是较为荒凉的地方，人烟稀落，乾隆初年有人将这里豪华的房子出售，却无人购买。但到乾隆后期，这里一变而为“万家烟火”的热闹地区。尤其是葑门，被开辟为苏州最大的海货水产市场，每天从黎明起，船帆云集，市场上的水产鱼类堆积如山。

西南部仍然是政治中心区，集中了巡抚衙门、布政使司衙门、府署、吴县署、长洲县署及其他附属机构。

从明至清，苏州的南部经济发展比较明显，西部的商业更为繁荣，因此《盛世滋生图》从城东南绕至西北，较为全面地反映了苏州商业发达地区的情况。

丝绸织作和贸易在苏州工商业中占有突出的地位。清朝在底定江南后，即在江宁、苏州和杭州三大城市恢复了织造局。苏州织造局是在顺治三年（1646）恢复的。织造局分为总织局和织染局。总织局坐落在带城桥东孔副司巷内，即今江苏省苏州第十中学校基址；织染局在明朝织造局旧址，即今人民商场附近，俗称北局。苏州织造局恢复以后，为了满足朝廷享受的需要，规模和设备不断扩增，最多时有织机 800 张，机匠达 2 330 名。织造局编制完备，两局各设头目 3 人，下设总高手、高手、管工等管理和指导织挽的技术人员，督率匠役从事织造。局内从事织作的工匠，技术分工很细，有拣绣匠、挑花匠、折缎匠、花素机匠等种类，按工序进行染色、摇纺、刷纱经、打线、织挽等工作。他们受着残酷的封建剥削与压迫。织造局因为生产皇家贡品，集中了技艺高超的工匠，又不惜成本，精益求精，新品佳作源源不断地推出，就这方面而言，影响并推动了民间丝织业的发展。但是，官营织造局的产品专供朝廷消费，并不投入市场，因而对苏州丝织业的兴盛所起的促进作用是十分有限的。

清代，苏州的民间丝织业在明代的基础上有了进一步的发展，东北半城仍是丝织业的繁盛之区，估计有织机 12 000 台左右。丝织业的分工更加细密，仅花素机业的有关辅助行业就分为结综掏泛、捶丝、牵经接头、上花等。发达的丝织业，吸引了众多的外地商人前来经商贸易，使得苏州成为丝绸贸易的中心。苏州市场除了销售本地生产的绸、缎、纱、罗外，还集中了远近各地的特产，见于《盛世滋生图》的即有山东沂水茧绸、震泽绸、院绸、湖绉、宁绸、贡缎、杭绸等，甚至上供用的汉府八丝、妆蟒大缎、金银纱锻、宫绸及国外的哔叽、羽毛等也能买到。

棉布加工业尤为发达。苏州不是一个棉布生产中心，而是棉布加工和销售中心。与丝织业略有不同，棉纺织业大都集中于乡村地带，棉布织成以后，必须经过整染加工，才能运销外地。明朝时，江南地区的棉布加工中心是松江，入清以后则转移到苏州。整染业是棉织品的加工工业，分为染色和踹砑两部门。明代后期，苏州的染色业已经发展起来，从事染色的工匠有数千人之多。清代，苏州的染色业更为兴盛，分工更加细密，染坊有蓝坊、红坊、漂坊和杂色坊之分，花色品种繁多；蓝坊可染天青、淡青、月下白等色，红坊专染大红、露桃红，杂色坊有黄、绿、黑、紫、古铜、水墨、蟹青、佛金面等各色。染坊集中在阊门外上塘至虎丘的白公堤畔。由于染坊数量多，污水流入河道，因此“满河青红黑紫”，塘河污染严重，不仅有损于吴中第一名胜虎丘的形象，而且影响了百姓的身体健康和作物种植，引起公愤。当地居民120多户联名上书官府，要求取缔。乾隆二年（1737），元和、长洲、吴县官府联合下发告示，严禁再设染坊，并要求已建染坊将器物搬至他处经营。从此以后，染坊大都迁到了娄门外。

布匹染色之后，还需经过踹砑加工，就是用月牙形的巨石把布匹压平、踹光，使布质变得紧薄而有光泽。阊门外上、下塘踹坊林立，据浙江总督李卫（兼管江苏督抚事务）的统计，雍正年间共有包头340余人，设踹坊450多家，计有踹匠10 900人。由此不难想见踹布业的兴盛情况。

在乡村地带织作的棉布，经过商人之手汇聚到苏州加工。苏州城内有许多专门经营青蓝大布的布庄字号，从碑刻资料来看，康熙九年（1670）有21家、康熙三十二年（1693）有76家、康熙四十年（1701）为69家、康熙五十四年（1715）为72家、乾隆四年（1739）有45家。这些布庄字号以苏州为大本营，在周边城市和市镇设立分号，专门收购四乡农民的布匹，运往苏州加工后再运销外地。这在《盛世滋生图》中也是有所反映的。图中经营棉花棉布业的共有22家，包括布行（4家）、大布、崇明大布、松江标布、青蓝梭布、松江大布、本庄扣布等。苏州所产的布匹“名重四方”，运销全国各地，“北走齐燕、南贩闽广”，甚至销往国外。乾隆元年（1736），有人称苏州及松江、常州三府出洋的棉布，如果“流转内地，可多被数百万穷民矣”。

日本著名历史学家宫崎市定先生通过对明清时期苏州城市的产业结构、发展特点的考察，曾经指出：从明代开始，苏州成为金融业的中心和全国最大的商业市场，并逐渐由政治、商业城市变为一个轻工业城市。清代直至太平天国运动以前，苏州的经济中心地位不断加强，其与北京的关系，犹如日本德川时代的大阪（经济中心）与江户（政治中心）的关系。换言之，他认为苏州是当时全国的经济中心。这种评价是不过分的。

随着苏州城市经济的发展，工商业的经营方式也发生了显著的变化，出现了所谓的资本主义萌芽。

资本主义萌芽，是在封建社会后期成长起来的资本主义生产方式的初始形态。资本主义有两个基本的要素：一方面是占有生产资料即货币资本的企业主；另一方面是一无所有的自由劳动者。企业主利用掌握的货币购买生产资料，同时购买劳动力，进行商品生产，以实现其资本增值；而自由劳动者，指摆脱封建的人身依附获得了人身自由而又失去了生产资料的人，他们只能依靠出卖劳动力为生。

明代中期，伴随着商品经济发展而形成的激烈竞争，众多的机户不断发生两极分化，一部分上升为手工作坊主，如苏州富民潘璧成，其家“起机房织手，至名守谦者，始大富，至百万”；再如长洲人郑灏，“其家有织帛工、挽丝佣，各数十人”。而大部分人则沦为自由劳动者，常熟人蒋以化记道：“我吴市民，罔籍田业，大户张机为生，小户趁织为活。每晨起，小户百数人，嗷嗷相聚玄庙口，听大户呼织，日取分金为饔飧计。大户一日之机不织则束手，小户一日不就人织则腹枵，两者相资为生久矣。”这里的“大户”即机户，是拥有生产资料的手工作坊主或工场主；而“小户”即机工，他们朝不保夕，得业则生，失业则死，实际上是一无所有、靠出卖劳动力为生的劳动者。机户与机工之间是“机户出资，机工出力，相依为命”的雇佣劳动关系。这些材料表明，当时的苏州丝织业中已经存在着不少从事资本主义性质的剥削的手工业作坊，其中有的雇用数十位工人，已经扩大到手工工场的规模。

不仅在苏州城市中，即使在苏州的一些市镇中也出现了资本主义萌芽的情况。例如，冯梦龙《醒世恒言》卷 18“施润泽滩阙遇友”一篇，说的是盛泽镇施复夫妇勤俭创业的发家史。书中记道：“嘉靖年间，这盛泽镇上有一人，姓施名复……家中开张绸机，每年养几筐蚕儿，妻络夫织，甚好过活……一日，已积了四匹……到个相熟行家来卖……人看时光彩润泽，都增价竞买，比往常每匹平添钱多银子。因有这些顺溜，几年间，就增上三四张绸机，家中颇颇饶裕……欲要又添张机儿，怎奈家中窄隘，摆不下机床……恰好间壁邻家住着两间小房，连年因蚕桑失利，嫌道住居风水不好，急切要把来出脱，正凑了施复之便……夫妻依旧省吃俭用，昼夜营运。不上十年，就长有数千金家事。又买了左近一所大房居住，开起三四十张绸机，又讨几房家人小厮，把个家业收拾得十分完美。”施复从一个小生产者，勤俭持家，又乘人之急，逐渐积累资本，经过 10 多年时间，终于上升为拥有三四十张织机的手工工场主。

封建社会母胎中孕育的资本主义萌芽，在清初一度遭到摧残，但自康熙中叶以后，它又随着生产力的恢复和发展而重新活跃起来。到了乾嘉时期，由于社会分工的不断扩大，商品经济的持续繁荣，资本主义萌芽有了新的发展。

雍正年间立于玄妙观机房殿内的《长洲县永禁机匠叫歇碑》记载道：“苏城机户，类多雇人工织。机户出资经营，机匠计功受值，原属相需，各无异议。”所谓“类多雇人工织”，是说机户大多雇用工匠织造，机户与机工之间存在着“计工受值”（或计件或计日）的金钱货币关系，同时还存在着“机户停织，机匠废业”的相互依存关系。当时，苏州城内行业内部分工很细，雇佣劳动者数量很多，劳动力市场远远大于明代。康熙《长洲县志》的一则记载说：工匠各有专能，匠有常主，计日受值。有他故，则唤无主之匠代之，曰唤代。无主者，黎明立桥以待。缎工立花桥，织工立广化寺桥；以车纺丝者曰车匠，立濂溪坊；此外，素缎织工聚白蚬桥，锦缎织工聚金狮子桥。这还仅仅是就丝织行业而言，如果包括其他行业，则数量更多，如棉纺织加工业中的染、踹业，雇佣工人即在 2 万人以上。必须指出的是，如果说明代“大户”与“小户”即机户与机工之间的雇佣劳动关系还比较松散的话，那么清代机户与机匠间的雇佣劳动关系就比较固定了。这情况正如列宁所说：“劳动的代表和资本的代表之间的分裂在这里已经充分表现出来。”（《列宁全集》第 3 卷）而且，机户对机匠的剥削采取了计件付钱的办法，如《长洲县永禁机匠叫歇碑》中说：“至于工价，按件而计，视货物之高下、人工之巧拙为增减。”这种计件受值的工资形态被马克思称为“最适合于资本主义生产方式的工资形态”。

清代的商业资本更加活跃，商人支配生产的情况愈来愈多，如苏州丝织业，据碑刻资料，道光二年（1822）发生一起机匠“会聚多人，向轮年机户李升茂庄上滋闹”的事件，于是有 26 家“机户”联名向元和县府控告，县衙即行弹压，并发出布告说：“查民间各机户，将经丝交给机匠工织，行本甚巨，获利甚微。每有匪匠，勒加工价。稍不遂欲，即以停工为挟制，以侵蚀为利薮。甚将付织经纬，私行当押；织下纱匹，卖钱侵用。”“自示之后，各乡匠揽织机只，概向机房殿书立承揽，交户收执。揽机之后，务宜安分工作，克勤克俭，计工授值……”（《明清苏州工商业碑刻集》）碑文中的“机户”，实际上是一种放料收货的绸缎铺号，即称为“账房”的商人。

账房是具有资本主义萌芽性质的包买商。据1913年江苏省实业司的调查，苏州当时共有57家账房。这虽然反映的是民国初年的情况，但据载，最早的账房“石恒茂英记”出现在康熙四十一年（1702），另有10家开设于乾隆至道光年间。也就是说，鸦片战争前，苏州已出现了11家账房。这些账房“除自行设机督织外，大都以经纬交与织工，各就织工居处，雇匠织造，谓之机户。此等机户，约近千数，机匠约有三、四千人，亦散处东北半城，娄齐二门附近乡镇，如唯亭、蠡口，亦间有之。女工摇丝，俗谓之调经娘。嫠妇贫女，比户为之，资以度日者众焉”（彭泽益编《中国近代手工业史资料》第2卷）。这种账房是经营纱缎铺庄的商人业主，是丝织业中一种商人资本的代表者。他们不仅自己拥有丝织设备，雇工织作，而且还把丝织原料预付给丝织业中的机户，待其织成后付予工钱。作为商业资本的账房，通过发料收货的方式，把丝织的各个工序都组织起来，使从事各道工序的劳动者成为账房支配下的雇佣工人。在这里，账房的商业资本通过预付原料的形式渗入生产领域，转化为产业资本，而账房的经营者也就转化为最早的丝织业资本家。马克思说过，封建生产方式向资本主义生产方式的转化，经过两条途径，一条是生产者变成商人和资本家，一条是“商人直接支配生产”，即商业资本控制小商品生产者，出现资本主义的家庭劳动。清代，苏州丝织业中的资本主义萌芽主要属于第二条途径。同样的情况在苏州的踹布业中也能够看到。从事踹布业的踹坊是由包头开设的。这些包头“置备菱角样式巨石、木滚、家伙、房屋，招集踹匠居住，垫发柴米银钱，向客店领布发碾，每匹工作银一分一厘三毫，皆系各匠所得，按名逐月给包头银三钱六分，以偿房租家伙之费”（《雍正朱批谕旨》卷174）。由此可知，踹坊并非独立的手工工场；踹匠的工资是由布号发给、按匹计价的，踹匠实际上是布号的雇佣工人；而包头并不直接雇用工匠，他不过是布号的包工头，负责管理工人、组织生产。这就说明在踹布业中，布号这种商业资本已渗入到生产领域。此外，在造纸等行业中也存在资本主义萌芽的情况。

尽管苏州手工业中出现的资本主义萌芽，由于处处受到封建势力的压制，发展非常艰难，步履缓慢，但毕竟已经破土而出了。它敲响了封建社会的丧钟，绽放出近代社会的曙光。

四、会馆与公所

会馆与公所的大量涌现，也是明清时期苏州城市经济发展的突出标志。

会馆，原指在异地的同乡人聚会的馆舍，后来延伸为泛指异乡人在客地建立的同乡或带有同行性质的社会组织。会馆的设置起源于北京。目前已知最早的会馆，是明代永乐年间安徽芜湖人、工部主事俞谟在北京捐建的芜湖会馆。创建会馆的用意，是为在京的同乡仕宦、游历士绅及应试举子提供居停场所。因此，明清时期出现于北京的大部分会馆，是由仕宦所建，目的是为仕宦服务，一般称为仕宦会馆。

明代中期以后，随着商品经济的发展，地区间的经济交流日渐密切，流动人口不断增加，因此在一些工商业繁荣的城镇，出现了不少以工商业者为主体建立的会馆。这种主要服务于工商业者的工商会馆所在之地，以有天下经济都会之称的苏州最为典型。

明代万历年间，在苏州为官、经商的广东人和福建人，相继在虎丘山塘桥西、胥门万年桥大街建立岭南会馆和三山会馆，这是迄今所知苏州最早的会馆。天启五年（1625），广东东莞商人又在山塘街上建立了东官会馆。不过，明代会馆的设立只是零星的。到了清朝，会馆建设才趋于兴盛，而且工商业会馆所占的比例越来越大。根据现有资料统计，明、清两代苏州的会馆有 60 余所，其中可以确定在 1840 年鸦片战争以前所建的为 43 所。43 所会馆中，仕商合建的有 10 所，工商业者建立的有 33 所。

会馆是以地缘关系为纽带而建立的同乡组织。前面曾经述及，明清时期的苏州是一个工商业发达的经济都会，滞留了大量的外地工商业者，乾隆《吴县志》卷 8 中说："吴为东南一大都会，当四达之冲，闽商洋贾，燕齐楚秦晋百货之所聚，则杂处阛阓者，半行旅也。"说明清代的苏州活跃着来自全国各地的商人和手工业者。告别家人、远离故土、身在异乡的客商，在生活和经营方面往往会遇到诸多不便和

全晋会馆

困难，如遭受当地商人的排挤和牙行的刁难、欺压，语言有障碍，生活不习惯，生病遭难时得不到安慰、照顾和帮助，以致有些人横尸他乡、叶落不得归根。有鉴于此，他们感到有必要联络同乡，组织团体，依恃群体的力量，对外抵抗当地商人及牙行的欺负，对内则操乡音、过乡节，寄托思乡之情，减轻在外生活的压力。这可能是会馆建立的最初动机。因此，会馆基本上都不是本地工商业者设立的。

会馆有一套自己的管理机制。

首先，会馆事务有专人负责，负责人员通常称为董事、司事、总理等。这些董事由会馆成员共同推选，一般而言由“才具贤能，心术公正之人”担任。董事有一定的任期，如苏州的潮州会馆，每 3 年更换一次。董事的职责，一是征收基金，二是掌管房产契据，三是维持日常活动。

其次，会馆有固定的集会、栖息、祭祀场所。会馆的建筑无论大小，一般都设有戏台、宴会同乡宾客的大厅、供来宾栖息的厢房、放置货物的仓库等，而安置、供奉乡土神祇的殿堂，更力求“殿宇巍峨，楼台整肃”，这成为会馆建筑的一大特色。不少会馆还辟有花圃、园亭，供人游观。

最后，会馆有经费来源，以作为维持活动的基金。经费来源大致有两种渠道：一是会馆成员的捐助金，各地会馆最初的经费大都由此而来，这是会馆经费来源的主要渠道；二是用会馆成员捐助金的一部分购置不动产，然后出租，收取租金以补会馆开支。

会馆作为一种同乡组织，主要用于供同乡人聚会、祀神，也为同乡商人提供驻足和贮存货物之地，并对同乡的贫病之人提供帮助，如客死异乡时代为掩埋等。在乾隆以后，会馆的功用越来越偏重于商业方面，如作为同乡同行商人集议贸易事务的场所，议立规条、评定市价、统一度量衡器等，并逐渐演变为工商业行会组织。

相对于会馆来说，公所从一开始就表现出明显的行会职能。

公所的本意是指公共办事之所，在清代演变为同业者组成的工商业组织的专称。早在宋元时期，苏州就出现了以公所为名的行业团体，如粮船公所、吴郡机业公所。但是，公所的名称未能延续下来，直到入清以后，公所才如雨后春笋般地涌现出来。根据新编《苏州市志》的统计，明、清至民国年间苏州计有公所198所，其中建于鸦片战争以前的有53所。

与会馆相比，公所有自身的特点：第一，会馆以同乡为纽带，而公所则以同业相结合；第二，会馆成员主要是外地的同乡客商，而公所成员则包括本地和外地的同行；第三，会馆、公所都进行祀神活动，但会馆供奉的是地域神祇或先贤，而公所祭祀的则是行业神；第四，会馆、公所都办理善举，但会馆的对象是同乡人，而公所的对象则是同业者。

作为同业者的组织，公所也有自己的运营管理方法。公所实行董事负责制，董事由成员选举产生。由于公所的成员来自各地，且同业者之间也有身份、地位的差别（如老板与伙计等），在内部管理方面表现出较为复杂的情况。公所的经费，开始也是来自成员的捐助，有些公所则根据成员的营业情况按规定抽取资金，并且后一种方法逐渐成为公所经费的主要来源。公所也有建筑，但不似会馆那样宏阔壮观，而是求其实用，往往比较简陋。

公所的职能随着时代的剧变而有所变化，但基本职能不外乎以下几个方面。

第一，制定行规，限制竞争。公所普遍立有行规，通过行规章程，用强制的办法限制来自行业内部或外部的竞争，以维护同行的既得利益，如对新入行的工商业者收取规定数量的行规钱，严格控制各业主的学徒人数以限制生产规模，限定开设店坊的地点，统一货物价格，统一规格质量，规定工价标准，等等。行规一经制定，公所成员必须遵守。如果发生违反行规的情况，由公所成员共同议罚，一般是罚吃茶、罚酒席或罚少量金钱，有时也采用极为野蛮的手段。黄钧宰《金壶七墨·金壶逸墨》中记载了这样一则故事："苏州金箔作，人少而利厚，收徒只许一人，盖规例如此，不欲广其传也。有董司者，违众独收二徒。同行闻之，使去其一。不听，众忿甚，约期召董议事于公所。董既至，则同行先集者，百数十人矣。首事四人，令于众曰：董司败坏行规，宜寸磔以释众怒。即将董裸而缚诸柱，命众人各咬其肉，必尽乃已。四人者率众向前，顷刻周遍，自顶至足，血肉模糊，与溃腐朽烂者无异，而呼号犹未绝也。比邑侯至，破门而入，则百数十人，木立如塑，乃尽数就擒，拟以为首之四人抵焉。"当然，这样残酷的处置方法毕竟是极为少见的。

第二，承应官府差役，并尽可能地保护成员的利益。公所由古代的"行"演变而来，公所的成立必须取得官府的批准。与此同时，公所也必须承担官府的一切差派，如苏州圆金业因"承办上用飞金"，故圆金业公所又称"经匠差局公所"，明显地表现出承办官差的职能。由于官府时常对工商业者"出票借取"，吏胥差役又从中假借名义，中饱私囊，工商业者不堪负担。为此，工商业者通过公所不断吁请官府下令禁止吏胥差役的骚扰和勒索，有些公所就是为了便于与官府进行交涉才成立的。

第三，办理同业善举。生老病死是人类生命的全部过程。尤其从事工商业的人要冒很大的风险，经营者的地位极不稳定，造成了许多贫困人口。为了社会的安定，为了维护行业秩序，各个公所都极为重视对同业老弱病残和失业人员的救济。民国九年（1920），吴县知事温绍梁曾对公所的职能作过如下的总结："盖纯正商业，建有公所，虽为同行议事之处，其中仍含有慈善性质，各业类同此旨。"（《明清苏州工商业碑刻集》）这种办理善举的行为甚至成为有些行业创立公所的直接动因。苏州绚章公所就是因为蜡笺业人员"类多异乡人氏，或年老患病，无资医药，无所栖止，或身后棺殓无备，寄厝无地"，考虑到"同舟之谊，或关桑梓之情，不能坐视"而建立的。公所的慈善事业，大致包括以下几个方面：一是对贫困失业、年老孤苦者给予生活补助，如绸缎业七襄公所规定，同业中如有老病废疾不能谋生者、鳏寡孤独无所依靠者、异乡远客贫困不能回乡者，由各商店上报公所，经公所董事核实，从公所经费中酌量给予资助；二是对生病者给药医治，故世者给棺掩埋，所谓"凡同业之人，生则医药，死则殓埋"；三是救济病故同业家属，同时尽可能为失业人员创造再就业的机会；等等。

鸦片战争后，随着时代的剧变和商品竞争的进一步加剧，地域性的会馆越来越多地转变为业缘性的公所。同时，一部分近代资产阶级化的人物加入公所，导致公所职能的转变，突出地表现为以统一行动对付外来力量的竞争和各种超经济力量的干预，行会限制扩大经营规模的职能渐趋松弛。到了清末，公所成为商会和同业公会的基本成员。由会馆和公所到商会和同业公会的演变，大体显示了苏州工商业组织的演变脉络，反映了苏州工商业发展的过程。

五、惊心动魄的市民斗争

随着苏州城市工商业的繁荣，市民的力量日渐壮大，他们以全新的姿态投入了反对封建暴政的斗争行列，尤其是市民的中坚力量——手工业工人，为改善待遇、提高工价，展开了不屈不挠的斗争，为明清时期的苏州历史写下了光辉的一页。

葛成领导的苏州市民反税监斗争

万历二十九年（1601）爆发的葛成领导的苏州市民反税监斗争，是由封建统治集团的横征暴敛引起的。这年初夏，苏州地区阴雨连绵，水害成灾，民谣中说："四月水杀麦，五月水杀禾，茫茫阡陌殚为河。"可是，封建统治阶级根本不顾老百姓的死活，变本加厉地进行掠夺。五月初旬，织造太监孙隆来到苏州后，总理五关之税，由参随黄建节勾结本地无赖、土棍汤莘和徐成等充任税官，分列水陆要冲，公开强索过往商贩，"凡米、盐、果、薪、鸡、豚之属，无不有税"，一时"榷网之设，密如秋荼"。他们还对机户擅自加征，"妄议每机一张，税银三钱"，"每缎一匹，税银五分；纱一匹，税二分"。

这严重影响了苏州市民尤其是以丝织为生的手工业工人的生活，“吴中之转贩日稀，织户之机张日减”，“穷民之以织为生者，岌岌乎无生路矣”，一时“人情汹汹，讹言四起，于是机户皆杜门罢织，而织工皆自分饿死”，一场群众斗争的风暴已不可避免。

这场市民运动的领导人是葛成。葛成祖籍昆山，原名成，后改名贤，在苏州为人佣织。他为人正直，乐于助人，好打抱不平，深受同业工匠的敬重。农历六月三日（或谓六月六日），苏州织工共推葛成为首，在玄妙观聚集，“不呼而集者万余人，同声相应”。葛成将队伍分成6队，以芭蕉扇所指而定举动，分赴税官之家，“毙黄彦（建）节于乱石之下，付汤莘等家于烈焰之中”，同时焚烧了为汤莘筹资、向阉党献媚的乡官丁元复家，“凡税官之所在地方者，尽殴杀之”。面对市民斗争的怒潮，税监孙隆惊慌失措，偷偷溜往杭州，“从此不复至苏”，苏州市民的反税监斗争取得了一定的胜利。

这次织工斗争，表现出高度的组织纪律性，连地方封建统治者也不得不承认，织工们“不挟寸刃，不掠一物，预告乡里，防其延烧。殴死窃取之人，抛弃买免之财”，“赤身空手，不坏一丝，只破起衅之家，不及无辜一人”。因此，织工的斗争赢得了人民群众的拥护，“义声大震，从者益广”，时人《税官谣》中清楚地反映了这种情景：“千人奋挺出，万人夹道看。斩尔木，揭尔竿，随我来，杀税官。”但是，苏州市民的反税监斗争触犯了封建统治阶级的利益，遭到了封建政府的镇压。在这关键时刻，织工斗争的领袖葛成表现出崇高的自我牺牲精神，他“袒两肩，挥蕉扇”，挺身而出，说：“始事者成也，杀人之罪，成愿以身当之，幸毋及众。”葛成的自我牺牲精神赢得了城市各阶层人民的敬仰和爱戴，成千上万的群众向官府请愿，并送酒食衣物到监狱探望，甚至连一些地主、士绅也采取了同情的态度。基于此，封建统治者不敢轻易加害，对葛成由判死刑改为长期监禁。直到万历四十一年（1613），巡按御史房壮丽“特请矜宥”，方得以释。

葛成领导的以丝织工人为主体的苏州市民反税监斗争，是与苏州丝织业中孕育着的资本主义萌芽紧密相联的。由于当时资本主义生产关系刚刚萌芽，工人的力量尚很弱小，他们还没有阶级的要求，因此决定了这场斗争仍然是以求生存为中心的自发的经济斗争，但是，它的积极作用是不能低估的，它给腐朽的明王朝以沉重打击。在苏州市民斗争及全国人民斗争的联合打击下，明朝廷不得不“诏罢采矿，以税务归有司”。这样就拯救了濒于绝境的江南地区的工商业，保护了丝织业等部门出现的资本主义萌芽。同时，它预示着我国古老的封建社会渐渐走向没落，一股新的社会力量正在孕育之中，从而就赋予后期封建社会的阶级斗争以新的特色。正如著名史学家范文澜先生所说的：伟大的中国工人阶级的先驱者，当他们在 1601 年第一次起而斗争的时候，就表现出反封建压迫的英雄气概。他们行动服从葛贤的指挥，有卓越的组织性和纪律性……中国工人阶级当它开始萌芽的时候，就充分地显示出它将有远大的光荣的前途。

五人义事件

五人义事件是由于阉党迫害正直的苏州籍官员周顺昌而引发的一场市民斗争。当时，明王朝处于阉党专政统治之下，政治黑暗，社会腐败，不少正直的官员受到迫害。天启六年（1626）三月，阉党头子魏忠贤派出缇骑来到苏州，准备逮捕同情东林党的周顺昌。消息传出，苏州市民云集巡按御史衙门，向巡抚毛一鹭和巡按徐吉申述民意，反对捕人，却遭到厂卫特务的呵斥和殴打。苏州商人颜佩韦忍无可忍，从人群中一跃而出，直奔大堂，阻止特务行凶，又遭众特务的围攻。市民沈扬、杨念如、马杰、周文元等见状上前帮助颜佩韦，与特务发生了激烈冲突。广大群众同声响应，“蜂涌大呼，势如山崩”，“从者千计”，打得特务东窜西逃，狼狈不堪。当场有特务两人被愤怒的群众打死。这次市民斗争大灭了厂卫特务的威风，最后他们只好偷偷地将周顺昌押走。

苏州人民的抗暴斗争引起了魏忠贤的恐惧和怨怒，他急忙派遣爪牙到苏州逮捕市民斗争的参加者。在乌云压顶的时刻，颜佩韦等 5 人径至衙门，“挺身自投曰：‘渠魁、胁从皆我也，无波及！’”同样表现了崇高的自我牺牲精神。他们在大堂上痛骂毛、徐辈为卑鄙小人，而为自己的行动自豪：“尔陷吏部（指周顺昌）死，官大人小；我为吏部死，百姓小人大。”七月初，5 人慷慨赴义，临刑之际，“意气扬扬，呼中丞（指毛一鹭）之名而詈之，谈笑以死”。颜佩韦等 5 人舍身为人的义行深受苏州人民的钦敬，苏州士绅吴默、文震孟等为他们收尸殓葬，后又移葬于山塘街上。

为了抗议官府逮捕 5 人，苏州市民坚持斗争，“倡议罢用天启钱，各府州县人民皆和其说，将天启钱积下，私禁达十阅月”，表明了市民力量的成长。

这次市民斗争是由阉党逮捕周顺昌而激起的，然而斗争的目标是“素贪横，妄增定额，恣诛求”的阉党分子，因此，表面上看是统治阶级内部的“党争”，实际上是葛成斗争的继续，仍然属于反对封建专制暴政的斗争。

山塘街上《五人之墓》碑

清代手工业工匠的“齐行叫歇”斗争

清代从康熙以后，城市工商业得到了新的发展。在那些带有资本主义性质的手工作坊和手工工场里，雇主和雇工之间的矛盾日渐尖锐。当时的雇主（包括作坊主、工场主等），为了扩大剥削所得，往往克扣手工业工人的工价，或者拖欠工资，采取种种虐待行为，引起工人的不满和反抗。因此，雇主和雇工之间的关系，从明朝后期的“相依为命”逐渐发展为“齐行叫歇”的对抗关系，工匠为增加工资而进行的反抗雇主的斗争，贯串有清一代，几乎未曾停息过。

这些罢工斗争，几乎都是由经济原因引起的，有的是工匠反对雇主克扣工银，实行苛刻的经济剥削；有的是工匠反对作坊主解雇工人；还有的是市民反对米商囤积居奇；等等。

从表 5-1 也可看出，在清代苏州市民的反抗斗争中，以踹匠开展的“齐行叫歇”斗争发生最早，持续时间最长，次数最多，形式多样，富有特色。

表 5-1　苏州市民、工匠反抗斗争概览表

时　间	内　　容
康熙九年	窦桂甫领导的踹匠斗争
康熙三十二年	踹匠罗贵等齐行罢市
康熙四十年	踹匠暴动
康熙五十四年	王德等倡言成立踹匠会馆
康熙五十九年	踹匠“齐行增价”斗争
雍正元年	踹匠拜把、约会
雍正七年	踹匠“拜把结盟”

续表

时　间	内　　容
雍正十二年	机匠因反对解雇工人，要求增加工资而罢工
乾隆四年	踹匠王言亨等齐行叫歇斗争
乾隆十三年	顾尧年等市民反抗米商囤粮抬价的斗争
乾隆二十一年	纸坊工匠罢工
乾隆六十年	踹匠蔡士谨等罢工
嘉庆九年	市民抢米罢市
道光二年	机匠王南观等要求增加工资的斗争
道光五年	踹匠等要求增加工资，倡言各匠停工
道光六年	烛匠邵贤招等罢工
道光十六年	匠户叫歇停工
道光十七年	金箔工匠陈阿玉等要求增加工资的斗争
道光二十五年	印书匠人“齐行把持”
道光二十六年	屠猪业徐成有等倡议“停工”
道光二十七年	烛业店伙张国安等罢工

康熙九年（1670），因年荒米贵，踹匠窦桂甫等人以传单约会各处踹匠，要求增加工资，以致不少工匠“停工观望”，有的迫使作坊主“唱戏讲话”。但是，控制踹坊的布业字号不予答应，仍然坚持按照定例，每踹一匹布付银1分1厘。地方官府维护布商的利益，将窦桂甫等发起者驱逐出境，21家布商立碑禁止工匠的齐行斗争。康熙三十二年（1693），踹匠的工价没有得到丝毫增加，生活也没有获得任何改善，于是罗贵等人再次聚众齐行，要求增加工价，并威胁罢市，又遭到了商家联合官府的压制。踹匠的工价不仅得不到增加，踹坊包头还不时地克扣工钱，在这样的情况下，踹匠们忍无可忍，于康熙四

十年（1701）发动了大规模的罢工，“流棍之令一出，千百踹匠景从。成群结队，抄打竟无虚日。以致包头畏避，各坊束手，莫敢有动工开踹者。变乱之势，比诸昔年尤甚”（《明清苏州工商业碑刻集》）。这次罢工历时 1 年，由于官府的严禁，踹匠不得不复业。自此以后，官府对踹坊的管理更加严格，但官府同时也作出了“不许包头多克”的规定。踹匠的斗争仍然取得了一定的胜利。

由于多次斗争都遭到了业主和官府的合力镇压，历经磨炼的踹匠意识到只有建立自己的组织，才能斗争得更加有力。于是，在康熙五十四年（1715），踹匠王德、邢春林等人倡言成立会馆，并以捐助普济院、育婴堂经费为由要求商家增加工资，引起业主和官府的恐惧。他们生怕“会馆一成，则无籍之徒，结党群来，害将叵测”，因而坚决反对，对首倡者或加以重责，或加以驱逐。但是，踹匠们虽未能建立自己的会馆，仍利用同乡关系继续进行斗争。康熙五十九年（1720），他们“或称同乡，或认亲戚，煽惑众匠，齐行增价，代告扣克，科敛讼费，再索酬金”，把斗争矛头直指布商和包头，因而 43 家布商和 304 户包头中的 12 户坊总与 27 户甲长联名向官府禀控。吴县衙门申明旧章，赋予包头以更大的管束踹匠的权力。尽管封建政府用“五人连环互保”的方法来防范和限制踹匠的斗争，但踹匠与业主之间存在着根本的矛盾，斗争始终不断。此后，苏州踹匠还多次发动了齐行叫歇斗争。

踹匠针对业主发动的齐行叫歇斗争，在封建社会晚期的人民反抗运动中独具一帜，表现出全新的意义。伴随着资本主义萌芽的出现，新的社会矛盾开始产生，尽管这种矛盾在当时社会中不占主流，却是不容忽视的。

六、苏州社会风尚的变迁

社会风尚主要指社会的思想意识和民情风习，是时代风貌的具体表现。社会风尚受经济基础的制约，随社会的发展而不断变化。明清时期，随着苏州社会经济的繁荣，物质生活水平的提高，人们的精神生活也发生了显著的变化。尤其是商品经济的高度发展和资本主义萌芽的出现，引起了人们思想观念的改变，新的社会风气逐渐形成。旧观念与新观念并存，旧风气与新风气共在，彼此冲突，相互交融，使这一时期的社会风貌更显多姿多彩。

当时，社会上普遍地把诵诗读书看作“天下第一等好事”，大家巨族、书香门第的子弟固守“科甲仕宦，显亲扬名，皆从读书中来”的宗旨，汲汲于学，“恒以家无读书人为耻”，即便普通人家也希望通过发奋苦学，跻身于社会上层。所以，孜孜不倦地读书求仕、追求科举功名依然是社会风气的主流。但是，毕竟时代已发生了很大的变化。在商品经济大潮的冲击下，读书求仕已不再是人们的唯一出路，经商营利成了大众的普遍选择。在这样的情况下，重商风气日趋浓厚。

中国封建社会历来奉行“重农抑商”政策。历代封建统治者及其思想家们把能否贯彻这一政策视为封建国家治乱盛衰之所系。与此相应，商人的社会地位十分低下，被排于四民之末。这种情况至明代中叶发生了显著变化，商品经济的发展引起了人们思想观念的剧变。“重农抑商”的传统政策遭到了人们强烈的抵制，在许多地方尤其是苏州形成了一股重商思潮。人们争相趋利，改业从商。明末，苏州城东“居民大半工技，金阊一带，比户贸易”，从工从商，蔚成风气。甚至不少官宦士子也追逐利润，“以求富为务”。黄省曾《吴风录》概言“吴中缙绅士夫多以货殖为急”。在此推动下，经商之风吹遍了苏州城乡各个角落。在乡村，出现了蚕桑、棉作压倒稻作的现象，养蚕缫丝、纺纱织布成为人们生计的主要来源；在城市，“皆工织作”，“比户贸易”。王鏊《姑苏志》谓：“大抵吴人，好费乐便，多无宿储，悉资于市也。”顾公燮《消夏闲记选存》也说：过去苏州在春节前后，商店歇业，至元宵节始开门营业。但在清代，即使正月初一也在营业。“总之生计艰难，一日不做，即一日不活。”商业与人们的日常生活关系如此紧密，重视商业并进而形成一种社会风气乃是理所当然的事情。

随着重商风气的盛行，人们争言财利，金钱的魔力越来越大，人们追求金钱的欲望也越来越强烈。物欲横流，势必导致拜金的狂潮，“金令司天，钱神卓地”成为江南，尤其是苏州地区社会现象的普遍写照，拜金思潮渗透到社会生活的各个方面。为了金钱，人们可以忘恩负义、鲜廉寡耻，甚至丢弃做人的准则，作为封建支柱的伦理纲常遭到了空前的冲击。

传统的封建社会中，商人的地位极为低下，排于四民之末，人们耻与来往。到了明清时期，由于拜金思潮的出现，掌握巨额财富的商人的社会地位日益提高，出现了“满路尊商贾，穷愁独缙绅”的情况。昔日冷落的门庭，而今人来人往，交游广泛，不仅普通人众，即使一向清高的士大夫亦折节下交。凭借雄厚的财力，商人捐钱纳官，行贿揽权，以新贵自居。这种士与商的合流，贵与贱的变化，引起了一部分封建文人的不满，他们指责说：“古者四民分，后世四民不分；古者士之子恒为士，后世商之子方能为士。”“曩昔士大夫以清望为重，乡里富人，羞与为伍，有攀附者必峻绝之。今人崇尚财货，见有拥厚资者，反屈体降志，或订忘形之交，或结婚姻之雅，而窥其处心积虑，不过利我财耳。遂使此辈忘其本来，足高气扬，傲然自得。”（董含《三冈识略》卷6）这恰从反面说明金钱所到之处，伦理为之倾倒的事实。

封建道德最重孝行，《孝经》强调“人之行莫大于孝”；《孟子》说“未有仁而遗其亲者也”。而在当时的苏州地区，有些人蔑视孝道，竟然做出掘祖坟、焚祖尸的悖逆之事，其目的乃“利其藏中之物”，更可怪者，苏州人视其为故然，并没有认为这是大逆不道而加以讨伐。可见金钱腐蚀人们的思想到了何等严重的地步！

婚姻为人生大事。自古以来，男女婚姻要求“门楣求其称，婿妇惟其贤”。苏州地区多名门望族，素来讲究门第观念，看不起市民阶层，不管这些市民拥有多少财富。但时境迁移，到了明清时期，男方只计奁资，女方索要聘财，只要有钱，“则良贱不及计，配偶不及择”，金钱压倒门第，比起赫赫家世来更具魅力。

明清时期，随着商品经济的发展，追求物欲享受的奢靡之风弥漫到全国各地。其中，苏州地区最为突出。

苏州地区的奢侈之风滥觞于明代中期，明末趋盛，虽然清初一度收敛，但随之又愈演愈烈，难以遏制。

苏州地区的奢靡风习在日常生活的各个方面均有明显表现。

在服饰方面，明代前期，服制甚严，无论是式样、颜色，还是图案、质料都有条例规定，《明史·舆服志》谓："洪武三年，庶人初戴四带巾，改四方平定巾，杂色盘领衣，不许用黄。又令男女衣服，不得僭用金绣、锦绮、纻丝、绫罗，止许绸、绢、素纱，其靴不得裁制花样、金线装饰。首饰、钗、镯不许用金玉、珠翠，止用银。六年令庶人巾环不得用金玉、玛瑙、珊瑚、琥珀。"然而，自明代中期至清代，苏州人的服饰发生了极大变化，龚炜《巢林笔谈》在论及吴地风俗侈靡时说："予少时，见士人仅仅穿裘，今则里巷妇孺皆裘矣；大红线顶十得一二，今则十八九矣；家无担石之储，耻穿布素矣；团龙立龙之饰，泥金剪金之衣，编户僭之矣。"钱泳《履园丛话》概论乾隆以后吴中服饰，"男人俱是轻裘，女人俱是锦绣"。他们僭越封建等级的礼制，质料由布素变为追求锦绣、绫罗，颜色由暗淡而趋于鲜艳华丽，式样由划一单调变为追求奇异翻新，一向为人君至尊之饰的团龙、立龙竟也成了普通百姓衣服上的花纹。服饰追新求奇，无所不有，所谓"衣则忽长忽短，袖则忽大忽小，冠则忽低忽昂，履则忽锐忽广。造作者以新式诱人，游荡者以巧冶成习"（袁栋《书隐丛说》卷 19），以致到了男女混杂的地步，褚人获《坚瓠集》中引了一首吴下歌谣，说道："苏州三件好新闻，男儿着条红围领，女儿倒要包网巾，贫儿打扮富儿形。"以服饰为突破口，打破了传统的社会秩序。逾礼越制，莫此为甚。难怪有人对这种变化要"怪而哗之"了。但是，社会风尚一经形成，便非封建卫道士们所能阻止，明人范濂曾说："余最贫，最尚俭朴，年来亦强服色衣，乃知习俗移人，贤者不

免。”（范濂《云间据目抄》卷2）

在饮食方面，苏州地区在明初俗尚俭朴，宴会既少，品物无多。但明中叶以后，宴会无时，刻意求精，一席之中，水陆之珍俱全，一宴之费，动辄数十百金。非但富人的正式宴请，即使普通百姓家的“寻常宴会”，也是“无山珍海错，群以为羞”。叶梦珠《阅世编》卷9中详细地记载了明末清初民间宴会的变化，他说：“肆筵设席，吴下向来丰盛。缙绅之家，或宴官长，一席之间，水陆珍羞，多至数十品。即士庶及中人之家，新亲严席，有多至二三十品者，若十余品则是寻常之会矣。然品必用木漆果山如浮屠样，蔬用小磁碟添案，小品用攒盒，俱以木漆架架高，取其适观而已。即食前方丈，盘中之餐，为物有限。崇祯初始废果山碟架，用高装水果，严席则列五色，以饭盂盛之。相知之会则一大瓯而兼间数色，蔬用大铙碗，制渐大矣。顺治初，又废攒盒而以小磁碟装添案，废铙碗而蔬用大冰盘，水果虽严席，亦止用二大瓯。旁列绢装八仙，或用雕漆嵌金小屏风于案上，介于水果之间，制亦变矣。苟非地方官长，虽新亲贵游，蔬不过二十品，若寻常宴会，多则十二品，三四人同一席，其最相知者即只六品亦可，然识者尚不无太侈之忧。及顺治季年，蔬用宋式高大酱口素白碗，而以冰盘盛漆案，则一席兼数席之物，即四五人同席，总多馂余，几同暴殄。康熙之初，改用宫式花素碗而以露茎盘及洋盘盛添案。三四人同一席，庶为得中。然而新亲贵客仍用专席，水果之高，或方或圆，以极大磁盘盛之，几及于栋，小品添案之精巧，庖人一工，仅可装三四品。一席之盛，至数十人治庖，恐亦大伤古朴之风也。”

随着戏曲的繁荣，至清代，苏南城镇出现了大量的戏园、戏馆。

戏馆不仅可以赏戏，还提供宴席。入戏馆宴会宾客，既可以满足口欲、视欲、听欲，还可以当众炫耀阔绰，满足富人的虚荣心。因此，戏馆内宴席规模庞大，浪费惊人，钱泳记载苏州戏馆的宴席情况说："其暴殄之最甚者，莫过于吴门之戏馆。当开席时，哗然杂遝，上下千百人，一时齐集，真所谓酒池肉林、饮食如流者也。尤在五六七月内天气蒸热之时，虽山珍海错，顷刻变味，随即弃之，至于狗彘不能食。"（钱泳《履园丛话》卷7）所以，当时人称吴人好侈，于"饮馔，则席费千钱而不为丰，长夜流湎而不知醉矣"，确非虚语。

在宅第建造方面，房屋宅第，代有定制。明初制度甚严，"上得兼下，下不得僭上，违者各治以罪。其居处僭上用者至处死籍没"。大致情况为：富者不过8间，普通百姓只许3间。隆庆、万历以后，奢侈风气在住宅方面也有了充分表现。营建之风遍及各地，耗费越来越巨。时人评论说："江南富翁，一命未沾，辄大为营建，五间七间，九架十架，犹为常耳，曾不以越分为愧。"然而，相对于园林建筑来说，房屋居室的奢侈要逊色得多。明清时期，苏州私人园林极为发达。早在成化年间，城内即已"亭馆布列，略无隙地"。明清两朝，城内园林最多时约有270余处，有"城里半园亭"之说。私家园林规模不一，大部分小巧玲珑，于方寸处展现大自然，也有占地极广，至十数顷者。许多园林构建豪华，备极奢靡。以拙政园为例，该园为嘉靖年间巡按御史王献臣所创，史称"堂宇亭榭、桥池花木之盛，甲于茂苑"。入清后曾为吴三桂之婿王永宁据有，"复盖崇高雕楼，备极华侈"。明代何良俊曾对三吴城市建园之风加以综论："凡家累千金，垣屋稍治，必欲营治一园。若士大夫之家，其力稍赢，尤以此相胜。大略三吴城中，园苑棋置，侵市肆民居大半。"（何良俊《何翰林集》卷

12）从中约可窥见江南地区园林建筑的消费之巨。

在游乐方面，苏州地区山水清嘉，风物秀丽，自然条件极佳，人文资源丰富，自古即有“天堂”“乐土”的美誉。优越的环境助长了游玩之风。乾隆《吴县志》有谓：吴人好游，以有游地，有游具，有游伴也。明清时期，苏州商品经济发达，城市繁华，市民生活愈加丰富，使得游玩风气越吹越盛，褚人获《坚瓠集》中说：“苏人好游，袁中郎宏道诗云：苏人三件大奇事，六月荷花二十四，中秋无月虎丘山，重阳有雨治平寺。”黄省曾《吴风录》称：虎丘游客，四时不断。其他则有春初西山踏青，夏日泛舟荷荡，重阳桂岭登高等。吴中四时八节，节庆频频，游玩活动也不分四季，终年不断。清人袁景澜《吴中行乐歌》对此有详细描述，可以概见游风炽盛的一斑。

清·徐扬《盛世滋生图·虎丘山塘》

除了上述衣、食、住、行诸方面外，奢侈风气在其他方面也有表现，如婚丧喜庆、迎神赛会、赌博等。清乾隆时江苏巡抚陈宏谋记述苏州婚嫁情况时说："自行聘以及奁赠彩帛金珠，两家罗列，内外器物，既期贵重，又求精工。迎娶之彩亭镫轿，会亲之酒筵赏犒，富贵争胜，贫民效尤。"（同治《苏州府志》卷3）他在抚吴时所立"风俗条约"中谈及吴中赌博风气："三吴赌风甚盛，其为害亦甚烈。地方官现在查拿，不过小赌。其真正大赌，皆绅士富户，深居密室，或衙门吏胥暗中包庇，役不能拿，人不敢问，输赢动至千百，丰裕生涯瞬归消乏，田房厚产荡然一空，富室变为穷汉，良善子弟流入无赖匪徒。"（同治《苏州府志》卷3）至于迎神赛会的奢华场面也不逊色，龚炜《巢林笔谈》中说道："每当报赛之期，必极巡游之盛：整齐执事，对对成行，装束官弁，翩翩连骑。金鼓管弦之迭奏，响遏行云；旌旂幢盖之飞扬，辉生皎日。执戈扬盾，还存大傩之风；走狗臂鹰，或寓田猎之意。集金珠以饰阁，结绮彩而为亭。执香者拜稽于途，带杻者匍匐于道。虽或因俗而各异，莫不穷侈而极观。”

由此可见，明清时期苏州的社会风尚发生了巨大的变化。随着商品经济的发展，人们的思想观念有了较大的改变，尽管读书求仕仍是广大学子奋斗不息的动力，但它不再是唯一的出路。求学不成去经商，成为比较普遍的选择。社会上重商思潮的兴起，驱使人们对金钱顶礼膜拜，金钱的魔力越来越大。与之相应，追求享受的奢靡风气吹遍了苏州城乡各个角落、各个阶层，逾越礼制、离经叛道的现象极为普遍，人们的思想和生活开始偏离封建礼制的轨道，这就为启蒙思潮的产生开辟了道路。

◎ 第六章 ◎

中国文化的苏州时代

苏州史纪（古代）>>>

明清时期，苏州商品经济发达，城市繁华。以苏州为中心的江南地区不仅是全国的经济重心，而且也是全国的文化艺术中心。尤其江南地区的中心城市苏州，人才辈出，文化昌盛，在全国居于极其突出的地位。

苏州是诗、文、书、画坛的重镇。明清时期的苏州，涌现出众多的诗人和文学家，如号称“吴中四杰”的高启、杨基、张羽、徐贲，被誉为“吴中四才子”的文徵明、唐寅、祝允明和徐祯卿，通俗文学大家冯梦龙，文学批评家金圣叹，现实主义剧作家李玉等。倘若我们把苏州的外延稍加扩大，张溥、顾炎武、王世贞、归有光、钱谦益、吴伟业等更足以为桑梓增色。苏州的书画艺术发展至鼎盛，吴门书派和吴门画派于焉形成。苏州书画家在全国的书画舞台上占据着举足轻重的地位，其流变对此后中国的书画艺术产生了深远的影响。

苏州是工艺之邦。苏州是我国精湛的手工艺品的传统产地。自古以来，苏州的能工巧匠用他们的聪明智慧和灵巧双手，开创和发展了苏州工艺美术精细雅致的独特风格。苏绣瑰丽精细，是我国四大名绣之一；苏州玉雕有“鬼斧神工”之誉；桃花坞木刻年画是南北三大民间木刻年画流派之一。此外，还有“吴装最善，他处无及”的苏裱，富于变化的“怀袖雅物”苏州折扇，形态生动逼真的虎丘泥人，高雅绝俗的苏式家具，玲珑剔透的红木小件，细巧精致的小摆设，以及缂丝、剧装戏具、民族乐器等。

苏州是园林之城。苏州气候宜人，风景秀丽，物产丰饶，经济发达，文化隆盛，是达官贵人、富商巨贾聚居之地。他们在城中修建了众多的宅园。据知明代苏州城内园林多达 270 余处，清代构筑者也有 130 多所，故而有“城里半园亭”之说。苏州园林师法自然，追求意境，淡雅幽静，充满了诗情画意，不愧是传统文化的结晶，建筑艺术的精华，是我国民族文化艺术宝库中的一份珍贵遗产。

苏州是状元之乡。清代全国共出状元 114 名，而苏州一府即达 26 名，占总数的 22. 8%，状元人数超过了江苏以外的任何其他省份。

此外，以惠栋为首的“吴派”，是清代汉学的两大流派之一；苏州的科学技术成就显著，医学极为发达；苏州的紫阳书院、正谊书院等为封建国家培养了不少的人才；苏州的藏书、刻书事业在全国居于中心地位；苏州还是全国学风最盛的地方。苏州文化保持着特有的风格，领导着全国的潮流。所有这些，表明苏州是全国的文化重心所在。称明清时期是中国文化的苏州时代，似乎并不过分。

一、异彩纷呈的苏州文坛

晋代陆机在《吴趋行》中曾经说苏州“山泽多藏育，土风清且嘉”。水清山秀的地理环境，孕育了人才辈出、文化璀璨的人文景观。自古以来，苏州即是人文荟萃之地。明清时期，苏州经济发达，城市繁华，新兴市民阶层势力的壮大，对文学的形式和内容提出了新的要求，促进了文学的繁荣昌盛。一时之间，苏州文坛异彩纷呈，群星闪烁，诗坛俊彦高启、通俗文学巨匠冯梦龙、杰出的文学批评家金圣叹、现实主义剧作家李玉等，都是其中的佼佼者。

苦吟诗人高启

朱元璋攻取苏州后，对吴中实行了极其严酷的高压政策，吴中富室被迫大量迁徙他乡，土地没官，导致苏松赋税日重，工商业受到严重的摧残。天下太平给苏州人带来的不是希望与幸福，而是衰败、痛苦和失望。处于政治高压下的文人们，内心充满了压抑和痛苦。这种心理特征在吴中诗坛表现得尤为显著。在痛苦的现实面前，吴中诗人的反应不一：一种是向现实妥协，使自己适应环境，泯灭自我；另一种则是不屈不挠，顽强地追挽失却的自我，向现实抗争。作为后一种类型的代表人物，与高压环境相抵触并为此付出生命的是著名的诗人高启。

高启（1336—1374），字季迪，长洲人。幼年警敏博学，尤工于诗。张士诚居吴时，高启避居舅家，居吴淞江之青丘，因此自号青丘子，晚年又号槎轩。明朝建立后，高启应召赴南京参与修撰《元史》，任翰林院编修。不久，擢任户部右侍郎，他以“逾冒进用”为由，坚辞不受，乞归田里。据说他曾赋《宫女图》诗，因朱元璋认为该诗意存讽刺，而遭到忌恨。洪武七年（1374），苏州知府魏观于张士诚宫室旧址营建府治，请高启作上梁文，中有“龙蟠虎踞”之句，遭人告发，魏观被逮入狱，高启受株连，被腰斩于市，年仅 39 岁。

高启像

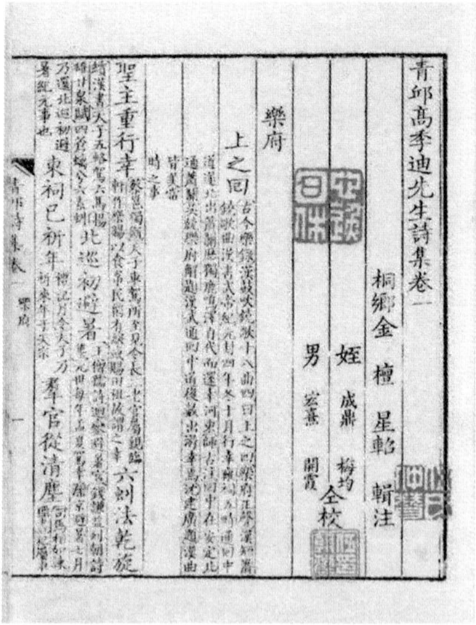
青邱高季迪先生詩集卷一

桐鄉金檀星軺輯注

姪成鼎梅均仝校

樂府

上之回

聖主重行幸

東祠已祈年

《青邱高季迪先生诗集》书影

高启是明初创作最丰富、成就最高的诗人之一。他一生作诗2 000余首，分别收录于《吹台集》《江馆集》《凤台集》《姑苏杂咏》等诗集中。他与同在苏州城北的一批诗人形成一个作家群，称“北郭十友”；又与杨基、张羽、徐贲一起被推崇为“吴中四杰”，当时人把他们与初唐四杰相比。高启的大部分文学活动是在元末，许多诗作体现了元末的文学精神。他的《青丘子歌》强烈而鲜明地体现了脱离伦理的羁绊而获得自由发展的个性化要求，诗中对自己作了这样的描写：“蹑屩厌远游，荷锄懒躬耕。有剑任羞涩，有书任纵横。不肯折腰为五斗米，不肯掉舌下七十城。但好觅诗句，自吟自酬赓。”“朝吟忘其饥，暮吟散不平。当其苦吟时，兀兀如被酲。头发不暇栉，家事不及营。儿啼不知怜，客至不果迎。不忧回也空，不慕猗氏盈。不惭被宽褐，不羡垂华缨。不问龙虎苦战斗，不管乌兔忙奔倾。向水际独坐，林中独行。”在元末群雄割据纷争的年代，高启对政治斗争的残酷性有着深刻的体认，他所选择的人生目标，既不是受人敬重的达官、游士、隐者，也不是腰缠万贯的富商大贾，而是自由、孤独的诗人。对于诗人来说，“终日苦吟”，钻研诗歌艺术技巧，并不是闲适的消遣，而是其自身内在的需要。他极为强调艺术创作中的主观作用，在《青丘子歌》中，他描写了在诗歌创作中自我精神的活动：“斫元气，搜元精，造化万物难隐情。冥茫八极游心兵，坐令无象作有声。微如破悬虱，壮若屠长鲸。清同吸沆瀣，险比排峥嵘。霭霭晴云披，轧轧冻草萌。高攀天根探月窟，犀照牛渚万怪呈。妙意俄同鬼神会，佳景每与江山争。星虹助光气，烟露滋华英。听音谐韶乐，咀味得大羹。世间无物为我娱，自出金石相轰铿。”诗中表现了诗人在创作过程中精神世界的种种经历，以及这种精神遨游给自己带来的无比的乐趣。他明确意识到诗的本质不在于重视“造化万物”，而在于自我对“造化万物”的统摄、再造，即令“无象”，亦可使之有声；诗中的妙景，可与江山争胜。(章培恒、骆玉明主编《中国文学史》下卷)

高启的诗博采众长，受李白的影响尤为显著。虽然因壮年英逝，他的诗未及熔铸锤炼，自成一家，但他才气横溢，笔力豪健，辞句俊逸清秀，不事藻饰，具有自然美的特色。明代文豪王世贞称赞他的诗“快若迅鹘乘飙，良骥蹑景；丽若太阳朝霞，秋水芙蕖，词家射雕手也”。高启在反映社会现实、状传自然景物、抒发亲情友谊方面，都曾写下了不少优秀的诗篇。例如《猛虎行》一诗：“阴风吹林乌鹊悲，猛虎欲出人先知。目光熿熿当路坐，将军一见弧矢堕。几家插棘高作门，未到日没收猪豚。猛虎虽猛犹可喜，横行只在深山里。”诗中先极力描写猛虎给人的恐怖感觉，渲染猛虎将要出现时的紧张气氛，然后采取烘托比照的手法，突出了“苛政猛于虎”的主旨。高启长期隐居乡村，对农村生活比较熟悉，因而他的诗生动地反映了农民的劳动生活和思想感情，如《养蚕词》：“东家西家罢来往，晴日深窗风雨响。二眠蚕起食叶多，陌头桑树空枝柯。新妇守箔女执筐，头发不梳一月忙。三姑祭后今年好，满簇如云茧成早。檐前缫车急作丝，又是夏税相催时。”这首诗真实、细致地描述了农村养蚕时节妇女们的辛勤劳动，即便刚刚成亲的新妇，也忙于采桑养蚕，甚至连梳头的空闲都没有。它展现出一幅独具地方色彩的劳动生活画面。尤其是最后一句诗，点明农民辛勤劳动的果实，最后又要遭到统治阶级的掠夺。他以长短句形式写的《登金陵雨花台望大江》，豪迈奔放，跌宕起伏，其磅礴气势，可与苏轼《念奴娇 · 亦壁怀古》相媲美，诗云：“大江来从万山中，山势尽与江流东。钟山如龙独西上，欲破巨浪乘长风。

江山相雄不相让，形胜争夸天下壮。秦皇空此瘗黄金，佳气葱葱至今王。我怀郁塞何由开，酒酣走上城南台。坐觉苍茫万古意，远自荒烟落日之中来。石头城下涛声怒，武骑千群谁敢渡？黄旗入洛竟何祥，铁锁横江未为固。前三国，后六朝，草生宫阙何萧萧！英雄来时务割据，几度战血流寒潮。我生幸逢圣人起南国，祸乱初平事休息。从今四海永为家，不用长江限南北。"诗人由南京的龙蟠虎踞、天下形胜的地理特点，引发思古之幽情。从历史上王朝兴亡的经验、教训来看，江山险固并不足恃，竭尽人事才是最主要的。这首诗用长短句的体裁，舒卷自如，一气呵成，风格恣肆奔放，于苍凉沉郁之中见豪迈之气。

清代著名史学家赵翼对高启曾作过这样的评价："青丘才气超迈，音节响亮，宗法唐人，而自运胸臆。一出笔即有博大昌明气象，亦关有明一代文运，论者推为明初诗人第一，信不虚也。"清代诗人王士禛也推崇他为"明三百年诗人之冠冕"。这样的评价应该说是比较公允的。

通俗文学巨匠冯梦龙

明代以来，随着城市经济的繁荣，市民阶层的崛起，文化艺术界的革新运动进入了新的阶段，苏州文坛也呈现出新的态势。足以体现晚明文学特征的是这个时期勃兴的民间歌曲、通俗小说和戏曲，统称为通俗文学。而在通俗文学方面做过大量工作并取得突出成就的，首推冯梦龙。

冯梦龙（1574—1646），字犹龙，又字公鱼、子犹，别号龙子犹、墨憨斋主人、姑苏词奴、前周柱史，又曾化名顾曲散人、香月居主人、詹詹外史、茂苑野史氏、绿天馆主人、无碍居士、可一居士等，长洲人，因寄籍吴县，故自称“直隶苏州府吴县籍长洲人”。由他所作《醒世恒言叙》末有“理学名家”印章约可推知，冯梦龙出身于仕宦之家。冯梦龙有一兄一弟，兄名梦桂，为一不多产的画家；弟名梦熊，也是著名文人。时人称冯氏三兄弟为“吴下三冯”。

作为官宦子弟，冯梦龙不可避免地要走科举之路。然而，他生性好饮，放纵才情，思想活跃，为时人所钦仰，文从简说他“早岁才华众所惊，名场若个不称兄”。他博览群书，兴趣广泛，“上下数千年，澜翻廿一史”；同时，他对被人目为离经叛道的异端思想家李贽深为推崇，并在李贽思想的影响下，指出：“假使往圣不作‘六经’，千载又谁知少乎？”“世儒但知理为情之范，孰知情为理之维乎？”甚至公开提出“庶乡国天下，蔼然以情相与”的主张。这种疑经非儒、去浮理、广人情的思想，体现了晚明的时代精神，但也必然遭到道学家的反对与攻击。因此，冯梦龙蹭蹬场屋，久困于诸生之间，并非偶然。

科场的失意，把冯梦龙引向“学道毋太拘”的治学道路。他由清静的书斋走向纷繁的社会，甚至一度过着“逍遥艳冶场，游戏烟花里”的浪荡生活，但这并不能说明冯梦龙对人生持消极态度。令人玩味的是，在这样的生活环境中，冯梦龙接触到了流传在民间、为广大下层人民所喜爱的通俗文学，在《挂枝儿》附注中他说：“后一篇（指《挂枝儿·送别》），名妓冯喜生所传也。喜美容止，善谐谑，与余称好友。将适人之前一夕，招余话别。夜半，余且去，问喜曰：‘子尚有不了语否？’喜曰：‘儿犹记《打草竿》及《吴歌》各一，所未语若者独此耳！’因为余歌之。”也正是在这样的环境中，冯梦龙了解到生活在社会底层的妇女的辛酸和悲惨，从而激发了他的创作情感，欲为妇女鸣不平。这一类作品，在冯梦龙的著作中占有相当大的比重。他强调应该尊重妇女的人格和感情，谴责凌辱妇女的行为，体现出进步的妇女观。

在此期间，冯梦龙以文会友，组织“韵社”，与江南名士“卷帙过从，固无虚日”，“极一时父子兄弟朋友文章之乐”。由于他有过人的才华、超逸的文章、豪迈的风度，因此深得同辈及后辈的推崇与敬仰。文从简《冯犹龙》诗说：“一时名士推盟主，千古风流引后生。”也就是从这个时候开始，冯梦龙把主要的精力倾注到了通俗文学中，先后收集、整理和刊行了几种民间盛行的歌曲集。他的第一部民间时尚小曲集《广挂枝儿》刊行后，曾遭到卫道者的攻讦，直到督学直隶的熊廷弼出面干预，事态才没有进一步扩大。继此之后，冯梦龙又以更大的热情编纂了《挂枝儿》和《山歌》，使更多的时兴歌曲在更大范围内得到传播。冯梦龙对通俗小说也给予了很大的关注。他从友人处见到李贽批点的《水浒传》后，便与同人“相与核对再三，删削讹谬”，并附上“杂志”“遗事”，“精选妙刻”；后见到《金瓶梅》抄本，也是不胜惊喜，怂恿书坊以重价购刻。他的一些著名作品如《喻世明言》《警世通言》《醒世恒言》《智囊》《情史》《太平广记钞》等都是在此后一段时间中完成的。在戏曲方面，他创作了《双雄记》等多种传奇，并提出了自己的戏曲主张。

冯梦龙迫于贫困，到处奔波，不得不过处馆课童的西宾生活，但他无时或忘举业功名。崇祯三年（1630），57 岁的冯梦龙始得入国学为贡生，次年即被授为丹徒训导。崇祯七年（1634），61 岁时升迁福建寿宁知县。他在任时，“政简刑清，首尚文学，遇民以恩，待士以礼”，深得当地士民好评，徐𤊹《寿宁冯父母诗序》记载：冯梦龙每当“退食之暇，不丹铅著书，则捻须吟咏。闽中五十七邑，令之闲，无逾先生；而令之才，亦无逾先生者。顾先生虽耽于诗，而百端苦心，政平讼理，又超乎五十七邑之殿最也”。一任届满，冯梦龙即退隐故乡，以著书自娱。由于情性豪放不羁，他常常与友朋饮酒赋诗，漫游山水，流连光景。不久，明末农民起义军推翻了朱明王朝，冯梦龙悲痛莫喻，曾作挽诗多首。面对清军的南逼，他寄厚望于南明小朝廷，企望能“恢复大明不朽之基业”。无奈，南明朝廷腐败无能，带来的是接二连三的失望。1646 年，这位具有魏晋风度和汉代循良德行的通俗文学家终于怀着满腔愤慨和忧虑与世长辞。

冯梦龙是明代后期的著名作家，他的文学活动是丰富多彩的，在诗文、小说、戏曲、民间文学等方面都取得了很大成就。但他毕生的大部分精力是用于搜辑、整理和宣传、介绍通俗文学和民间文学方面，并在实践中提出了自己的文学见解，从而奠定了他作为一代通俗文学巨匠的地位。

冯梦龙文学观的基石是“情真说”。在文学创作上，冯梦龙继承了李贽“童心说”的思想，提出了“情真说”，反对矫揉造作，主张“发于中情，自然而然”，强调一个“真”字。在《叙山歌》一文中，他阐明了对民歌的基本看法，并通过民歌与文人诗歌的对比，表达了对诗歌创作的见解，他说：“书契以来，代有歌谣。太史所陈，并称风雅，尚矣。自楚骚唐律，争妍竞畅，而民间性情之响，遂不得列于诗坛，于是别之曰山歌，言田夫野竖矢口寄兴之所为，荐绅学士家不道也……虽然，桑间濮上，国风刺之，尼父录焉，以是为情真而不可废也。山歌虽俚甚矣，独非郑卫之遗欤？且今虽季世，而但有假诗文，无假山歌，则以山歌不与诗文争名，故不屑假。苟其不屑假，而吾籍（藉）以存真，不亦可乎？……若夫借男女之真情，发名教之伪药，其功于挂枝儿等，故录挂枝词而次及山歌。”在此，他着重强调了诗歌必须抒发作者真实的思想感情，对于封建正统文学特别是明代诗坛的复古逆流进行了一针见血的批判。他曾不无自豪地说：“子犹诸曲，绝无文采，然有一字过人，曰真。”可见，冯梦龙是以“情真”作为整理、辑刊、创作小说、戏曲、民歌的标准的。

对于冯梦龙的“情真”说，我们应该辩证地看待。从积极方面说，它是针对封建正统文学而发，是为了反对名教，反对复古，反对伪道学，用他自己的话说，就是要“借男女之真情，发名教之伪药”。但它的根本错误，在于它以“情”为文学创作的源泉，以“真”为文学创作所要达到的最高境界。他没有也不可能理解感情是有阶级性的，因而其选材行文，只能以自己的思想感情为标准，合者为有情、为真，不合者为无情、为伪。他的真，只有在他所钟情和加工的作品基本上符合人民群众的愿望时，才在不同程度上反映了社会历史的真实。唯其如此，我们才能深入理解冯梦龙作品的真情与糟粕并存。冯梦龙的进步文学观是有很大局限性的。

冯梦龙充分认识到小说、戏曲的价值，十分重视小说、戏曲的社会教育作用。我国传统的文学观长期在儒家思想的制约下，从来是重诗文而轻小说、戏曲、民歌的，鲁迅先生曾经指出：“小说和戏曲，中国向来是看作邪宗的。”（鲁迅《且介亭杂文二集·徐懋庸作“打杂集”序》）但这种情况到明中叶后有所变化，以李贽为代表的一部分知识分子纠正统治阶级的偏见，对小说、戏曲的地位和作用给以一定的肯定。冯梦龙继承和发展了李贽的观点，在这个问题上提出了许多大胆、独到的见解。在为《酒家佣》所作的“叙”中，冯梦龙要求

“世人勿但以故事阅传奇，直把作一具青铜，朝夕照自家面孔可矣”。在《太平广记钞小引》中也说：“稗官野史，莫非疗俗之圣药，《广记》独非药笼中一大剂哉!”他把小说、戏曲比作铜镜，照见善恶美丑，以约束自己的行动；又比为圣药，用以医治社会弊病。这种见地是非常深刻的。在冯梦龙看来，小说、戏曲的社会教育作用如此之大，甚至凌驾乎四书五经之上。他把小说集取名为《喻世明言》《警世通言》《醒世恒言》，其目的在于劝诫世人、警戒世人、唤醒世人，他说：“明者，取其可以导愚也；通者，取其可以适俗也；恒则习之而不厌，传之而可久。”（冯梦龙《冯梦龙全集》第24册）这种目的不能不说是积极的。冯梦龙懂得，小说之所以能“导愚”并“传久”，在于它的感人力量，能使人“可喜可愕，可悲可涕，可歌可舞”，使“怯者勇，淫者贞，薄者敦，顽钝者汗下”。（冯梦龙《冯梦龙全集》第24册）文学是用情感和艺术的力量去感人，而不是像四书五经那样板着脸去说教，故而更容易为人们接受，无形中也就收到了教化的效果。冯梦龙认识到这一点，说明了我国小说理论的发展，对小说的创作无疑起到了促进作用。

冯梦龙十分强调文学的通俗性。他在《古今小说叙》中明确指出：“大抵唐人选言，入于文心，宋人通俗，谐于里耳。天下之文心少而里耳多，则小说之资于选言者少，而资于通俗者多。试令说话人当场描写，可喜可愕，可悲可涕，可歌可舞……怯者勇，淫者贞，薄者敦，顽钝者汗下。虽日诵《孝经》、《论语》，其感人未必如是之捷且深也。噫，不通俗而能之乎？”（冯梦龙《冯梦龙全集》第24册）小说因为通俗易懂，故能深受广大人民群众的喜爱，并收到四书五经所不能达到的教育效果。他所强调的通俗，应从两方面看：一方面是

冯梦龙作品展示墙

形式，即在语言形式上不用古奥的文言而用浅显的白话，所以他斥责古文“尚理或病于艰深，修词或伤于藻绘，则不足以触里耳而振恒心”；另一方面是内容，即在内容上应描写为市民阶层所熟悉、喜闻乐见的真实生活图景和所向往的美好未来。体现在创作中，他的“三言”即以很大篇幅反映市民的生活和愿望。

冯梦龙提出了艺术的真实和生活的真实之间的关系问题。在《警世通言叙》中，他开宗明义即说：“野史尽真乎？曰：不必也。尽赝乎？曰：不必也。然则去其赝而存其真乎？曰：不必也……人不必有其事，事不必丽其人。其真者可以补金匮石室之遗，而赝者亦必有一番激扬劝诱、悲歌感慨之意。事真而理不赝，即事赝而理亦真。”按照他的意思，写人不必真有其人，叙事不必真有其事，关键在于“事真而理不赝，即事赝而理亦真”，无论真假，不管是写真人真事还是进行艺术虚构，只要合乎情理，合乎生活发展的必然逻辑，就能够达到“触性性通，导情情出”的效果。人与事、真与假、情与理应该是有机统一的。

冯梦龙一生著述宏富，张无咎《平妖传序》中称“子犹著作满人间”，一方面指他著述之多，另一方面也说明他的著作流传之广。其中，以《喻世明言》《警世通言》《醒世恒言》（合称“三言”）流传最广，影响最大。

“三言”是三部短篇白话小说集的合称，每部 40 篇，共 120 篇。其中，除少数是冯梦龙的创作外，大部分是他根据宋、元及明代的话本和文人拟作整理加工而成。“三言”收录的作品，题材广泛，内容复杂，它们“极摹人情世态之岐，备写悲欢离合之致”，展示了明代中叶以后的社会风情，反映了新的生产关系萌芽以后，从社会生活、礼仪习俗到思想意识各方面所发生的深刻变化。

一定时代的作品，都有特定的描写对象。明代后期，随着城市经济的发展，资本主义生产关系萌芽的出现，市民阶层不断壮大，他们在社会生活中日益占有重要的地位。反映在文学上，就必然提出描写市民生活的要求，让市民在文学作品中占据一席之地。“三言”正是适应了时代的要求，注重世情，以大量的篇幅描写“市井中人”即城市市民的活动。据统计，“三言”中以市民为主人公或涉及市民的作品约为 33 篇，占总篇数的 1/4 强。这些作品，有的直接描写了市民的生活和思想感情，有的虽取材于古代或描写上层统治阶级人物的生活，却是从市民的角度，用市民的眼光去看待、理解问题。尤可注意的是，无论是手工工场主、作坊主、商人，还是手工业者、妓女，大部分是作为作品中的正面主人公出现的。这种角色的变更，不仅说明人物身份的变换，更主要的是反映出一种新的思想意识。

对商人、商业的赞美是“三言”的重要特色。在传统的封建社会中，商人被列为四民之末，商业被看作贱业。随着商品经济的发展，从宋代开始，这种传统的观念受到冲击，发生了动摇。明末进步思想家李贽认为：商贾“挟数万之资，经风涛之险，受辱于官吏，忍垢于市易，辛勤万状”。而冯梦龙在其作品中也对商人、商业作了肯定。《十五贯戏言成巧祸》描写了一位祖上原有根基的官人刘君荐，“先前读书，后来看看不济，却去改业做生意”；《转运汉巧遇洞庭红》则写了商人文若虚通过海外冒险，历尽艰辛终成巨富的故事。小说生动地展示了那个时代的人们对金钱的顶礼膜拜和贪婪追求，反映了商人要求开放“海禁”的强烈愿望。马克思在谈到商人的社会作用时指出：“商人对于从前一切停滞不变、可以说由于世袭而停滞不变的社会来说，是一个革命的要素……现在商人来到了这个世界，他应当是这个世界发生变革的起点。”（马克思《资本论》第3卷）同样，当以商人为主体的市民作为正面的主人公出现在文学作品中时，中世纪的文学怪圈便开始被突破了。

“爱情是文学永恒的主题。”“三言”中描写恋爱与婚姻题材的作品占据了很大比重，成就也最高。《闹樊楼多情周胜仙》描写了一个富裕市民的女儿周胜仙与樊楼酒店的范二郎相爱的故事。两人邂逅于金明池畔茱坊里，“四目相视，俱各有情”。但是，这门亲事遭到了周胜仙父亲周大郎的坚决反对，周胜仙因此一气身亡。作者对周胜仙热烈地追求爱情的思想和行为给予肯定，对封建家长的专横、冷酷作了揭露和鞭挞。作品反映了青年男女对封建包办婚姻的痛恨和对婚姻自由的向往。《乐小舍拼生觅偶》生动而细致地刻画了商人子弟乐和对情人喜顺娘如痴如狂的爱慕，歌颂了男女真情。在“三言”关于爱情题材的作品中，被侮辱、被伤害的妇女争取做人的权利是一个突出的内容。《杜十娘怒沉百宝箱》和《卖油郎独占花魁》可以说是这类作品的代表。这两篇作品描写的妓女从良故事，虽然结局不同，但都包含着争取自由、向往平等、追求人格尊严的新思想的因素。无论是杜十娘的死，还是莘瑶琴的获得新生，都鞭挞了封建礼教的冷酷无情，批判了封建的伦理道德。这些作品中所宣扬的追求爱情、向往自由、张扬人欲、蔑视“天理”的进步思想，不只冲击了封建礼教强加在青年男女身上的精神桎梏，而且冲击了作为统治思想的理学所提倡的禁欲主义。它们是当时被禁锢的思想领域里的一颗火花，是中世纪黑暗王国中的一线光明。

“三言”的积极面固然值得肯定，消极因素也不能忽视。书中充斥着宗教迷信、因果报应、宿命论的思想，并有不少的色情描写，从而降低了作品的思想性和艺术性。这是由作者所处的环境决定的。虽然冯梦龙能够在一定程度上反映市民阶层的利益和要求，但毕竟历史还没有足够的条件把他塑造成为封建阶级的孽子、新兴阶级的功臣。尽管如此，冯梦龙的文学创作思想及其作品适应了时代要求，具有时代的特征。他不愧为优秀的通俗文学家。

文坛怪才金圣叹

明清时期的吴中文坛，群星璀璨，其中不乏言语怪诞、行为奇异者，影响深广的文学批评家金圣叹即是突出代表。

金圣叹（1608—1661），原名采，字若采，后改名喟，又名人瑞。他之所以有这么多的名与字，与他率情任性、狂放不羁的性格有关。蔡冠洛《清代七百名人传》中是这样解释的："客复问：圣叹二字何义？曰：予名喟，圣叹即喟然叹之意。《论语》中有二喟然叹，在颜渊则为叹圣，在曾点则为圣叹。春风沂水，予其为点之流亚欤！"《论语》中的两"喟然叹曰"，一是"颜渊喟然叹曰：仰之弥高，钻之弥坚"，这是颜渊赞叹孔子（后世称为圣人）道德的精深博大，所以说是"叹圣"；一是"夫子喟然叹曰：吾与点也"，这是孔子赞叹弟子曾皙（即曾点）的话，所以说是"圣叹"。圣者，圣人也。金圣叹敢以圣哲自居，从中可以看出他的自负和个性。

金圣叹自幼聪慧过人，8 岁开始"拈书弄笔"。10 岁入乡塾，虽被迫读四书五经，却提不起精神，"意惛如也"。11 岁时，于病中偶然接触《妙法莲华经》《离骚》《史记》《水浒传》等书，顿觉兴趣盎然，读得如醉如痴，于是"便有于书无所不窥之势"。他广涉博览，素负大才，而对于传统的教育与科举则不屑一顾。王应奎《柳南随笔》说金圣叹"少年以诸生为游戏具，补而旋弃，弃而旋补，以故为郡县生不常"。他每逢童子试，总是恃才傲物，作怪诞之文，甚至嘲讽考官，采衡子《虫鸣漫录》中记道："每遇岁试，或以俚辞入诗文，或于卷尾作小诗，讥刺试官，辄被黜，复更名入泮，如是者数矣。司训者恶之，促令面课，命作《人之所以异于禽兽者几希》文。金于后比起曰：禽兽不可以教谕，即教谕亦禽兽也。对曰：禽兽不可以训导，即训导亦禽兽也。学博见之，亦无如何。金恃才傲物，所作多类此。"县学的正考官为教谕，副考官为训导，金圣叹骂他们为禽兽，怎能不被黜呢？所以他屡考屡黜，后来还是改名换姓，以张人瑞的名字，才好不容易补了个庠生。入清以后，金圣叹遂绝意仕进，唯以读书著述自娱。

金圣叹少负大才，自视甚高，说话写文章总想求得一鸣惊人的效果，但偏偏言行怪诞，不受名教束缚。当时的封建朝廷和正人君子把《水浒》《西厢记》等视为败坏风俗、蛊惑人心的坏书，严加禁止，而金圣叹却认为《水浒》可以与《庄子》《史记》相提并论，并说："人说《西厢记》是淫书，他止为中间有此一事耳。细思此一事，何日无之，何地无之？不成天地中间有此一事，便废却天地耶？细思此身自何而来，便废却此身耶？"这种大胆的言论，怎能不被虚伪的道学先生们骂作"诲淫""诲盗"呢？正因为如此，金圣叹遭到传统文人的嘲笑和攻击，以至如归庄之流视其为邪鬼，恨不能啖其肉。但是，世人越是看不起他，他越要傲岸嘲世；世人越骂他不顾廉耻礼义，他越要怪僻狂放，结果被人冠以"儒妖"之名。金圣叹的言行，往往出于常人的想象，顾公燮《丹午笔记》中有这样一节记载："金圣叹岁试，作'以杖叩其胫'，'阙党童子将命'题，中间渡文云：'一叩而原壤痛矣，再叩而原壤昏矣，三叩而原壤死矣。三魂渺渺，六魄悠悠，乃生于阙党而化为童子矣。孔子曰：此吾故人也，使之将命可也。以此考六等，挑红粪桶而出，遇黄陶庵于门，陶庵曰：'君又何至于此？'圣叹曰：'吾岂不如老农。'"考了六等，挑了红粪桶，不以为耻，还刻了个"六等秀才"的图章，聊以自嘲。金圣叹不修边幅，不拘小节，颇有三国名士嵇康的作风，徐增说他"性疏宕，好闲暇，水边林下，是其得意之处"，而且生性诙谐，谈吐滑稽。有一次他去拜访友人，家人说主人正在沐浴，又问友人之子，家人说正在睡觉，金圣叹开玩笑说："乃翁尚在狱中，乃郎又为罪人矣。"据传金圣叹被捕时，正在厕所，公人守候等他出来，金圣叹说：“此之谓公人。”因古人称上厕所为“出恭”，这里是借“公”“恭”谐音来骂公人。

金圣叹的治学，于儒家典籍以外，佛、道诸书无所不窥，佛、道诸学无所不通，思想极为博杂。他既不是孔孟的信徒，也不是老庄、释祖的弟子，鲁迅先生说他“虽挂孔子的门徒招牌，却是庄生的私淑弟子”。他频繁地出入寺院，广泛地和僧人交往，甚至打破畛域，登坛向僧俗讲经说法。他还“谈禅谈道，仙仙然有出尘之致”。所以，徐增《才子必读书叙》中对金圣叹的人际交往、生活作风作了如下的描述：“盖圣叹无我。与人相与，则辄如其人：如遇酒人，则曼卿轰饮；遇诗人，则摩诘沉吟；遇剑客，则猿公舞跃；遇棋客，则鸠摩布算；遇道士，则鹤气横天；遇释子，则莲花绕座；遇辩士，则珠玉随风；遇静人，则木讷终日；遇老人，则为之婆娑；遇孩赤，则啼笑宛然也。以故称圣叹善者，各举一端，不与圣叹交者，则同声詈之，以其人之不可方物也。”

金圣叹博学多才，经、史、子、集、文字学和佛学、道学等都曾涉猎。他善写诗，散佚之余，尚存380多首，但这些都未能使他成名。他的妇孺皆知的名声，来自批点六才子书。所谓六才子书，是指《离骚》、《庄子》、《史记》、《杜（甫）诗选》、《水浒》和《西厢记》。由于金圣叹55岁时即死于非命，因此原定的计划并未完成。经他全文评点的实际上只有《水浒》和《西厢记》两种。

评点是一种寓文学批评于指点读书、作文法门之中的批评方法，在作者与读者之间起桥梁作用。中国古典小说、戏剧之有评点，当然不是从金圣叹开始的，至少明中期的著名思想家李贽就曾评点过《水浒传》。但是，由于金圣叹评点《水浒》《西厢记》，才真正确立了评

金圣叹像

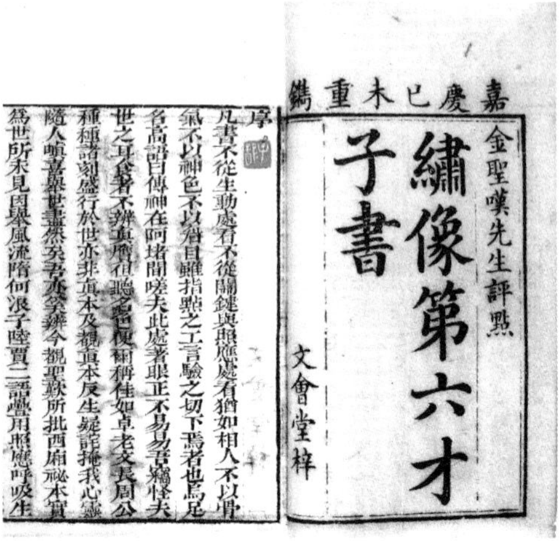

清刻本《金圣叹先生评点绣像第六才子书》书影

点在文学批评史上的地位，并且影响了一大批人，形成了一个队伍庞大的评点派。如果说李贽等人是古典小说评点的先驱，那么金圣叹则可以被誉为评点派的奠基人。

对于金圣叹评点《水浒》和《西厢记》，自金圣叹那个时代起直至今天，可以说褒贬扬抑，争论始终不曾停息。贬抑者称“无影之事，平空构撰，务极淫秽，无非迷惑狂徒”（陆文衡《啬庵随笔》）；“清中叶以后的他的名声，也有些冤枉。他抬起小说传奇来，和《左传》《杜诗》并列，实不过拾了袁宏道辈的唾余；而且经他一批，原作的诚实之处，往往化为笑谈。布局行文，也都被硬拖到八股的作法上。这余荫，就使有一批人，堕入了对于《红楼梦》之类，总在寻求伏线，挑剔破绽的泥塘”（鲁迅《南腔北调集·谈金圣叹》）。而褒扬者则说：“圣叹异人也，学最博，才最大，识最超，笔最快，凡书一经其眼，一经其手，如庖丁解牛，腠理井然；经其口，如悬河泛澜，人人满意，不啻冬日之向火，通身汗出，夏日之饮冰，肺腑清凉。”（陈立、陈瑜《文坛怪杰金圣叹》）近代著名学者梁启超用充满敬意和向往的口气说，余于圣叹有三恨焉：一恨圣叹不生于今日，俾得读西哲诸书，得见近时世界之现状，则不知圣叹又作何等感想；二恨圣叹未曾自著一小说，倘有之，必能与《水浒》《西厢记》相埒；三恨《红楼梦》《茶花女》二书出现太迟，未能得圣叹之批评。

金圣叹批点六才子书，尤其是《水浒》与《西厢记》，提高了小说和戏剧的文学地位，扩大了社会影响，从而使小说与戏剧拥有了更广泛的群众基础。金圣叹开创的将序、读法和总批、夹批、眉批等方式综合运用的批评新格式，为小说批评提供了更加宽泛的天地，影响深远。而且，他通过对作品的具体分析，阐述了小说创作的重要观点和艺术主张，形成了一套比较全面、系统而又深刻的小说理论，大大丰富了我国古代小说理论宝库。正是这样的贡献，奠定了他在文学批评史上的地位。当然，在评点过程中，金圣叹确实存在着“以聪明穿凿书史”的问题，但瑕不掩瑜，不能以此而否认他在文学批评史上的崇高地位。

金圣叹虽然对清朝统治者怀有不满，但并不是反清复明者。他最后死于哭庙案，并不表示他是一个反清的英雄。

金圣叹只是一个秀才，却名震文坛。人们惊于他的才情，对他的生与死，都附会了许多带有神话传奇色彩的传闻轶事。他生于三月初三，与传说中的文昌帝君同日，所以有人说他是文曲星下凡；又传圣叹生时，其母梦紫衣人抱小儿置诸其怀，所以又说紫衣人即是文昌帝君；还有人说他前身为狐、前身为僧、前身为魔等。同样，对于他的死也附会了不少的传说，不过，一般认为金圣叹是死于哭庙案。

哭庙案是由新任吴县知县任维初的暴虐贪污激起的。任维初到任前，恰逢苏州发生灾荒，拖欠钱粮的情况非常严重，而任维初秉承江苏巡抚朱国治的旨意，根本不顾百姓死活，一方面监守自盗，侵吞常平仓粮 3 000 余石；另一方面又急如星火地催征钱粮，对那些拖欠不交者则施以酷刑，杖毙 1 人，终于激起民愤。顺治十八年（1661）正月，顺治帝驾崩。二月初一日，顺治死亡的哀诏传到苏州，府堂设祭，巡抚以下的官员都来哭灵。初四日，苏州的生员百余人也至文庙哭灵，鸣钟击鼓，散发揭帖，并趁机要求驱逐任维初。事情牵涉到巡抚朱国治，而朱国治是汉军正黄旗人，平素刚愎自用，他利用手中权力，不仅歪曲事实真相，而且倒打一耙，参奏哭庙诸生犯有震惊先帝之灵、声言扛打朝廷命官、写匿名揭帖违反朝廷律令三大罪行。当时正值金坛叛逆、镇江失事等案发生，朝廷大为震怒，便将苏州的哭庙事件与金坛、镇江事件合在一起，作为谋反大案在江宁会审，结果把哭庙案人犯 18 人处以斩刑。其实，在哭庙事件中，金圣叹并非首要人物，只是在案件的审理过程中才被牵扯进去的。所以，他自己在临刑时感叹说："杀头至痛也，籍没至惨也，而圣叹以无意得之，不亦异乎。"也许是因为金圣叹的狂妄自傲、无视名教受到官府忌恨，竟然把他当作要犯。他自己被判为斩刑不说，家产籍没入官，妻子流徙宁古塔。

金圣叹临死时的唯一遗憾，乃是未能完成原定的评点计划，他的《绝命词》中有"只惜胸前几本书。虽喜唐诗略分解，《庄》、《骚》、马、杜待何如"之句，足见他对于诗文评点，抱着执着、狂热的态度。

金圣叹的遗体归葬在五峰山下的博士坞（今苏州吴中藏书镇）。苏州人民为纪念哭庙案中遇难的 18 人，特立祠以祭。

现实主义剧作家李玉

在中国文坛上占有一席之地的传奇文学发展到明末清初，日益流于形式主义。这个时期的许多传奇作家，在题材上跳不出才子佳人的狭小圈子，人为地创造了一些悲欢离合的故事，甚至追求一些低级趣味的东西；在形式上，他们除追求情节的荒诞离奇、结构的庞杂繁复、手法的雷同之外，逞词之作越来越多。正是在这种背景下，苏州形成了一个以反映社会现实为创作宗旨的剧作家群，创作出了一批带有浓厚生活气息的戏剧作品，打破了剧坛的沉闷，表现出时代精神，使人有耳目一新的感觉。其中，最为引人注目的是李玉及其作品。

李玉，字玄玉，或作元玉，号苏门啸侣，又号一笠庵主人，吴县人，生当明万历后期至清康熙初年。他出身低微，其父可能是明代苏州的“太平宰相”申时行的家人。申家“一门鼎盛，世代簪缨”，除申时行官至宰相外，他的两个儿子和孙子也先后官至兵部尚书、广西参政、户部侍郎。明末，官僚富室私人豢养乐班的情况非常普遍，申府的家乐名列“苏州上三班”，“明季为吴下甲”。因此，在申家长大的李玉耳濡目染，自然而然地培养了对戏曲的浓厚兴趣，熟悉了戏曲的形式，这为他后来的戏曲创作奠定了良好的基础。

青年时期的李玉一度对科举功名抱有很大的热情，但先是遭到申家的打压，后又连续受到主试官的压制。时值明王朝江河日下，社会政治黑暗，濒临土崩瓦解之境，屡经挫折的李玉干脆放弃功名，而将

“上下千载”“囊括艺林”的才学，倾注于戏曲创作之中，写出了包括《一捧雪》《人兽关》《永团圆》《占花魁》在内的 10 多种剧本。入清以后，李玉和当时许多知识分子一样，负着亡国之痛，不屑与统治者合作，“绝意仕进”，与一些意气相投而“困穷不得志”的文人交游往还，专心从事戏剧的创作和评论，“借他人之酒杯，浇自己之块垒”，先后作成《千钟禄》《万民安》《清忠谱》等数十种思想性、艺术性兼具的剧本，成为戏曲史上罕见的多产作家。

李玉的创作，在题材上一反才子佳人的俗套，注意从当时当地的社会现实生活中汲取素材，积极地反映人民群众的思想感情。李玉生当明朝末年，目睹了税监横行之害，为下层市民反对阉党迫害的牺牲精神所感动，他选取这一现实的政治题材，创作了《万民安》和《清忠谱》。前者写的是万历二十九年（1601）苏州丝织工人葛成领导的反税监斗争，后者又名《五人义》，描写天启六年（1626）苏州市民反对魏忠贤为首的阉党逮捕和迫害周顺昌的斗争。两剧成功地塑造了英勇的市民形象，唱出了当时人民群众的共同心声。在此以前的才子佳人作品中，如葛成、颜佩韦等下层社会的“小人物”在舞台上是没有地位的。然而，李玉这个现实主义作家，却开创了为市民、婢仆等小人物扬眉吐气的新局面，这个意义是不容低估的。

在李玉的戏剧作品中，还贯穿了一条爱国忠君的思想主线。李玉的戏剧创作，大致以明清易代为界分成两个阶段，前一阶段创作的“一人永占”（即前述《一捧雪》《人兽关》《永团圆》《占花魁》），比较注重刻画世态人情；后一阶段则以历史剧和时事剧为主，较多地反映了明清之际数十年动荡的社会现实，旨在宣传忠君爱国思想。在《牛头山》一剧中，他极力歌颂岳飞等抗金将士，严厉谴责黄潜善等人的投降卖国行径；在《万里缘》中，他以明末清初的战乱、人民群众身遭苦难为时代背景，叙述了在清军统治下的黄向坚去南明占领区云南万里寻父的故事。剧中不少生活场面的描写，都寄托了作者爱国的思想感情。如说顺治九年（1652），苏州人民还使用崇祯铜钱，因为南明王朝还存在；清朝稽查前朝远任未回官员的家属，黄向坚家就是“差役络绎，匍匐公庭”，最后“虽脱罗网”，但已“家室荡然”。这个剧本一方面透露了作者的爱国忠君思想，另一方面也表现出作者提倡传统道德以拯救堕落世风的倾向。所以，吴伟业《北词广正谱序》中说李玉的创作“即当场之歌呼笑骂，以寓显微阐幽之旨”。更值得一提的是他的代表作品之一《千钟禄》，剧本描写了明初燕王朱棣举兵南下，发动所谓的“靖难之役”，建文帝漂泊天涯、历尽种种苦楚的情况。剧本浓墨重彩地渲染了建文帝的惨痛经历和朱棣的残暴杀虐，如说朱棣下诏惨杀方孝孺并株连 10 族，诛戮许多忠于建文帝的大臣：“惨凄凄十族诛夷，血淋淋鱼鳞醢酱，杀尽了女女男男村落荒，云阳市血汤汤。”“乱纷纷万命遭殃，痛煞煞千忠身丧。”所以，《千钟禄》也称为《千忠戮》。作者对那些背主求荣的大臣进行了严厉的鞭挞和无情的谴责：“你也曾立朝端，首领鸳行，食禄千钟，紫受（绶）金章，顿忘了圣主汪洋。”“到如今反颜事敌，你就转眼恩忘。”这是该剧的点题之笔。尽管这里说的是明朝故事，但在明末清初、朝代易主之际，有着特别的意义：他对朱棣大肆杀戮的控诉，实际上间接地谴责了清军屠杀江南人民的暴行；他对忠贞死节之臣的歌颂，是对壮烈殉国的抗清志士的褒扬；他对“食禄千钟”“反颜事敌”的文武大臣的谴责，实际上鞭挞了屈膝降清的明朝官员。因此，《千钟禄》出台后，遭到清廷的禁演，而在广大人民群众中却引起了强烈的共鸣，以至出现了“家家收拾起，户户不提防”的盛况（按：“收拾起”指《千钟禄》，因该剧中有“收拾起大地山河一担装”之句；“不提防”指《长生殿》，因该剧中有“不提防余年值乱离”之句）。

李玉的戏剧作品，在艺术表现方面，有许多超越前人之处，特色非常鲜明。

结合舞台实际，便于戏班的演出，这是包括李玉在内的苏州派剧作家的一个显著特点。李玉的创作，与文人学士卖弄才情、脱离舞台实际、形式主义的案头剧截然不同，他熟悉舞台艺术的特点，是为适应戏班演出的需要而写作的，因此，他的剧本能紧密联系舞台演出的实际，“案头场上，交称便利”。所以，钱谦益在《眉山秀题词》中曾说：“元玉言词满天下，每一纸落，鸡林好事者争被管弦，如达夫、昌龄，声高当代，酒楼诸妓，咸歌其诗。”

李玉的传奇作品开创了群众场面的描写，创造性地在戏剧舞台上直接表现轰轰烈烈的市民群众运动。在《清忠谱》“闹诏”“毁祠”“除奸”等折中，展示了群众斗争人山人海的场面，表现了群众斗争浩大的声势和力量。第十一折“闹诏”，作者以高超的艺术手法，描写苏州市民抗议阉党逮捕周顺昌的示威请愿；第二十二折“毁祠”的场面更加宏大，作者把苏州市民推倒牌坊、焚毁魏忠贤生祠的情景描绘得极为壮烈，全剧至此达到了高潮。这场的唱词大都是群曲，尤其在拽倒牌坊时，每合唱一句，跟着打一号子“牙牙许牙”，描写别致，引人入胜。在舞台上表现群众斗争场面时，李玉进行了大胆的革新，他一改过去用“龙套”跑场、摇旗呐喊代表千军万马的手法，突破舞台空间的限制，用内外结合、虚实相生的方法，展现群众斗争的声势和力量；用上下场穿插、不断变换舞台空间的方法，突出群众斗争的

清戏画　李玉《清忠谱》

紧张气氛。这种手法在戏曲史上是一个杰出的创造。

在艺术风格上，李玉吸收汤显祖和沈璟两家的长处，在文采派与格律派合流的趋势中，真正达到了“以临川之笔协吴江之律”的境地。在李玉以前，传奇创作有两大流派，临川汤显祖注重文采意境，吴江沈璟强调格律声韵。经过长期的争论，不少剧作家感到二者都有偏颇之处，于是便出现了调和的趋势，但还没有能完全纠正弊端。而李玉通过丰富的创作实践，真正树立了新的风格，钱谦益在《眉山秀题词》中对李玉作了这样的评议："元玉上穷典雅，下渔稗乘，既富才情，又娴音律，殆所称青莲苗裔，金粟后身耶！于今求通才于寓内，谁复雁行者?"他认为李玉是一个富有才华、擅长文采而又娴熟音律的"通才"。具备这样的才能，李玉一方面继承汤显祖的优良传统，重视戏曲的内容意境，运用优美的辞藻进行创作；另一方面又和吴江派的沈自晋、冯梦龙等人往来密切，精研曲律。所以，他的剧作在内容和形式、文辞与音律的关系方面，能够融会临川派和吴江派的长处。由于他的倡导，明末清初苏州的剧作家们接受了这种做法，走着大致相同的创作道路。李玉剧作的这一艺术特点，也可以说代表了"苏州派"共同的作风。(吴新雷《论苏州派戏曲家李玉》)

李玉和苏州派的戏剧大师们打破了过去互相封闭、独立创作的小作坊式的写作方法，经常一起商讨剧艺、切磋技巧，因而不少剧本实际上是集体创作的成果。李玉最著名的代表作之一《清忠谱》就不是李玉的独力之作，苏州派剧作家毕魏、叶时章等人都曾参与编写；而苏州派另一作家朱佐朝所写《一品爵》《埋轮亭》等剧本，之所以被当作李玉的作品，据估计可能是李玉曾参与过讨论或修改。正是因为他们经常商讨，互相合作，互相影响，所以他们在创作思想和艺术上表现出明显的一致性，形成了中国戏剧史上继临川、吴江派以后实力雄厚且最有影响的一个新的艺术流派——苏州派。

李玉一生创作了数十种以反映现实生活、讽喻时事政治为主的戏剧作品。他宣传忠君爱国，歌颂正义与善良，鞭挞邪恶与丑陋，同情下层群众；他精通音律，注重文采，熟悉舞台，又有创新精神。因此他的剧本具有广泛的群众基础，风靡吴中，流传很广，所谓“盛行吴中，无良贱皆歌之”，足见影响之大。可以说，李玉是一个堪与关汉卿、王实甫、汤显祖等人相提并论的戏剧大家。

二、名家辈出的吴门书画

明代中期，苏州商品经济发达。唐宋时期即已开始的全国文化重心南移过程，至此已经完成，以苏州为中心的江南地区成为全国文化重心之所在。优越的自然、社会、人文条件，进一步推动了苏州文化艺术的兴旺。吴中书苑画坛，一时名家荟萃、明星闪耀，形成了书坛的“吴中三大家”、画坛的“吴门四家”等艺术家群体。

“吴中三大家”与吴门书派

在明代以前，苏州就出过许多书法名家，西晋的陆机，唐代的陆柬之、孙过庭和张旭，南宋的范成大等，都是其中的佼佼者。沿至明代，苏州更成为书坛重镇，名家辈出，有“天下书法归吾吴”的说法。宋克、沈周、吴宽、王鏊、祝允明、文徵明、唐寅、王宠、陈道复等均为当时书坛的翘楚和吴门书派的中坚。尤其祝允明、文徵明、王宠 3 人，被称为书坛的“吴中三大家”。

祝允明（1460—1526），字希哲，号枝山，因右手生有 6 指，故自号枝指生，长洲人。他出身于一个封建官僚家庭。弘治五年

(1492）中举，以后便屡试不第，故有“五应乡荐裁忝一名，七试礼部竟不见录”之语。正德九年（1514），授广东惠州府兴宁县知县。嘉靖元年（1522）转任南京应天府通判，故有“祝京兆”之称。但他在南京仅生活了近一年的时间，便因病辞官归里，卒于嘉靖五年（1526）。著有《九朝野记》《苏材小纂》《怀星堂集》等书，并编纂过《兴宁县志》。

祝允明自幼聪慧，5 岁能书径尺大字，9 岁能诗，以后更“贯通百家，纵横群籍”，学问广博，传统文化根基深厚。《明史》本传中说他“文章有奇气，当筵疾书，思若涌泉”，因而与唐寅、文徵明、徐祯卿并称“吴中四才子”。不过，与他的诗文比较，祝允明的书法造诣尤为不凡，《明史》说他“尤工书法，名动海内”，因而又与文徵明、王宠同被誉为“吴中三大家”。祝允明在艺术上能诗善书，生活中为人豪迈不羁，厌恶礼法，以致到了晚年家境贫困，常常一出家门，即有债主追随索债。苏州一带流传着不少有关他的遗闻逸事，富有传奇色彩。

祝允明的书法成就首先来自家学渊源。他的挚友文徵明在《珊瑚网》中曾经指出：“吾乡前辈书家，称武功伯徐公（有贞），次为太仆少卿李公（应祯）。李楷法师欧、颜，而武功草书出于颠、素。枝山先生武功外孙，太仆之婿也。早岁楷笔精谨，实师妇翁。而草法奔放，出于外大父。盖兼二父之美，而自成一家者也。”他从小受到外祖父徐有贞的熏陶，后又得到岳父李应祯的指教，因而根基扎实，5 岁能写径尺大字并不是常人所能做到的。清代顾复在《平生壮观》一书中有这样的记载：祝允明“书法亲炙两公，而耳提面触，不烦构思，九势八法所得已过半矣。况乎加之以学力，无古人不师”。家学

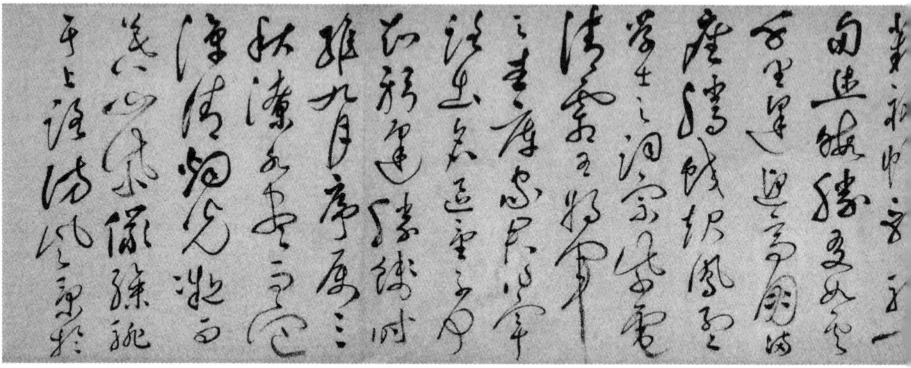

渊源固然是他能自成一家的重要条件，勤学苦练也是他取得成功的重要原因。顾复在《平生壮观》中说他“无古人不师”；王世贞《艺苑卮言》中列出了自钟繇、王羲之、王献之至褚遂良、张旭、苏轼、米芾等 10 余位前代书法大师的姓名，以见出其师承。祝允明对以上每一位大师的作品“靡不临写工绝”，因而功力深厚，学晋、唐的作品则似晋、唐，学宋、元的作品则似宋、元，拟古能力极强，但他并不是一味模拟，而是融会贯通，扬长弃短，最终形成了自己独特的风格。

祝允明于楷、行、草书诸体都有相当的成就，王世贞称“天下书法归吾吴，而京兆祝允明为最”，对祝允明的书法成就给予了高度评价。在所习诸体中，祝允明尤以草书见长，有人说他的运笔“变幻如烟雾，奇怪如鬼神”。时人在《祝京兆草书歌》中曾这样描述他的草书：

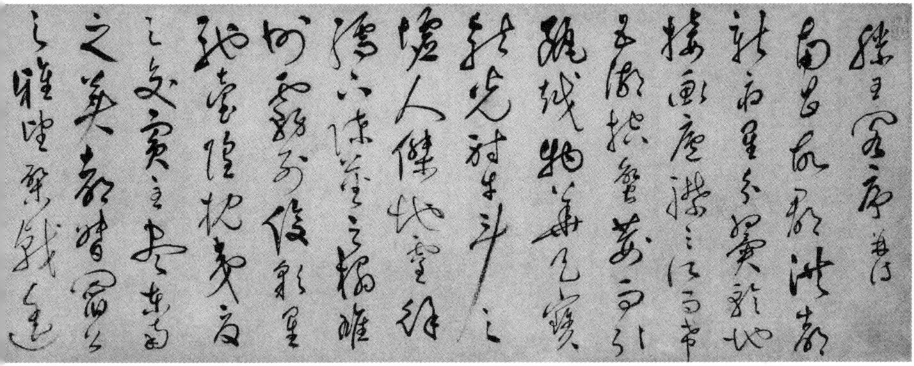

明·祝允明《滕王阁序并诗》卷（局部）

> 枝山草书天下无，妙洒岂特雄三吴？群萌万象出毫下，运肘便觉风云俱。丝持浪转信神动，筋回墨纵皆春敷。分明造化宰君手，左攒右剪形形殊。天愁鬼哭不宁岁，鸾惊龙骇谁争驱？迩来南海作仙令，观涛历险笔愈圣。奇文豪咏兼称之，处处江山好辉映。余也飘飘紫台客，向长五岳将浮屐……呜呼！羲之眼前人不识，笑杀千金买遗迹。

祝允明的草书，纵逸奔放，犹如矫松苍虬，挥洒自如，但又自成体系。由于师法多人，出入变化，面貌多样，既有王羲之父子的妍逸风韵，又有张旭、怀素的飞动气势，“奔蛇走虺，骤雨旋风”，故而有“明代草书第一人”之誉。据说登门向他求取墨宝的人，络绎不绝。祝允明晚年书法，“变化出入，不可端倪，风骨烂漫，天真纵逸”。现藏故宫博物院的《六体诗赋》，是他63岁时写给姻戚沈则山的仿唐、宋以来6家的六体书法合卷，全面地反映了他兼长各体、博采众长的深厚功力，可以视为他晚年的书法集大成之作。“其中楷书用笔古朴厚重，筋骨内含，时出以隶体的笔画，具钟繇书法古肥的特点。草书一段，师承张旭、怀素的狂草，兼取法黄庭坚，结体奇纵，与世间流传的草书大相径庭。”（杨仁恺《中国书画》）与他同时代的书画大家也对之赞叹不已，称：“先生慨然作赋，无论其雄才大略，倾服当世。观其书法之妙，亦一时未有。”现在沧浪亭的“五百名贤祠”中，还保存着赞颂祝允明的诗句：“放逸自喜，书如其人，先生之狂，先生之真。”

文徵明（1470—1559），初名壁，字徵明，后以字为名，更字徵仲。因其祖籍湖南衡山，自号衡山居士；又因曾在朝廷任职翰林待诏，人称文待诏。长洲人。他出身于官僚地主家庭，幼时并不聪明，直到七八岁时还反应迟缓，但他学习刻苦，且有坚韧的毅力。据《名山藏》的记载，文徵明在府学时，其他学生或饮酒闲聊、啸歌相乐，或品茗对弈、消磨时光，而他却独自临摹《千文》，每天写字必在 10 本以上。这种每日练字的习惯，一直坚持到晚年。19 岁时，文徵明从著名画家沈周学画，后又从李应祯学书，并向著名文学家、书画家吴宽学习。由于师从者皆一时巨擘，再加上勤奋刻苦的练习，造就了文徵明的多才多艺及非凡成就，以至弱冠 3 年使“书名雄天下”。有人对他作了这样的评价：文徵明“是我国明代中期具有多种艺术才能的代表性艺术家。在他活了九十年的不平凡的一生中，他的书、画、诗创作的数量之多、造诣之高、艺术个性之强，是他同时代的艺术家们难以比拟的，其影响几乎控制了明、清两代的书画艺坛。同时，他的名声远播海内外，在中国和世界美术史上占有着举足轻重的一席地位”（林家治《吴门画派掇英》）。

文徵明的科举生涯很不顺利，从弘治六年（1493）26 岁开始到南京应乡试，至嘉靖元年（1522）53 岁时第 10 次应考，皆未取中，徒增了不少愁闷和白发。嘉靖二年（1523），经人推荐至京，供职翰林院待诏，参加编写《明武宗实录》。在朝中，他看不惯政治的腐败和官场中肮脏不堪的事情，加上遭人妒忌，便多次上书，乞求归里，终于得到批准。嘉靖六年（1527），他返回苏州，从此过着戏墨弄翰的艺术家生活。

文徵明被称为“古今第一流人物”。他不仅多才多艺，擅长书画，且具有高尚的品格。他不畏权势，不贪钱财，入污泥而不染。他父亲文林在温州任官时故世，由于平素为官清廉，积蓄甚少，文徵明奔丧时，当地士绅、官吏主动凑了一笔银钱相赠，被文徵明谢绝。为此，当地人建立了一个“却金亭”来纪念他。宁王朱宸濠阴谋篡位，欲罗致人才，派人给文徵明送来聘书与重金，文徵明托词生病，坚辞不受。文徵明虽靠卖书画为生，但立有“平生三不肯应”的规矩，这就是决不卖书画给藩王贵胄、宦官与外国人。所有这些，都从侧面反映了他为人处世的高风亮节。

文徵明诗、文、书、画兼工，史书称为“四绝”。他的诗于雅饬之中，时饶逸韵，不依傍门户，自成一家。他不仅学文、学书、学画于吴宽、李应祯和沈周，还经常与祝允明、唐寅、徐祯卿等人过从往来，切磋诗文，以至“名日益著”，与祝、唐、徐并称“吴中四才子”。比起诗文的造诣来，文徵明在书、画方面的成就更高。他善书楷、行、草、隶诸体，小楷、行书尤为精整。他遍临名家，师承甚众。但他始终牢记老师李应祯说过的话：破却工夫，何至随人脚踵？就算学成王羲之，只是他人书耳！这句话对于学书的人来说是至理名言。因此，文徵明能在师承众多的情况下博采众长，形成自己的风格。书法界素有“工书者不精小楷，不能称书家”的说法，但偏偏又是“小楷最不易工”。文徵明的小楷纯粹精工，横笔竖画似铁画银钩，质朴而严谨，结构疏密匀称，“如八面观音，色相俱足”，且愈到晚年，火候愈足。他 82 岁时所书小楷《醉翁亭记》，法度精严，终篇不衰，是他的代表作之一，也是书中精品。据说他在临去世时，还能作蝇头小楷，以 90 岁高龄尚能如此，确实令人敬佩。他的行书作品也是清劲文秀，能融合晋、唐各家，形成自己的风貌。文徵明之成为书法界的一代宗师，还在于他对明代后期的书法界产生了较大影响，培养了众多有成就的弟子，其子文彭以及陈道复、王穉登等名家都是他的衣钵传人。

王宠（1494—1533），字履吉，号雅宜山人，吴县人。和祝允明、文徵明一样，他科场蹭蹬，屡试不第，贡入太学。年少时师从吴中诗人、书法家蔡羽，“居洞庭三年。既而读书石湖之上二十年，非岁时省侍，不数数入城”。由于受到良师指点，加上自己苦学不懈，终于以诗、书、画名满吴中。他的诗“好建安、三谢及盛唐”；他的画，得倪瓒、黄公望墨外之趣；他的书法成就更高，有“衡山之后，书法当以王雅宜为第一”的佳评。时人称他“诗书画三绝”。著有《雅宜山人集》《东泉志》等书。

王宠传世的书法作品为数不少，其中大多为行草书体，也有小楷书体。他的草书师承王献之，结体峭拔，笔力瘦劲，收放自如。他的楷书法自智永、虞世南，古雅憨拙，拙中藏巧，风格疏宕遒逸，清人顾复称之为“多力丰筋，得气得势”，评价很高。《半岩潘君七帙序并辞》是他楷书的代表作品之一，清初著名书画鉴赏家高士奇在《江村消夏录》中评论说：该篇楷书，“字径寸，乌丝，行笔法遒逸，为生平所见中第一”。以高士奇的身份与地位，平生书画所见极多，竟然称王宠的书为“所见中第一”，足见王宠楷书所达到的境界。对于王宠的书法，有人指责他学古人书而失其本趣，殊不知这正是王宠的不同凡响之处。他学王、虞等大家，却不受古法的束缚，而是博采众长，师古创新，从而形成自己的艺术风格。在40岁那年，正当王宠的艺术生命走向成熟、步入辉煌的时候，他却英年早逝，令人痛惜。

除了祝允明、文徵明、王宠3人，吴门书派中的中坚人物还有唐寅、陈道复、文彭等。吴门书派人才济济，名家辈出，声誉隆隆。他们师古而不泥古，往往在继承的基础上进行创新，形成自己的风貌，他们在江南水乡的自然环境和尚文敦礼的人文背景中，追求秀润、清丽的书风，在明代的书坛上形成了一道靓丽的风景线。

“吴门四家”与吴门画派

与吴中书坛人才济济、声誉隆隆的现象交相辉映的是画坛的鼎盛局面，甚至应该说吴中画坛的隆盛较之书坛有过之而无不及。

在明代画坛上，曾经出现过院派、浙派和吴门画派交替主宰的局面。以吴中一地的实力取代正统的院派和浙派，形成明代后期绘画界的一大流派，应归功于有“吴门四家”之称的沈周、文徵明、唐寅和仇英的艺术实践。

“吴门四家”中，以沈周位居第一。沈周（1427—1509），字启南，号石田，晚号白石翁，人称白石先生，长洲人。沈周家族世代隐居吴门相城。祖父沈澄，善诗文绘画，永乐年间，曾以人才被征，后

唐寅园里的“吴门四家”壁画

辞官还乡，隐居读书，逍遥山水。父恒吉、伯父贞吉，也都以诗、文、书、画名著乡里。沈氏是苏州的大地主，书香世家，交往者多为当时著名的文人雅士，日常以种花、种竹、品茗、玩古、宴宾为事，过着充满“吴趣”的高雅生活。在这样的环境中，沈周自幼受到诗、文、书、画的熏陶，文化素养深厚，加上他的天资和努力，终于成为一位卓有成就的艺术大家。

沈周除了家学渊源外，还拜文学家陈宽和画家杜琼、赵同鲁、刘珏等为师。15 岁时，他曾作一首百韵诗呈户部侍郎崔恭，崔看后大为赞赏，誉为唐诗人王勃复生。30 岁前后，沈周以诗文孝悌被举为“贤良方正”，但他坚辞不出。他的朋友杨君谦称沈周为“文章大家”，至于“山水树石”之类，只是“余事”。不过，就他对当时及后世的影响而言，最大的应是绘画艺术。

沈周是吴门画派的创始人，他的绘画在元、明以来文人画领域中有承前启后的作用。沈周绘画的成就是多方面的，山水、花鸟、人物样样俱精，以山水和花鸟画最为突出。他的山水画大多描绘江南一带的名胜古迹和山水园林风光，表现文人生活的闲情逸趣。沈周的画艺，能够博取众优，出入于宋、元各家，融会贯通，刚柔并用，形成粗笔水墨的新风格，独自成家。他的笔墨技法，随着年龄的增长、阅历的长进而表现出明显的阶段性特点：早年多作仿古画，大都是小幅；40 岁后多作本家画，并开始拓为大幅，画法严谨细秀，用笔沉着劲练，以骨力胜；晚年笔墨粗简豪放，气势雄强。他的花鸟画也有很高的成就。他总结了宋代以来用水墨表现花鸟画的经验，以山水画点线结合的表现手法来画花鸟，突破了中国花鸟画长期停留在线勒的状态，创造出新的程式；在造型上，他有意识地强调某些特点，突出花鸟的特殊性格，创造了“似与不似之间”的艺术形象。所谓“写意花鸟画”，就是从沈周开始的。沈周还发展了文人画的传统，将诗、书、画熔于一炉，使之互相补充，主题更突出，内容更丰富，如他的《高枕听蝉鸣图》，画上绘着在梧竹荫下，有一人高枕听蝉鸣声，柴门外有一人在叩门，梧竹林后是一座矗立的山峰，柴门畔还有一条委曲的小溪。画面简洁明朗、神情潇洒。他在画上题诗一首：“晚风吹梦画茫然，日影亭亭碧树园，客有叩门都未抬，自支高枕听新蝉。”以诗补画，诗情画意浑然一体。（林家治《吴门画派掇英》）这种画风，影响到他的弟子文徵明和唐寅，从而使文人画的影响更为扩大。

沈周的绘画，技艺全面，功力浑朴，在师法宋、元的基础上进行创新，发展了文人水墨写意山水、花鸟画的表现技法，成为吴门画派的领袖。

沈周成名以后，求画的人越来越多。据说每天清晨，大门未开，索画人所乘的船只已塞满了门前的河港。他无论到什么地方，求画的人总是“履满户外”。他游西湖时，住在宝石峰僧舍，前来求画的人一如平日。友人刘邦彦为此曾作诗一首：“送纸敲门索画频，僧楼无处避红尘。东归要了南游债，须化金仙百亿身。”王鏊在《石田墓志铭》中也说：“近自京师，远至闽楚川广，无不购求其迹，以为珍玩。风流文翰，照映一时，其亦盛矣！”由于求画的人太多，沈周无暇应付，只好让自己的学生代笔，因此传世的沈周画中赝品很多。

经过沈周的努力，吴门画派拥有相当可观的队伍和实力，执当时画坛之牛耳。沈周家族中继承他画风而有名字可考的至少有 8 人，而他的学生为数更多，自文徵明而下计有 20 多人，其中以文徵明的成就最高、影响最大。

文徵明的生平事迹，已于“吴门书派”部分有所交代。文徵明固然是书坛高手，在绘画方面的成就更在书法之上。文徵明的画深受人们的欢迎，据说求他作画的人“接踵于道”，“户履常满”，“缣素山积，喧溢里门”，其盛况不亚于沈周，以至不少人以复制或仿制他的作品为业，所谓“寸图才出，千临万摹”，“文笔遍天下”。

文徵明一生有 70 年的绘画生涯，画技全面，功夫精湛，于山水、人物、花卉、兰竹等均有不凡的造诣，为后世留下了许多脍炙人口的名作。

文徵明于花卉、人物无所不画。他的人物画简洁、挺秀、细腻，他 48 岁时所作《湘君湘夫人图》（藏故宫博物院），将二湘在舜死后所表现出的悲痛欲绝的神态画得生动逼真，真切地刻画了她们内在的性格和情感。他的花卉画属于文人写意画的范畴，据说他“以风意写兰，以雨意写竹”，所作兰花，人称“文兰”，但他的作品以山水画数量最多、成就最高。他的山水画题材大多描写江南景物。在他的笔下，江南山水风光得到了淋漓尽致的表现。他遍游江南各地，经常到真山真水中去写生，画有不少纪游作品，如《姑苏十景图》《天平纪游图》《洞庭西山图》《石湖清趣图》《拙政园图》《金陵十景图》等，充满了对祖国、对家乡壮丽山河的热爱之情，从中我们可以领略到太湖烟雨、江南之春的美丽。

文徵明年轻时受业于沈周，又远学唐、五代，特别是宋、元名家如赵孟頫、王蒙和吴镇等人的技法，融会贯通，自成风格。他的山水画有“粗文”“细文”之别。“粗文”是师法沈周和“元四家”（指黄公望、王蒙、吴镇、倪瓒），多作墨笔，笔致挺拔，苍劲豪迈；“细文”以小青绿设色，画得绵密工致，文雅秀逸，虽取法于赵孟頫，但已有青出于蓝之势。从他的成长历程来看，他早年以工细为主，仿前人作品较多；中年之画变化较大，在技艺上趋于成熟；晚年粗细兼能，在笔墨上力去雕琢造作习气，追求自然本色，画艺已达炉火纯青之境。

文徵明在继承文人画的基础上进行了创新。为了更好地做到“诗中有画，画中有诗”，他对于画上所作诗文的字数、位置以及采用的字体等都作了缜密细致的考虑，正如林家治在《吴门画派掇英·文徵明论》中所指出的那样：“一般的山水画，他常常题七绝或五绝一首，用行草书题写于画的右上方或左上方。不仅诗文的内容必然与画有关，即便诗文所占的位置、面积、轻重也都与画息息相关，成为一幅画不可缺少的部分。有些画面景物本来已很充塞，如《雨景山水》、《古木寒泉图》等，就不再添加什么，仅记作画年月与名款。有的画，文徵明别有用心地留下空白作为诗文之用，（注：逗号为引者所加）《二湘像》就是很突出的证明。这幅画上的两个人物仅占画面五分之一左右，而画上部的空白处，文徵明题录了屈原的《湘君》、《湘夫人》两章的全文，占画幅面积的三分之一左右。很明显，这样的诗文已不是从属地位，而是与画相当，成为不可少的部分。文徵明在诗书画三位一体的结合上，达到了相当的水平。”

文徵明是吴门画派中最为长寿、最有影响力的人物。继承他画风的家人和学生很多，见于著录的子弟不下 30 人，而他的学生及传其画派者也有二三十人之多。因此，有人说吴门画派自文徵明以后实际上成了文家的天下，不是没有道理的。

唐寅（1470—1523），字子畏，又字伯虎，号六如居士，另有桃花庵主、江南第一风流才子、鲁国唐生、逃禅仙使等别号，吴县人。他是明代中期著名的文学家、书法家和画家，与文徵明、祝允明、徐祯卿并称“吴中四才子”，与沈周、文徵明、仇英并列“吴门四家”，是吴门书派的骨干、画派的中坚。

唐伯虎出身于商人家庭，少年即有才名，十二三岁时即能写诗作画。16 岁时参加秀才考试，高中第一名。29 岁时赴南京参加乡试，又中解元，“唐解元”由此得名。第二年入京会试，因科场舞弊案被牵连下狱，后贬为浙江小吏。唐伯虎耻于赴任，径回苏州。可是，世态炎凉，人情淡漠，他在给好友文徵明写的信中说：进京会试时，公卿造请者阗咽于巷，科场案后，“海内遂以寅为不耻之士，握拳张胆，若赴仇敌，知与不知，毕指而唾，辱亦甚矣！”（唐寅《唐伯虎全集》

卷5）更有甚者，家中的妻子与他吵闹不休，连童仆、丫环对他也不那么顺从恭敬了。愁闷中的唐伯虎听从文徵明等人的劝说，从1500年春天开始了历时10个月之久的千里壮游。从镇江、扬州溯江而上，登临庐山，观览赤壁雄姿，登岳阳楼，领略八百里洞庭风光，而后漫游衡山、武夷、雁荡、天台、普陀、黄山、九华等名山。回到家中，妻子已离他而去。从此，唐伯虎绝意进取，筑室桃花坞，过起了读书隐居的生活。由于他天资聪颖，又得到著名画家周臣的指导，再加上长达10个月的游历，胸中装满了奇丘异壑，他的画艺突飞猛进，声名大著，求画者纷至沓来，以至有时候不得不请老师周臣代笔。在经历了人生的种种失意与艰辛以后，唐伯虎对隐居读书、以卖画为生的生活感到满意，认为这种以丹青自娱的生活方式比起那些搜刮民脂民膏的官吏来不知要高尚多少倍，他曾作《言志》诗以表心迹："不炼金丹不坐禅，不为商贾不耕田。闲来就写青山卖，不使人间造业钱。"

唐伯虎45岁时，宁王朱宸濠慕名以厚礼前来聘请。唐伯虎应聘到了南昌，后发现朱宸濠有谋反的野心，于是佯狂使酒，露其丑秽。宁王无奈，只好放他回苏州。到了晚年，唐伯虎的健康状况日差，生活十分凄凉，他曾作诗表明自己的境况："青衫白发老痴顽，笔砚生涯苦食艰；湖上水田人不要，谁来买我画中山？"54岁时病逝，葬在横塘王家村。

唐伯虎才思横溢，不拘小节，放诞不稽，他曾刻了一枚"江南第一风流才子"的印章，但唐伯虎的风流并不在女色方面，后世的《三笑》故事把他说成是一个登徒子，其实是冤枉了他的。他的"风流才子"的称号，指的是他在艺术方面的造诣。

唐伯虎是明代画坛杰出的画家，于山水、人物、花鸟、楼阁，无所不精。他的画以工细为主，兼有文人画的笔墨，兼容并蓄，自成一格。行笔秀润缜密，具有潇洒清逸的韵度。但他最擅长的还是仕女、人物画，“造型准确，色彩鲜艳，笔法匀细，秀润流丽，艳而不妖，秀而不俗”（林家治《吴门画派掇英》），如现藏上海博物馆的《秋风纨扇图》，就是他中年得意之作。《秋风纨扇图》描绘了一个女子在初秋时节，独立平坡，手握团扇，徘徊沉思的情景。全图用水墨绘画，浓淡枯湿，变化多端。线条遒劲飞舞，刚中含柔，具有动感。画中题诗一首：“秋来纨扇合收藏，何事佳人重感伤？请把世情详细看，大都谁不逐炎凉？”诗与画情景交融，寓意深刻，反映了他饱经人世沧桑、一生不得志的感慨。

唐伯虎的诗才气横溢，清新明丽；他的书法具有丰润灵活、俊秀挺拔、藏筋抱骨的艺术风格；他的画更是特色鲜明，备受推崇。人称诗、书、画为“唐寅三绝”。但是，这样一位杰出的艺术家，生不逢时，一生坎坷，仅活了54岁便离开了人世。清代名士尤侗在《吊唐解元墓和伥伥词韵》一诗中对唐伯虎的一生作了这样的概括：“才人无禄又无年，生死悲欢总可怜。梦断东都空岁月，香销南国尽风烟。”

仇英，生卒年不详，在“吴门四家”中是最为年轻，也是寿命最短的一位。字实父，号十洲，太仓人，后移居苏州。他出身低微，以漆工为业，后来成为专业的画家。他年轻时以善画而结识了不少画坛名家，受到文徵明、唐伯虎的器重，并得以拜著名院体画家周臣为师，还在著名收藏家项元汴、周六观家中饱览了许多历代名画，时加精研临摹，技艺大进，“其规仿之迹，自能夺真”，成就显著，成为“吴门四家”之一。

仇英一方面得到周臣的指点，但更多的是通过临摹古人作品，从中汲取各家之长，参以己意，才形成自己的风格。

明代书画评论家张丑在《清河书画舫》中说他“山石师王维，林木师李成，人物师吴元瑜，设色师赵伯驹，资诸家之长而浑合之，种种臻妙”。仇英画技高超，作品具有雅俗共赏的艺术情趣。他的工笔画精细秀丽而无柔媚之气，粗笔画飘逸酣畅而又不失严谨法度。他擅长临摹，功力深厚，以临仿唐、宋名家稿本为多。他还创作了不少山水、人物、花鸟、楼阁画，成为多方面擅长的全能画家。他的人物仕女画，直承宋人笔法，形象秀美，线条流畅，对后世产生了深刻影响。在吴门画派的画家中，只有仇英的画上没有题跋，却以“六法”独擅画坛。他对待绘画严肃认真，一丝不苟，为昆山名士周六观作《子虚上林图卷》，费时达 6 年之久。对于仇英的画艺，后人给予了高度的评价，认为他的人物画“发翠毫金，丝丹缕素，精丽艳逸，无惭古人”。连门户偏见极深的明末著名画家董其昌也不得不承认“仇英为近代高手第一，兼有南宋二赵之雅”，“即令文、沈未尽其法”。现代画家徐悲鸿以画马著名，他在不少方面借鉴了仇英的画马技法。著名艺术大师刘海粟在评价仇英的《秋原猎骑图》时也说：“仇英的成就是多方面的，所写美人图，色彩艳丽，用笔细入毫发，金碧山水，结构谨严，而含有清润柔和的韵味，写意人物，却又潇洒流畅，古意盎然。”（林家治《吴门画派掇英》）

“吴门四家”中，沈周、文徵明、唐寅的共同特点是属于文人笔墨，仇英虽是漆工出身，但画风受到文人画家的影响。“四家”的绘画成就都是多方面的。他们技艺全面，创作题材广泛，山水、人物、花鸟无不在他们的笔下得到淋漓尽致的表现。他们运用娴熟的笔墨，描绘江南的山水园林景物，把表现文人生活题材的山水画提高到了一个新的水平，开拓了元、明以来山水画的新境界。

吴门画派的崛起，从领袖人物沈周的生年即宣德二年（1427）算起，至嘉靖三十八年（1559）吴门画派的主要成员，最后一个故世的文徵明的卒年为止，计有133年。但这只是“吴门四家”生活的时代和吴门画派的主要活动期。实际上，吴门画派的影响深长绵远，成为明、清400余年画风的主要倾向，至今历久不衰。

三、精美的工艺之花

苏州工艺美术源远流长，历史悠久，品种繁多，制作精巧，具有独特的地方风格和艺术特色。

工艺美术品是经过艺术加工被美化了的日用品（这里不包括一般手工业品）。工艺美术生产具有物质生产和精神生产的双重性质。它的产生、发展，必须具有多方面的条件，《考工记》说："天有时，地有气，材有美，工有巧，合此四者然后可以为良。"应之以苏州，这四个条件是非常优越的。

天时和地气，即自然环境和气候条件。苏州地处大江之南、太湖之滨，山水清嘉，气候温和，经济富庶，生产发达。在这样优美的环境里发展工艺生产，自然是十分适宜的。

材美即原料丰富。苏州及周围地区地理条件优越，以"鱼米之乡"和盛产丝绸著称，至于金、银、铜、铁、玉、石、竹、木、骨等可用来作为工艺生产原料的亦为数不少，向为珍异所聚之地。所谓"材有美"，在这里也是具有优势的。

"工有巧"是指工艺技巧。苏州是全国经济文化发达的地区，人文荟萃，艺人所秉承的传统久远。长期的经验积累，使苏州地区的工艺水平大大超越于其他地区，明代黄省曾《吴风录》所谓“自吴民刘永晖氏精造文具，自此吴人争奇斗巧以治文具”，即是一个例证。

正是具备了上述条件，苏州的工艺美术之花才越开越盛，尤其在明清时期，结出了累累硕果。

自从有了人类活动，就有了审美意识，同时也就产生了工艺美术品。苏州的原始文化，现知最早的为太湖三山岛旧石器时代文化，距今约 1 万年。在三山岛文化遗址中是否有工艺品，因发掘报告未曾提及，未敢妄断。但在距今六七千年的马家浜文化遗址中，发现了不少工艺品却是事实。尤其是四五千年前的良渚文化，更以玉器精美著称。承此余绪，吴国的玉器制作也具有纯熟高深的造诣。1986 年在吴县通安严山出土的吴国王室窖藏玉器，工艺水平令人叹为观止；吴国的青铜冶铸业十分发达，所造铜剑被中原人士视为宝物，“柙而藏之，不敢用也”。孙吴时期的刺绣、宋代的金银制作都表现出高超的工艺水平。苏州的工艺美术在明、清时发展到了鼎盛阶段，趋于成熟。经济发展促使人们生活水平和文化素质的提高，从而使苏州市民阶层的审美情趣趋高趋精，产品重质量、求美观，生活用品日益工艺化。张瀚《松窗梦语》中说：“吴制服而华，以为非是弗文也；吴制器而美，以为非是弗珍也。四方重吴服而吴益工于服，四方贵吴器而吴益工于器。”苏州人凭借传统的工艺优势和自己的聪明才智，处处领导着时代的新潮流，王士性称：“苏州人聪慧好古，亦善仿古法为之。书画之临摹，鼎彝之冶淬，能令真赝不辨之。善操海内上下进退之权。苏人以为雅者，则四方随而雅之；俗者，则随而俗之。”［谢国桢《明代社会经济史料选编》（中）］正因为如此，当时出现了称为“苏意”的新名词。所谓“苏意”，据薛冈《天爵堂文集笔余》卷 1 的解释，是指“希奇鲜见”的东西，实即新鲜事物。由此可以看出苏州在工艺美术史上的地位。

明清时期，苏州工艺美术发展的一个重要特点，是传统的工艺技术不断改进，产品更加精致，而一些新兴的工艺门类后来居上，逐渐成为主要的行业。

传统的工艺如刺绣、织锦、琢玉、髹漆、金银器、陶瓷、泥人等技艺更加成熟。如织锦，据明代王鏊《姑苏志》所说，“惟蜀锦名天下，今吴中所织海马、云鹤、宝相花、方胜之类，五色眩耀，工巧殊过，犹胜于古”。尤其产生于康熙年间的宋锦，工艺复杂，色泽华丽，图案精致，质地坚柔，与南京云锦、四川蜀锦并称我国三大名锦。再如泥人，又叫捏相，顾禄《桐桥倚棹录》说其法创于唐代杨惠之，宋时虎丘捏相已很著名。《岁时广记》称：泥人“惟苏州极工，为天下第一”。清代苏州泥人花样百出，品种繁多，据《桐桥倚棹录》所列，当不下 20 种，有人称赞说，“技艺山塘妙莫过，香泥捏像肖偏多”，足见虎丘泥人工艺技巧的高超。新兴的门类如苏裱、木刻年画、扇子、戏装道具、各种雕刻等，这些工艺品种大都从唐、宋以后才出现，明、清时已有相当成就，有的甚至成为本地最具特色的产品。如苏裱艺术，兴起于明宣德年间，至嘉靖、万历时期已趋于全盛，周嘉胄《装潢志》有“装潢能事，普天之下，独逊吴中”之说；胡应麟《少室山房笔丛》更有“吴装最善，他处无及”的佳评。至于桃花坞木刻年画，更是蜚声中外，享有盛誉，成为中华工艺宝库中的精品。

为了使读者对苏州的工艺美术有一个具体了解，特选取几个最具地方特色、自古至今中外闻名的工艺产品进行介绍，俾能收窥一斑而知全豹的效果。

瑰丽精细的苏绣

驰名中外的苏绣，是全国四大名绣之一，具有悠久的历史和独特的风格。她图案秀丽，色彩雅致，针法多变，技艺精湛，深受人们的喜爱和赞赏。

苏州刺绣，源远流长，东汉刘向《说苑》卷 9 记载："晋平公使叔向聘于吴，吴人拭舟以逆之，左五百人，右五百人，有绣衣而豹裘者，有锦衣而狐裘者。"可见，在春秋时期，吴地已有"绣衣"出现，至今已有 2 500 多年的历史。时至三国，王嘉《拾遗记》谓："吴主赵夫人，丞相达之妹……权使写九州江湖方岳之势。夫人曰：'丹青之色，甚易歇灭，不可久宝，妾能刺绣，作列国方帛之上，写以五岳河海城邑行阵之形。'既成，乃进于吴主，时人谓之'针绝'。"这说明当时吴地刺绣技艺已相当高超。宋代，苏州日用刺绣已广泛使用，技术水平不断提高，从苏州虎丘、瑞光二塔出土的五代和北宋初年的经帙与经袱来看，皆刺绣花卉，针迹虽不甚工整，但已能运用多种针法；再据《应庵和尚话语录》中"平江吉彬老侄女吉二娘绣普贤像"的记载，说明宋代苏绣已出现了供鉴赏的作品。宋室南迁，全国政治、经济、文化重心也随之南移，促使苏绣艺术趋于成熟，日渐形成独特的风格。据方志的记载，当时苏州城内有绣衣坊、绣锦坊、衮绣坊等地名，并有一条作坊集中的"绣线巷"，专为刺绣制作丝线，足见当时刺绣业的盛况。值得指出的是，南宋以后苏州人文蔚起，画家辈出，丝织工艺与绘画艺术的发展为刺绣提供了丰富的原料与画稿，使苏绣技艺得到迅速提高，明朝苏州人张应文《清秘藏》中谓："宋人之绣，针线细密，用绒止一二丝，用针如发，细者为之。设色精妙，光彩射目，山水分远近之趣，楼阁得深邃之体，人物具瞻眺生动之情，花鸟极绰约嚵唼之态，佳者较画更胜。”

元代的苏绣艺术略为逊色，《清秘藏》记载：“元人则用绒稍粗，落针不密，间有用墨描眉目，不复宋人之精工矣！”但这仅是指元中期以前的情况。在元朝末年，苏绣艺术仍取得了一定的成就，从张士诚母曹氏墓中出土的刺绣作品来看，具有图案精细、绣工精巧、针法多样的特点。

适应商品经济高度发达和文化昌盛的社会特点，苏绣艺术在明代得到进一步发展。由于融合了上海露香园顾绣的优点，苏绣艺术逐渐形成了精细雅洁、色彩秀丽的独特风格，深受人们喜爱。钱谦益《列

中国刺绣艺术馆

朝诗集小传》载：明代万历年间在扬州做官的来复，于琴、棋、书、画、诗、文及百工技艺无不通晓，唯独不会“女红”，遂专程到苏州学习刺绣。像来复这样的达官贵人尚且如此，足见苏绣在当时的声誉之隆。

明清之际出现了一批著名的能工巧手，如吴县钱蕙以发绣观音和宫装美人著称；吴江杨卯君及其女儿沈关关所绣佛像、山水，在当时有“过江人，以不与题词为恨”之说。由于她们发扬传统，继承创新，苏绣艺术在清代更上一层楼，达到了中国封建社会的鼎盛阶段。除了继续为统治阶级的奢侈生活服务外，刺绣深入到社会生活的各个方面，民间日用刺绣品日渐繁多，如服装、被面、枕套、帐沿、桌披、镜袱、靠垫、鞋面、香袋、纸插、扇袋、线袋、首饰盒、伞盖、眼镜套等。到乾隆年间，苏州已有“绣市”的称号。这些绣品针法多样，大都绣工细致，配色鲜而不俗，雅而不暗，具有秀丽、雅洁、装饰性强的优点。值得指出的是双面绣已开始出现，这标志着苏州刺绣工艺已有较高的艺术技巧。

苏绣艺术在近代有了新的发展变化。著名刺绣艺术家沈寿，在传统的基础上进行创新，以新意运旧法，或以新意运新法，表现人物、花鸟，富有变格特色，这种绣法，人称“仿真绣”或“美术绣”。苏绣艺术由此而取得突破性进展。她的绣品如《意大利皇后爱丽娜像》及《耶稣像》等，曾引起国际轰动。

在几千年的发展过程中，苏绣艺术融会吸收了绘画等艺术手法，又与其他姊妹艺术互相借鉴、互相促进，因而形成了自己独具异彩的艺术风格。对此，前人曾概括总结为平、齐、细、密、匀、薄、和、顺、光、神10字。具体而言，平，指绣面平服，熨帖如画；齐，指针脚齐整，轮廓清晰；细，即用针纤巧，绣线精细；密，即排列紧凑，不露针迹；匀，指疏密相等，皮头均匀；薄，指烫帖平伏，轻薄如纸；和，即配色调和，浓淡合度；顺，即丝缕合理，圆转自如；光，指光彩炫目，鲜明美丽；神，指绣像生动如神，富有生气。唯其如此，苏绣制品才会令中外人士倾倒，风靡海内外，至今不衰。

典雅纤细的苏州玉雕

玉雕是苏州的一种古老工艺。距今五六千年的草鞋山文化遗址中，已发现了经过琢磨的玉器。良渚文化的居民更有“玉殓葬”的习俗，玉器制作非常发达，不但品种多、数量大，而且制作十分精致。以后，苏州琢玉的优秀传统一直保持下来，并不断发扬光大。范成大《吴郡志》载有吴越广陵王钱元璙令吴郡玉工颜规至王府便厅解玉的事，说明五代时苏州琢玉技术已闻名于世。明代宋应星《天工开物》说：“良玉虽集京师，工巧则推苏郡。”当时，见于记载的苏州玉工巧手有贺四、刘谂、李文甫、王小溪、陆子冈等人，以白玉、琥珀、水晶、玛瑙琢成精巧的小品而誉满南北。尤其是陆子冈，有“碾玉妙手”之称，所琢玉水仙簪，茎枝细如毫发，花朵颤巍自若，玲珑奇巧，徐文长《题水仙》诗中有“昆吾锋尽终难似，愁杀苏州陆子刚（冈）”之句，咏水仙而兼及陆子冈的琢玉艺术。入清以后，苏州玉雕更是遐迩闻名，以至乾隆时几度招苏州玉工进京，为皇室、贵族、官僚雕琢玩具，并令他们传授技术。以前，北京前门一带玉作的工匠有不少本身就是苏州人，还有不少则得授于苏州玉工。当时，苏州城内玉作林立，集中在阊门内的专诸巷、天库前、周王庙弄、宝林寺前以及向南至枢密巷、梵门桥弄、学士街、剪金桥巷一带，朝朝暮暮，玉作声震不断，琢玉工场有300多处，玉工达3 000余人，而阊门吊桥两侧的玉市更是摊担鳞次，铺肆栉比。他们还组织了同业公会，奉周王（宣王）为祖师。每逢农历九月十三至十六日庆祝周王诞辰，他们即展出各人的杰作及前辈艺人的成品，借祭祖之名进行观摩，交流技艺。每年中秋节，城里的富商豪室也要把家里收藏的精美玉器摆设出来，供人观赏，作为夸奇斗富的手段。在此情况下，琢玉技艺不断提高。道光年间，苏州著名玉工有徐鸿、朱宏晋等，他们除精于琢玉，兼能刻金、银、牙、角、玛瑙等，所刻楼台亭桥、山水花鸟，形象逼真，惟妙惟肖。

苏州琢玉工艺，以精琢细磨、玲珑剔透著称，具有空、飘、细巧的艺术特色。传统的花式品种丰富多彩，诸如宫廷陈设的玉磬、玉器，官宦佩戴的玉带、玉佩，妇女装饰的翠花、玉镯，儿童悬挂的项锁、帽花，以至仿古瓶炉、镶嵌玉片、各种人物造像等，不下数百种。粗分之，可归为平面和立体两大类，大都虚实相称，疏密得宜，造型生动，线条流畅，琢磨工细，古雅有致，使人不觉烦琐而见空灵，不觉呆滞而显飘逸，不觉粗犷而有巧夺天工之感。

苏州玉器拥有广阔的市场，尤其道光以后，国内远销天津、武汉、安庆、九江、长沙、福州以及西北、东北地区，国外则销往英、美、法及中欧、近东和非洲、大洋洲等地，每年价值达数十万银元。外销的玉器大都是瓶、杯、匣、人物、花鸟、镇纸等大的摆件，也有环、镯、簪、链等小件饰品。直到抗战时期，由于交通阻绝，玉料来源困难，加之第二次世界大战，因此外销停滞，玉工纷纷转业，琢玉工艺一蹶不振。新中国成立后，苏州的琢玉工艺才又枯木逢春，重获新生。

别具特色的桃花坞木刻年画

自明代以来，全国许多地方都曾出现过年画作坊，而发端年代较早、延续时间较长、深受群众喜爱且年产量在几百万份以上的，则数苏州桃花坞、天津杨柳青和山东潍坊。苏州桃花坞木刻年画、天津杨柳青年画与山东潍坊年画并称南北三大民间年画流派。

苏州桃花坞木刻年画的起源难以确定，据现有材料推测，大致在明代前期已经出现。相传由唐伯虎所画的《风流绝畅图》，可能是现存苏州年画中最早的一幅。清朝雍正、乾隆年间是桃花坞木刻年画的全盛时期。雍正时的《姑苏阊门图》，以及乾隆前期的《姑苏万年桥图》《西湖十景图》等，刻工精细，构图逼真，技法高超。郑振铎先生在《中国版画史图录》一书中指出：坞中诸肆，殆为江南各地刊画之总枢，盖自徽派版画式微以后，吴中刻工起而代之矣。当时的画铺有数十家，大多设于阊门外山塘街，也有部分开设于阊门内桃花坞一带，作品销于江苏、浙江、安徽、江西、湖北、山东、河南、东北等广大地区。不仅扬州、南通、上海的年画直接受桃花坞木刻年画的影响而产生、成长起来，即使浙江和山东等地的年画艺术，也或多或少地吸收了它的优点而得以丰富和提高。

桃花坞木刻年画还远渡重洋，传入日本，给日本的“浮世绘”以相当的影响。

清朝前期的桃花坞木刻年画风格清雅、细秀，结构复杂，内容题材偏重于城市风景习俗、仕女花卉、门神画像以及戏曲故事、民间传说等方面，代表作品有《姑苏阊门图》《姑苏万年桥图》《虎丘灯船图》《对弈图》《二美奏乐图》《花开富贵图》《和气致祥图》《福寿双全图》《麒麟送子图》《春牛图》《钟馗捉鬼图》《张天师镇妖图》《西厢记图》《白蛇传图》《孙悟空大闹天宫图》等。在创作技巧方面，往往借鉴于国画，继承了传统的民族绘画形式，但部分作品曾受西洋绘画中强调透视、光线和铜版雕刻式的刻法等影响，不过为时不长，流传不广。乾隆以后，桃花坞木刻年画较多地出现了反映农村题材的作品。尤其是近代以后，由于帝国主义以大量石印、胶印年画向我国城乡倾销，桃花坞木刻年画被迫将销售重点转向农村，作品的风格为此一变，表现出浓郁的乡土气息，单纯朴素，线条粗简，色彩鲜艳明快，画面丰满热闹，善于运用夸张手法，富于装饰性。作品的题材也更加广泛，既表现出劳动人民庆祝新年欢乐的心情和对美好生活的向往，也反映了人民对封建势力和帝国主义侵略压迫的反抗与斗争。

在桃花坞木刻年画的表现形式中，还有两点值得注意：一是除独幅版画外，另有不少是连环故事画的创作，它摹仿佛经中的连环插图方式，创造出一种连环形式的年画。年画作者把一整张年画版面分成几格或十数格，按顺序将故事内容分布在每一格中进行描写。内容简单的，一整张画面即可装下；内容繁复的，便画在两张或更多张画面上。如《庄子传》连环年画，在一大张版面上分上、中、下 3 段，每段又分为 4 格，共分成相等的 12 幅画面，内容分绘成“庄子得病”“楚王孙吊慰”等场面，每幅上均列有小标题。二是不少画面均有诗句题咏或长篇唱词，如乾隆九年（1744）刊印的《姑苏万年桥》年画上，题着“姑苏城外锦成堆，商贾肩摩云集来，最是南濠繁盛地，万年桥上似登台”。特别是连环形式的年画，往往印有长篇歌，在新年前后，贩卖年画的小贩，一边唱着歌词，一边兜售，深受广大农村妇女和群众的喜爱。

鸦片战争以后，由于帝国主义的入侵，桃花坞木刻年画开始衰败。太平军兵临苏州时，清军纵火烧城，年画铺俱遭焚毁。虽有几家存留下来，但没落之势已定。抗日战争期间，一些版片又被日本帝国主义侵略者所毁，具有悠久历史的著名木刻年画艺术，濒临绝境，奄奄一息。直到新中国成立后，桃花坞木刻年画艺术才又重放光彩。

四、苏州园林冠天下

在几千年的历史发展中，中国的园林大致形成了皇家园林和私家园林两大流派。皇家园林以北京为代表，私家园林则以苏州为典型。苏州园林代表了私家园林艺术的最高成就。

苏州园林的历史可上溯至春秋后期的吴王苑囿，著名的有梧桐园、长洲苑、姑苏台等。而最早的私家园林，可能是东汉时的笮家园。东晋时的辟疆园有“吴中第一私园”之称，名气甚大，在唐人的诗歌中仍屡屡被提起。从陆羽“辟疆旧园林，怪石纷相向”的诗句来看，辟疆园中不仅多竹，还有假山。自此以后，苏州的园林代有兴建，唐代的孙园、陆龟蒙园，五代吴越时的南园，宋代的沧浪亭、乐圃，元代的狮子林等皆为一时名园。明清时期，苏州园林趋于成熟，数量众多，最多时达 270 多处，有“城里半园亭”之说。尤其名园佳构，各擅其胜。建于这一时期的拙政园、留园、网师园和环秀山庄已于 1997 年被列入《世界遗产名录》。

拙政园位于城东北部，唐代陆龟蒙曾建宅于此。明正德四年（1509），御史王献臣解甲归田，建造此园。此后 400 多年，屡兴屡废，历经变迁。太平天国攻占苏州后，改建为忠王府。后来又曾作为

世界文化遗产——拙政园

李鸿章的江苏巡抚行辕。拙政园占地约72亩（4.8公顷），规模居现存苏州古典园林之冠。园分东、中、西3个部分，各具特色。东部广植花木，有松岗、山岛、竹坞、曲水，明快开朗；西部建筑临水傍岸，高低错落，精致绮丽；中部是全园的主体和精华所在，山明水秀，厅榭精美，花木繁茂，有浓郁的江南水乡特色。园南的住宅是典型的苏南民居。

留园位于苏州阊门外留园路。明万历二十一年（1593），太仆寺少卿徐泰时营建东、西二园，西园后为戒幢律寺，东园即留园前身。著名文学家袁宏道《园亭纪略》称东园“宏丽轩举，前楼后厅，皆可醉客”，内有叠山名家周秉忠所堆石屏，玲珑峭削，如一幅山水横披画。清乾隆末年，刘恕经营改筑，历时数年，改名“寒碧庄”。因地处花步里，亦称“花步小筑”，俗呼“刘园”。同治十二年（1873），盛宣怀购得该园，大加修葺，取“刘园”之谐音而易名“留园”，寓“长留天地间”之意。著名经学大师俞樾曾作《留园记》，赞其“泉石之胜，花木之美，亭榭之幽深”，诚足为吴下名园之冠。留园占地30余亩（3.33公顷），以空间艺术构筑精湛著称。园分中、东、北、西4个部分。中部为寒碧庄旧址，是全园精华所在，包括以山池为主的西区和以庭院组合为主的东区。东、北、西3个部分为盛氏增辟，东部以峰石称奇，峰石中以北宋花石纲遗物冠云峰称首，高6.5米，左右并立瑞云、岫云二峰；北部以田园风光见长，现陈列盆景名品500余盆；西部为土阜曲溪，缀有黄石，植以桃柳，以山林野趣称胜。尤为可道的是，园中书条石数量为苏州园林之最，集晋、唐、宋、元、明、清百余位名家作品，可以概见千余年间中国书法艺术的风貌，刻工精致，十分珍贵。

网师园初建于南宋，侍郎史正志于此修园，名为“渔隐”。清乾隆中叶，光禄寺少卿宋宗元修建宅园，借“渔隐”原意，取名网师园。此后多次易主，园名屡更。网师园占地9亩（0.6公顷），分为东宅、西园两个部分。宅门南向，门外有大型照壁，门内依次为门厅、轿厅、大厅、楼厅，轩昂宏敞，厅前门楼砖雕精细，为江南之冠。园在宅西，占总面积的4/5，约可分为南、中、北3个部分。南部以小山丛桂轩、蹈和馆、琴室为中心，为宴聚听琴之处。中部一泓绿水，波光云影相衬，池畔环筑廊、轩、亭、榭，缀以黄石、丘壑、花木，水色天光，野趣盎然。尤其濯缨水阁挑出水面，为最佳观赏处。北部是书楼画室集中之所，有梯云室、集虚斋、五峰书屋、殿春簃、看松读画轩等，参差错落，各自成格，窗明几净，竹石傍户，蕉影移墙，犹如一幅立体的图画。综观全园，主次分明，富于变化，园内有园，景外有景，虽处城中而有野外之趣，建筑虽多而不见拥塞，山池虽小而不觉局促，被认为是苏州古典园林中以少胜多的典范之作。

环秀山庄，在景德路黄鹂坊桥东，明、清两代曾是达官贵人宅第。道光二十九年（1849），归汪氏耕荫义庄，取名“颐园”，园中主厅称“环秀山庄”，后即以厅名取代园名。环秀山庄占地只有1亩（约0.067公顷）多，面积不大，前厅后堂，因园中有一座太湖石假山而著名。据载，此山出自清代叠石造山大师戈裕良之手。假山占地不过半亩，峰高仅有7米多，但主峰突兀，雄奇峻峭，飞泉流水，深壑曲涧，尺幅而有千里之势。其构造，整体注重写意，细部追求逼真，被认为是中国园林现存假山中的第一佳构。园中建筑面山而筑，山上有“半潭秋水一房山”亭，山下有问泉亭、补秋舫等。全园建筑形成远近高低各不同的观赏景点，有“山形面面看，山景步步移”的妙趣。（《世界级文物苏州古典园林》）

苏州园林是东方私家园林中的艺术典范。就其艺术风格来说，大致有以下几个特点。

第一，师法自然，重在因地制宜。园林作为一种时空艺术，植根于中国大地，不可避免地要受到传统美学思想的影响。道家的“上善至水，上德若谷”，儒家的“智者乐水，仁者乐山”，在苏州园林中得到了深切的反映。

苏州园林是一幅立体的山水画。师法自然是造园家们矢志追求的一种艺术境界。由于苏州的造园家多为文人画家，能诗能文又能画，在他们的设计或参与下，大自然的山水景观得到了诗画般的高度提炼，并转化为园林空间艺术，因而其艺术水平大大超过了其他地区的园林，如苏州环秀山庄的假山，出于名家戈裕良之手，有“山小却显其深”的效果。它那临水叠筑的岩崖，石壁陡峭，走在狭窄的池岸，背依山水，仰首石壁，仿佛置身于大自然的巉岩峭壁之前。苏州古典园林源于自然而又高出自然的艺术成就，得力于多方面的因素，因地制宜、顺应自然的造园手段即是其中不容忽视的重要因素。

苏州园林非常注意布局和空间艺术处理，文徵明《王氏拙政园记》中说：拙政园“居多隙地，有积水亘其中，稍加浚治，环以林木”。这说明拙政园是利用原有洼地建造起来的，它按照原有地貌，“因阜迭山，因洼疏池”，取宽阔的水面，临水修建主要建筑，并注意水面与山石花木相互掩映，从而构成富有江南水乡风貌的自然山水景色。由于在总体布局上运用了因地制宜、顺应自然的原则，拙政园显得开阔平远，朴素大方，园林的平面、空间布置呈自然式、不规则形，其建筑形式与构造也是自由发挥的。与此异趣的是环秀山庄，由于它占地不大，不能凿大池，故园景以山为主。建筑不多，但高低起伏，疏朗有致，布局精到，故前人有“园小则见其大，山小却显其深”的佳评。

第二，追求意境，充满诗情画意。苏州园林充满了诗情画意，在意境的创造方面有独到之处。

意境，既包括了意与境、情与景、神与物等主客观两方面的因素，也包括了艺术气氛、神情韵味和景外之景等因素。它是意与境浑、情景交融、神与物游所构成的艺术整体，是艺术作品中的思想情趣和具体形象所构成的完美生动的艺术画面。任何景物，只有当它被加入了人的主观感受，倾注了人格灵性后，才会产生情景交融的感人艺术效果。因此，意境素来被奉为衡量园林格调高下的圭臬。

意境的主要特征是有着鲜明的形象性。造园家们通过对山池石树、花鸟虫鱼、建筑、书法、绘画、诗文、石碑、雕刻等物质因素的综合运用，创造出与大自然形神相似的园林景观。这些景观体现着不同的主题，可以引起人们的共鸣和联想，富于诗情画意。

从山水景观来看，拙政园主体建筑远香堂前景区，在平台前有一片宽广的荷花池，夏季荷香浮动，越远越清，香气远飘堂中，宋代周敦颐《爱莲说》一文中有“香远益清”句，因此题名“远香堂”。堂北池中堆有二山，西面一座较大，上筑雪香云蔚亭；东面一座较小，上筑北山亭，山上林木葱翠，桃榉梅竹掩映，体现了原有对联“蝉噪林愈静，鸟鸣山更幽”的意境。它们构成拙政园中部的主景区。这一主景区体现了湖山真意的特色，深具山林之趣。在山背后，水溪依山脚流过，花径临溪，春季桃红柳绿，冬末芦苇摇曳，具有幽静的江南水乡风味。

从建筑来看，园林建筑本就富有性格特征，诸如亭的闲逸，榭的风雅，阁的潇洒，廊的徜徉，窗的憧憬，舫的从容。园林艺术又把它们与山水花木巧妙地结合起来，造成富有诗情画意的环境。仍以拙政园远香堂为例，远香堂室内没有一根阻挡视线的庭柱，四面开敞透亮，由里面望向四周，一幅幅不同的画面就像经过画框剪裁的一样。堂南重峦叠翠；北面池中有两个相连的假山小岛，山上遍植林木花竹，水岸散种灌木藤萝，宛如天然山林水岛；西侧有一横跨水面的廊桥；西北则有形似舟舫的旱船。通过整体组合，构成了一幅具有浓郁江南水乡特色的天然图画。

苏州园林的建筑轻巧别致，自由灵活，诚如《园冶》中所说的“按基形成”，“格式随宜”，“随方制象”，“各有所宜”。比如廊，有复廊、水廊、曲廊、直廊、爬山游廊等不同形式，组成了园林的脉络；桥有九曲桥、五曲桥、三曲桥、弧形桥等，与水构成各种不同的景观，桥与水平则游客凌波而渡，水溢显汪洋；桥低则山石建筑愈形高峻，与丘壑楼阁自然形成强烈对比。

从园林内部的文化古迹来看，诸如园林的取名、题咏匾额、楹联，无不体现出诗情画意。曹雪芹《红楼梦》中曾说：“（大观园）若大景致，若干亭榭，无字标题，任是花柳山水，也断不能生色。”苏州园林与中国古典文学有着不可分割的关系，许多景观都以点出风景主题的诗文加以命名，以突出其意境，如拙政园名取自晋代文学家潘岳《闲居赋》中“灌园鬻蔬，以供朝夕之膳，是亦拙者之为政也”句意，其原来的含义是，浇花卖菜，维持早晚两餐，是笨拙之人的事业，这里是园主王献臣因做御史受赂被排挤失意后，回乡建园，标榜自己清高而取此名；再如拙政园东部的“归田园居”，是陶渊明《归园田居》诗的物化；留园西部的“小桃坞”，是陶渊明《桃花源诗》及《桃花源记》的理想再现；拙政园、狮子林中的“见山楼”，取“悠然见南山”意；留园的“还我读书处”，取“既耕且已种，时还读我书”句；等等。类似的例子每园皆有，随处可见。

园林的情趣还反映在把文化古迹组织在园林建筑之内。如沧浪亭所刻“五百名贤图像”，留园文徵明“曲溪”、董其昌“饱云”等书刻，网师园郑板桥、钱大昕的墨迹等；而拙政园中为数更多，如远香堂西南长廊墙上镶嵌着沈德潜《复园记》碑刻，在旱船内舱横梁上悬有文徵明书写的“香洲”匾额，在西园拜文揖沈之斋的东西内墙上嵌有文徵明写的《王氏拙政园记》《补园记》碑刻以及文徵明和沈周半身画像与传记，在此斋北面六扇屏门上刻有郑板桥画竹及题跋，游人可借此了解数百年的园史，可欣赏这些历史上有名文人画家的亲笔真迹，览景而生情。

第三，讲究协调，表现淡雅幽静。如果说北方园林金碧辉煌，给人以热烈奔放的感受，那么苏州园林则正好相反，她色彩淡雅，表现了清新幽静的情调。因苏州园林一般与住宅相连，为读书养性之处，自然应以清静为主。而且，苏州园林大都是文人士大夫所建，他们精通中国山水画的原理，追求野趣，隐逸情调；加上江南炎热，不宜使用朱红等深色颜料，故而用清幽胜浓丽，采取以少胜多的办法。此种色彩，与整个园林轻巧的外观、灰白的江南天色、秀茂的花木、玲珑的山石、柔媚的流水，皆能相配合调和，予人以淡雅幽静的感觉。

无论四季更换，风雨明晦，苏州园林均能给人以最舒适的美感，如夏日的蕉廊，冬日的梅影、雪月，春天的繁花、丽日，秋天的红蓼、芦塘。松风听涛，菰蒲闻雨，日移花影，雾失楼台。这些都取决于造园者的文学素养与实际建筑的巧妙结合，使理想中的境界付诸现实。因此，花影要衬以粉墙，听风要寄于松树，听雨要考虑到蕉（或荷）叶，月色要考虑到柳梢，斜阳要考虑到梅、竹等，安排一草一木，都要讲究协调，表现雅逸清新的韵致。

此外，苏州园林对含蓄美的追求，在叠山理水方面极人工之巧，在借景方面的灵活运用等，都有许多成功的例子，值得后世借鉴。

随着园林建筑的兴盛，在苏州还出现了一批著名的造园家。他们总结前人的造园经验，并结合自己的造园实践，写出了一批著名的造园论著，构筑了造园学的理论体系，为中国园林艺术的发展作出了不可磨灭的贡献。

作为珍贵的历史文化遗产，苏州园林有其世界地位。早在古代，苏州园林的建造艺术就已传到了国外。1980 年，一批苏州园林的建筑师又应邀前往美国，在纽约大都会艺术博物馆建造了一座以网师园内殿春簃为蓝本设计的明式庭院——明轩。明轩具有“工整柔和，雅淡明快，简洁利落”的明代风格，造成以后，受到各阶层人士的赞赏。其后，苏州的园林建筑师又应邀在加拿大温哥华建造了逸园，在新加坡建造了蕴秀园，在美国佛罗里达州“锦绣中华”内建造了苏州苑等。深受国内外人民喜爱的苏州古典园林如同一座彩桥，沟通了中国与世界各国的文化交流，加强了与世界各国的友好交往与合作。（徐文涛《苏州园林，与世界历史文化遗产同辉》）她被列为世界文化遗产是理所当然的。

五、苏州科技成就举例

四大发明是古代中国科学技术领先于世界的辉煌标志，足以令国人自豪。但历史发展到明清时期，由于封建社会的长期延续和闭关自守政策的施行，中国的科学技术落到了西方的后面。当然，落后只是相对的，并不表示中国科学技术发展的停滞。事实上，明清时期中国在科学技术方面仍然取得了重大成就，李时珍的《本草纲目》、宋应星的《天工开物》、徐光启对农学和天文历算的贡献、徐霞客的地理学成就等，在中国科学发展史上熠熠生辉。这一时期，苏州也产生了不少科学家，他们对近代以后苏州成为全国科技专家的摇篮起了良好的先导作用。医学方面的情况后面将专门介绍，这里先就建筑、光学、机械制造几个方面稍加举例。

明故宫的建筑设计师蒯祥

据说在南京博物院里存放着一张北京宫殿建筑的平面图，图中除画有壮观雄伟的故宫建筑群外，还有一个人像，这个人就是负责设计营造北京故宫的建筑大师蒯祥。

北京紫禁城的设计者——苏州人蒯祥，时称“蒯鲁班”

蒯祥（1397—1481），字廷瑞，出身于苏州吴县香山的一个木匠世家。他聪明好学，不仅擅长木工手艺，还善于设计、绘画，史称他“能以两手握笔画双龙，合之如一”。据说他特别精于“榫卯技巧”和“尺度计算”，凡经他事先核实过的建筑材料，所有位置、距离、尺寸，都丝毫不差，在用料和施工方面十分准确，因此，他从年轻时起，即已成为有名的“巧木匠”。

1403 年，燕王朱棣通过“靖难之役”，夺取帝位，是为明成祖。为了抵抗北方元朝的残余势力，明成祖决定迁都北京。永乐十五年（1417），召集全国工匠、人夫，修建宫殿，蒯祥也在应召之列，并和他人一道被委以主持宫殿设计的重任。前后 3 年，占地约 72 万平方米，气势宏伟的宫殿建筑群拔地而起，坐落在北京城区的中心。相传作为宫殿正门的承天门（即天安门）就是由蒯祥具体负责设计与施工的。明故宫的建筑体现了我国传统建筑的独特风格，是我国现存规模最大、保留最完整的古代封建帝王宫殿，是我国劳动人民智慧的结晶。在故宫的营建过程中，蒯祥表现出了杰出的才能，作出了重要贡献。《苏州府志》中说：“永乐间召建大内，凡殿阁楼榭，以至回廊曲宇，随手图之，无不中上意。”正因为他能很好地领会贯彻皇帝的意图，因而深受皇帝信任，皇帝“每以蒯鲁班呼之”。正统年间，蒯祥又负责重修故宫三大殿（太和殿、中和殿、保和殿）和文武诸司的办公之所。蒯祥在北京居住了 40 多年，先后营建过的工程，除三大殿以外，还有两宫、五个王府、六个部以及十三陵中的裕陵等。蒯祥也因高超的水平和卓越的成就受到皇帝的赏识，从一个普通的工匠逐步升迁，官至工部左侍郎，享受从一品的俸禄。直到 80 岁的时候，蒯祥仍然“执技供奉”，负责京城的各项重要工程，只要是经他核实的建筑设计，没有不符合标准和要求的，因此受到京师工匠和官吏的敬重。后来有人因妒忌，企图阴谋陷害蒯祥，蒯祥便借故上疏，乞归故里，得到皇帝的同意。84岁的时候，一代名匠蒯祥离开了人世。他死后葬在太湖边胥口乡渔帆村南。墓前右侧竖有天顺二年（1458）御赐“奉天诰命”双龙戏珠碑，现为江苏省重点文物保护单位。

值得一提的是，自从出了蒯祥以后，吴县香山人看好建筑行业，形成了一个集木作、水作、砖雕、木雕、石雕、彩绘等多工种于一体的建筑群体，人称“香山帮”。高超拔群的建筑技艺为他们赢得了良好的声誉，故史书中有“江南木工巧匠皆出于香山”的记载。现代“香山帮”的工匠，继承祖先遗志，把几百年来的优良传统发扬光大，已走向全国，走向世界，承建了一批具有浓郁“苏派”特色和风格的古建筑，在市场经济的浪潮中大显身手，为乡邦、为祖国争得了荣誉，成为建筑界一朵光彩夺目的奇葩。

机械制造家薄珏

薄珏（约1610—1640），字子珏，长洲人。他自幼聪明好学，但是家境贫寒，买不起书，只好想方设法借书攻读。他记忆力很好，有过目不忘之能，虽对应举的八股文章不感兴趣，屡试不第，但对天文、数学和机械制造的学问却分外热衷，终于成为一个很有成就的科学家。

明朝末年，政治混乱，社会动荡，后金在东北崛起，西北各地农民起义烽火连天，而江南的封建士大夫们却还在吟风弄月、歌舞升平，薄珏看不惯士大夫们的作风，同情下层百姓的生活，只争朝夕，刻苦学习科学技术知识，“其学奥博，不知何所传，洞晓阴阳占步，制造水火诸器。读书一过成诵，又从尾诵至颠，亦不误一字，听者异之”（邹漪《启祯野乘》卷6）。薄珏注重实际操作，为了进行研究，他自己筹建了一间实验室，置有一套锻、炼、碾、刻的设备和所需工具。他常常亲自动手，并且指导徒工，徒工说他这样做太辛苦，薄珏回答说：“吾所欲造器以意示工……故不得不躬为之耳。”经过不断的钻研与实验，他制造出了铜炮、水车、水铳、地弩、地雷、算筹、起重负担机等多种武器和生产工具。据《启祯野乘》的记载，他制造的铜炮技术比较先进，并附装有千里镜的设备，使得炮弹发射距离远，命中率高。把望远镜用于军事上，这不仅在国内，而且在世界上也是最早的。安庆巡抚张国维曾将他荐于朝廷，但未能得到任用。此外，薄珏在天文、数学方面也有精湛的造诣，制造了浑天仪。他高超的机械制造技术，受到时人的高度评价，以至“海外亦重其名”。

薄珏为人正直，不善逢迎拍马，虽然学识广博、技艺超群，却家贫如洗，当他的独生女因病死亡时，家里穷得无钱埋葬，幸赖朋友亲戚的资助借贷，才得以安葬。崇祯九年（1636），薄珏被仇家诬告，有坐牢被杀的危险，幸亏朋友相救，辨明真相，才得以释放。他一生贫病交迫，穷困潦倒，只活了30岁就离开了人世。

薄珏一生创造发明很多，但在封建社会里却名不见经传，有关他的事迹，极少有人提到。他曾写过许多著作，有《格物论》百卷、《行海测天知道里远近法》、《简平仪图说》、《测地九大小几何法》、《各重天有本动、有推动、有带动论》、《天体无色辨》、《察南北二极星辰运说》等。遗憾的是，他的著作和技艺一样，大都未能传世。

光学仪器制造家孙云球

关于世界上最早的眼镜产生于何时、何地、何人之手，科学史界是有不同说法的。至少在宋代，中国已有关于眼镜的记载，如南宋《方舆胜览》中说，“叆叇镜”产于满剌加国，老人不辨细书，掩目则明。专家认为，眼镜未必是中国的发明，可能是宋朝时从西欧传入的。到了明代，虽然眼镜的价钱很贵，但已有不少人在使用了。苏州状元吴宽曾写过一首《谢屠公送西域眼镜》诗，诗中说眼镜“圆与荚钱同，净与云母匹”，戴上眼镜后，“蝇头琐细字，明莹类椽笔”，并称“闻之西域产，其名殊不一”。其中有一种单片眼镜，称为“单照”。据说明代苏州书法家祝允明是个近视眼，因而随身携带“单照”。这种“单照”是用手拿的，使用方法类似于现在的放大镜，虽然可以随身携带，但还不能架在鼻梁上。

中国的眼镜制造出现于何时，恐难确知。可以知道的是，明末清初的苏州人孙云球是一位杰出的光学家和制造眼镜的高明技师。

孙云球（1629—1662），字文玉，一字泗滨，长洲人。原籍吴江，自幼随父母迁居苏州。来苏不久，父亲故世，家境非常贫困，他便依靠卖药的微薄收入来维持自己和母亲的生活。即使在生活极其艰难的情况下，孙云球也绝不丧志，而是更加刻苦自励，发奋勤学。他为了解除视力不好的人的痛苦，经过长期的钻研和实践，研制出眼镜、望远镜等多达 72 种，成为名闻遐迩的光学仪器制造专家。

针对“单照”之类使用不便的情况，孙云球决心研制一种可以安在眼前的镜片。经过多次试验，终于掌握了“磨片对光”的技术。与西洋眼镜不同的是，镜片不是用玻璃制作，而是用水晶磨制。以后，他又根据年龄和视力的不同，研制出老花、少花、远光、近光等品种，磨制出深浅不同的镜片度数，使得需要的人“随目对镜，不爽毫发”。听到他研制出这种眼镜后，许多人“不惜出重价相购”。一时前来购买这种新奇眼镜的人“川流不息”，几乎“踏破门户”。例如，浙江天台有一个叫文康裔的人，便是闻名前来求助的。孙云球在帮他测试视力后，便精心配制了眼镜，并送他一副千里镜。为了测试效果，他俩登上虎丘远眺，“远见城中楼台塔院，若接几席”，“天平、灵岩、穹窿诸峰，崚嶒苍翠，万象毕见”。文康裔喜出望外，连连称奇。而孙云球却笑着说：“此未足以尽吾奇也。”随即又拿出“数十镜示之”。其中有一种叫“存目镜”，能使极细小的东西看得一目了然，当是现在的放大镜；又有一种“万花镜”，能化一物为数十，可能是一种菱形折射的镜片。此外，还有“鸳鸯镜”“半镜”“多面镜”“幻容镜”“放光镜”“夜明镜”等品种，各有用途。自此以后，“坊市依法制造，遂盛行于世”，苏州成为眼镜制造业的中心。孙云球总结实践经验，著有《镜史》一书，可惜未能流传下来。

六、吴中古来多名医

自古以来，苏州即多名医，见于记载的有周代沈羲、汉代负局先生、南朝顾欢等人，都自制丸药，救济百姓。唐代纪朋、周广师徒，精于望诊，医术高明，周广曾被唐玄宗特召为御医。宋室南渡，中原士人大批南下，带来了新的医学知识，而且其中不乏精于医学之人。南北医学的交流、碰撞，促进了吴中医学的发展。宋代的苏州中医，已出现了内科、外科、针灸、儿科等专科医家。儿科名医滕伯祥所著《走马急疳治疗奇方》，广为流传，至今仍为医界所重。到了元代，吴中医学初成规模，《马可·波罗游记》已经把许多医术高明的医生当作苏州的特色之一加以誉扬。元代的吴中医学表现出世医、儒医的特征。换句话来说，吴中多医学世家，如葛氏、韩氏、钱氏等，其中以葛氏世家最为著名。从宋代的葛思恭、从豫父子，至元代的葛应雷、应泽兄弟，再至应雷之子乾孙，祖孙四代，皆精医学，享有盛名。而且，吴中医家“以儒为医”，从医以外，大都精通文墨，有较高的文化素养，这就为他们总结前人得失和自己的临床经验，从事医学著述创造了条件，所以我们可以看到吴中医家往往有著作行世，如葛氏的著作有《医学会同》《医学启蒙》《经络十二论》《十药神书》等。这个优良传统在明清时期得到了很好的继承，“吴中多名医，吴医多著述，温病学说倡自吴医”，成为吴中医学的三大特色。

明清时期，苏州地区名医辈出，据苏州市地方志编纂委员会办公室等单位所编的《吴中名医录》的统计，有 852 人，所著医书达四五百种之多。其名医之众、著作之富，国内任何一个地区都无可比拟。限于篇幅以及本书主旨，在此不可能一一加以评介，仅择明代的吴有性和清代的叶桂为例加以介绍。

温病学说的先驱——吴有性

吴有性（1587—1657，或说 1582—1652），字又可，号澹斋，江苏吴县人。他所生活的时代，人祸相连，天灾不断，人民生活贫苦，社会上瘟疫不断流行。永乐六年（1408）至崇祯十六年（1643）的 200 余年间，发生瘟疫大流行即达 19 次，百姓死于瘟疫者不计其数。当时，医学界对发热性疾病的认识以及诊治方面，仍然沿用古法，拘泥于张仲景《伤寒论》的理、法、方、药。崇祯十四年（1641）南北直隶、山东、浙江等省发生大疫，五六月间益甚，至有全家传染的情况。开始发病的时候，医生们以伤寒之法治疗，非但疗效欠佳，甚至许多人不是死于疾病，就是死于医生的误治。这一触目惊心的现实，成为吴有性钻研瘟病的契机。他不怕传染，深入病区，在给患者治疗的过程中积累了丰富的临床经验，提出了“墨守古法不合今病”的思想，对瘟疫病进行了全面深入的研究，提出了许多新的见解，并于 1642 年著成《温疫论》一书。

《温疫论》是论述温疫即急性传染病的专著，集中表达了吴有性对温病的思想认识。

关于传染病病因，历来医家认为是感受了外界风、寒、暑、湿、燥、火6气，在气候急骤变化的过程中，受到不合时令的“气”的感染，这就是中医所谓的“六淫”致病说。对此，吴有性提出了批评。他认为温疫病与伤寒表面上相似，其实有着本质的区别，它并非风、寒、暑、湿、燥、火所引起的，而是由于感染了自然界中的一种异气，这种“异气”，统称为“杂气”，而杂气中比较厉害、导致重病的是“戾气”。寒热温凉、气候变化是自然界的正常现象，并不一定致疫于人，“伤寒与中暑，感天地之常气，疫者感天地之戾气”，这就把温疫与伤寒从病因学上区分开来了。

吴有性在《温疫论》中专辟一节详细论述了杂气的性质，认为杂气“无形可求，无象可见，况无声复无臭”。但是，杂气绝不是不可捉摸的东西。“夫物者气之化也，气者物之变也，气即是物，物即是气。”这就明确地指出了杂气的物质性。杂气由口鼻而入，导致“为病种种，难以枚举”，如大头瘟、咽痛、虾蟆瘟、痘疮、斑疹等。病情的重轻不同，在于杂气毒力的强弱，杂气毒力强则病重，弱则病轻。在尚未使用显微镜观察病原菌的明清之际，吴有性提出这样的见解，确是难能可贵的。

更为可贵的是，吴有性观察到了杂气致病的特异性。他认为杂气多种多样，因而引发“为病各种”，“杂气为病，一气自成一病”。某种杂气侵犯某一脏腑经络而“专发为某病”。这种见解和现代医学的“病原体特异性”是一致的。而每一种病之所以“因人而变”，又与人体正气的强弱，即人体抵抗力的差异有密切关系。在此基础上，他进一步指出，杂气具有偏中性，也就是说由于杂气各异，伤害的对象也是不同的，如“牛病而羊不病，鸡病而鸭不病，人病而禽兽不病”，这和现代医学所称的“种属感受性”和“种属免疫性”也是一致的。

对于疫病的流行情况，吴有性有着较为深入的认识。他认为伤寒与温疫不仅致病原因不同，流行的方式和特点也有差异。他创造性地将《黄帝内经》所提出的膜原理论应用于温疫病，指出温病存在于四时，病邪伏于膜原，即夹脊之内、离肌表不远、接近于胃的地方。因此，邪气潜伏至发病有一个过程，用现代医学术语来说，就是有潜伏期。温疫的临床特征，主要表现为发热、关节疼痛、出汗、发斑、发黄疸、大小便变化等。所有这些认识，显然是对温疫病进行了详细、科学观察的结果。温疫的传染主要通过空气和接触两种途径。而疫病流行的特点则有大流行和散在流行两种情况。所有这些认识方面，吴有性都是超越前人的。

在温疫的治疗方面，吴有性进行了富有成效的探索。他根据“邪在膜原”的理论，创制了达原饮的治疗方剂。达原饮是治疗温病的首选方剂，在临床应用时，可根据温病的传变和病情变化，灵活地予以加减化裁。如温热病兼有肋痛、耳聋、寒热、呕吐、口苦等症状，是热邪影响少阳经所致，可在达原饮方剂的基础上加柴胡；如兼有目痛、眉棱骨痛、眼眶痛、鼻中干燥、失眠等症状，则是热邪影响阳明经，可在方剂中加葛根等。

吴有性是明清时代温病学说的先驱。他开创的温病学说，为治疗发热性疾病开辟了广阔的途径，为温病学派的发展奠定了基础。在他的影响下，许多医家纷纷研究疫病，著书立说，大大丰富了我国的医学宝库，促进了温病学的发展。因此，吴有性的成就得到了世人的肯定。清代名医吴鞠通说《温疫论》议论宏阔，发前人所未发。《温疫论》问世后不久，即传到了日本等海外国家。（杜石然主编《中国古代科学家传记》下集）

温病学派的创始人——叶桂

叶桂（1667—1746），字天士，号香岩，晚号上津老人，江苏吴县人。叶桂出身于世医家庭，祖父叶紫帆擅长儿科，行医 40 多年，以医德高尚、治病不分贫富而名噪吴中。父亲叶阳生，喜好琴、诗、书、画，也精于医理，所治病症较为广泛，为乡里所推重，可惜享年不永，未满半百而逝，其时叶桂只有 14 岁。

叶桂自幼天资聪颖、勤奋好学，白天向老师习读经书，晚上随父学医，对医学尤为热心，未及弱冠之年便已通读了《内经》《难经》等经典医著，为日后从医生涯打下了扎实的基础。父亲死后，家庭生活艰难，叶桂放弃举业，从其父门人朱某学医并应诊。未及数年，他的医术已超过老师，以至登门求医者络绎不绝。叶桂不仅聪明，读书有过目不忘之能，而且虚心好学，只要听说某位医者擅长某技，他总要拜师学艺。在他整个学医、行医过程中，前后拜师达 17 人之多，因此博采众长，医道日精。他通过切脉望色、听声究原，揭示病症，言之确凿，就像能见到病人的五脏一样。他治病多有奇效，对于疑难病症，或就患者平日嗜好而找到得救之法，或就其他医生的药方而略加变通，有时并不开药，仅使患者注意饮食起居而消病，有时在未患病时而预知，甚至预断数十年后病的结果。对于“病之极难捉摸者，一经诊视，指示灼然”。种种遗闻逸事颇多流传，所以未满 30 岁便名著朝野，“即下至贩夫竖子，远至邻省外服，无不知有叶天士先生”（沈德潜《归愚文钞余集·叶香岩传》）。可以说，叶天士是清代最为著名的临床医学家。

叶天士铜像

叶桂对医学精益求精，对前人的经验主张师古不泥，兼收并蓄，反对那些盲目效仿，偏执一方以及以人试药的流弊陋习。他曾说：“剂之寒温，视疾之凉热。自刘河间以暑火立论，专用寒凉。东垣论脾胃之火，必务温养，习用参附。丹溪创阴虚火动之说，又偏于寒凉。嗣是宗丹溪者，多寒凉；宗东垣者，多温养。近之医者，茫无定识，假兼备以幸中，借和平以藏拙，甚至朝用一方，晚易一剂，而无有成见。盖病有见症，有变症，有转症，必灼见其初终转变，胸有成竹，而后施之以方。否则，以药治药，实以人试药也。”（沈德潜《归愚文钞余集·叶香岩传》）他认为，作为一个医生应该具有高度的责任感和高超的医术，绝不可把病人的性命当儿戏。因此临终之时，他告诫子女说：医可为而不可为，必天资敏悟，读万卷书，而后可借术以济世。这充分反映了他严谨的治学态度和崇高的人道主义精神，值得后世学习。

叶桂幼承家学，始以儿科为主，以后拜师多人，博采众长，学力日进，由内科而“贯通各科”。特别是受温病学家周扬俊的影响，对温热病的研究较为深入，著有《温热论》一书。从吴有性首倡《温疫论》，周扬俊著《温热暑疫全书》，至叶桂《温热论》的问世，反映了吴中温病学派逐步发展成熟的历史过程。

《温热论》是叶桂在吸取前贤成果的基础上，结合自己的经验心得而撰成的阐述温病学的论著。全书词简意深，论析精辟，说理透彻，是中医温病学中一部高度概括、提纲挈领的重要代表作，它对温热病的发生与变化、诊断与治疗以及预后的顺逆，提出了一套完整的理、法、方、药，在温病学派中起到了承前启后、继往开来的作用。叶桂《温热论》的问世，标志着温病学说理论体系的确立和吴中温病学派的正式形成。

如果说宋元以来，特别是明末吴有性等人开创了温病学说，对温病学的发展起了奠基作用的话，那么直到清代前期，温病学说才渐趋成熟，从病因病机到辨证施治，有了较为完整的理论体系，形成了专门学说。而叶桂在其中起了关键的作用。章虚谷在《医门棒喝》中作了这样的评价："邪之寒热不同，治法迥异，岂可混哉！二千年来，纷纷议论，不能剖析明白。近世叶天士始辨其源流，明其变化，不独为后学指南，而实补仲景之残缺，厥功大矣。"

与叶桂同时或稍后，苏州的许多医家都在温病研究方面取得了成绩，较为著名的如薛生白、缪遵义等。前者著有《湿热论》，着重于对湿温病的探讨；后者著有《温热朗照》，着重于整理前人对温病理论阐发的心得。他们与叶桂并称为"吴中三大家"。在他们的影响下，温病学的研究率先在吴中地区形成中心，并很快扩散出去，掀起了温病学研究的高潮。因此，称叶桂为吴中温病学派的创始人绝非虚誉。

叶桂对医学的贡献，不止在温病学方面，在杂病诊治方面，也有许多创见。

叶桂在诊治疾病方面的医疗经验，在《临证指南医案》一书中有较为集中的反映。该书以医案形式介绍了他诊治温热病、内科杂病以及妇科、儿科、五官科等病症的案例，在古代个人医案著作中最负盛名，刊本达数十种之多。他的医术见解和方治特色，在这本书中有充分的反映，要而言之：第一，胃阴学说。宋元时期的医学名家认识到脾、胃的重要性，视之为人体“砥柱”。但是具体论述则各有偏颇，有的重在阳气的升发，有的将脾、胃合一而议。明代医家虽然注意了“脾阴”，而对“胃阴”却未引起重视。叶桂倡言胃阴，使脾、胃学说得到新的发展。他认为，脾、胃有别，互为表里，脾气主升，得阳始运，胃气主降，柔润则安。因此，治脾应甘温升发，治胃宜甘凉通降。脾、胃分治，是叶桂的独到见解。他关于甘凉育养胃阴的方法，被认为是“超出千古”之论。第二，调补奇经八脉学说。叶桂重视奇经辨证，结合个人实践，发展了奇经八脉的辨证论治法则。在生理上，他认为奇经有收摄精气、调节正经气血以及维续、护卫、包举形体的作用；在病理上，凡肝、肾、脾、胃之病，久虚不复，必延及奇经；在辨证上，奇经之病须分虚实；在治疗上，常须通、补兼施。第三，久病入络说。叶桂认为，凡寒、暑、劳形、阳气受损、嗔怒动肝、七情郁结等，均能造成气血阻滞而伤人经络。初病气结在经，久病血伤入络，是叶桂在杂病诊治方面的著名论点。他认为，络病的治疗，应以辛润通络为用药原则。第四，中风病议。叶桂认为中风诸症，皆为“身中阳气动变”所致。他在《临证指南医案》一书中有中风病的专论，指出造成阳气动变的因素有二，一为肝风内动，二与心肾相关。病机既明，在治疗方面，应注重补肾水、养心血、平肝木等方法。此外，他最先描述了猩红热的舌象，对于血症、产后病、儿科

病、老年病等均有丰富的临床经验。（杜石然主编《中国古代科学家传记》下集）

叶桂不仅医术精湛，而且为人敦厚。他对前来就医的达官贵人，索费甚高，毫不通融，而对贫病无告的贫民百姓，则往往不收分文，甚至还以药相赠。在清人的文集、笔记及方志资料中，记载了不少关于他医术精湛、助人为乐的故事。清代的苏州状元石韫玉在为《本事方释义》作序时说道："余生晚，不及见先生。然吴中父老皆乐谈其轶事，书之虽累牍不能尽，谓为当今之扁鹊、淳于意可也。"吴中父老对叶桂的遗闻逸事津津乐道，正表明了人民群众对他的敬慕之情。

叶桂的学术思想和实践，在灿烂的祖国医学长河中留下了光辉的足迹。在此，我们可以借用余瀛鳌、陶晓华先生的一段话对他的一生进行概括："总结其治学特点，就是广访名师，博取众长，虚怀若谷，不耻下问，加上刻苦钻研，终成一代名家。他在医学上的突出贡献是：创立了温病的辨治体系；较完整地介绍了他个人的学术临床经验，为后世时方应用提供了丰富的经验、方药和医案。"（秦文斌主编《吴中十大名医》）

七、姑苏文盛出状元

清朝人钮琇写的《觚剩续编》中曾经记载了这样一件事：苏州人汪琬与友人们聊天，友人各自夸耀家乡的特产。广东人称家乡的象牙犀角，陕西人夸家乡的狐裘毛罽，山东人赞家乡的檿丝海珍，湖北人颂家乡的优质木材……大家“侈举备陈，以为欢笑”。只有汪琬一声未吭。众人于是揶揄汪琬说：“苏州自号天下名郡，钝翁先生是苏州人，怎会不知家乡的特产呢?”汪琬一本正经地说：“苏州特产极少，只有两样。”众人忙问是哪两样，汪琬答道：“一是梨园子弟。”众人听了抚掌称是，再问另外一样，汪琬故意不说。愈是这样，众人愈是问得急，待吊足了众人胃口，汪琬才慢吞吞地说：“状元。”众人一听，顿时“结舌而散”。也许这只是一个笑话，但确实反映了苏州的实际情况。

据统计，自唐至清近 1 300 年间，共出文状元 596 名；自宋至清约 800 年间，共出武状元 115 名。其中，苏州府（行政建置的变动不计，约相当于现在苏州市属范围）共出文状元 45 名，占总数的 7.55%，武状元 5 名，占总数的 4.35%。尤其在清代，从顺治三年（1646）开科取士至光绪三十一年（1905）废科举，260 年间全国共出状元 114 名，其中江苏 49 名，浙江 20 名，安徽 9 名，山东 6 名，广西 4 名，直隶、江西、湖北、福建、广东各 3 名，湖南、贵州、满洲各 2 名，顺天、河南、陕西、四川、蒙古各 1 名。而苏州一府即出状元 26 名，明显超出其他省份的状元数。清代苏州状元人数占全国总数的 22.81%，占江苏省总数的 53.06%。（李嘉球《苏州状元》）所以，称苏州是“状元之乡”并不过分。这就无怪乎汪琬要把状元说成是苏州的特产了。

苏州的状元中，不乏会元、状元连中者。清代的韩菼、彭定求、陆肯堂、彭启丰、钱棨、吴廷梁 6 人，在礼部主持的会试中夺魁，又在殿试中被钦点为状元。其中长洲县的钱棨，先后在乡试（省级考

苏州状元博物馆

试)、会试、殿试中雄冠群士，连中“三元”，成为科举史上罕见的佳话。不仅如此，在清代连续不断的科举考试中，还出现苏州人多次蝉联状元的盛事，如康熙十二年（1673)、十五年（1676)、十八年(1679) 3 次科举考试中，状元分别为长洲韩菼、彭定求和常熟归允肃；康熙五十一年（1712)、五十四年（1715)、五十七年（1718）的状元，分别为长洲王世琛、徐陶璋和常熟汪应铨。苏州的状元还有不少出于同一世家，或为父子，或为祖孙，或为兄弟，或为叔侄，如长洲彭定求与彭启丰为祖孙，常熟翁同龢与翁曾源为叔侄等。除状元以外，苏州人中为榜眼、探花者也有不少，据统计，明、清两代苏州出榜眼 12 人、探花 19 人。

那么，明清时期的苏州为什么会涌现出如此多的状元呢？关于这个问题，已有不少议论，但往往眉毛胡子一把抓，让人有隔靴搔痒的感觉。就其要点而言，不外乎以下两个方面。

苏州状元辈出的现象显然是与好学尚文风气的盛行密切相关的。苏州地区的深层次开发始于六朝，但人文勃兴的渊源不能不追溯到先秦吴国时期。春秋后期，吴国公子季札出使中原，观周礼、听鲁乐，讽评各诸侯国时政，表现出高深的文化素养；吴人言偃北上求学，从游孔子，而有“因文学以得圣人之一体”的誉称。他们因此而被推为东南学术之祖，被清朝皇帝誉为“文开吴会”“道启东南”。自此以后，苏州人好学尚文之风日趋浓厚，“少好学”“博学善属文”等说法书载不绝。尤其宋代范仲淹治苏，创府学，延大儒胡瑗主持，文教自此兴盛，“虽濒海裔夷之邦，执耒垂髫之子，孰不抱籍缀辞，以干荣禄，褎然而赴诏者，不知其几万数”，由此出现了“登科者不绝”的局面。到了明清时期，尚文好学之风更为盛行，大家巨族、书香门第的子弟抱定“科甲仕宦，显亲扬名，皆从读书中来”的宗旨，汲汲于学，“恒以家无读书人为耻”；普通人家，也希望子弟通过发奋苦学，跃登龙门，跻身于社会上层。当时，苏州地区流传着《勉学歌》，歌中说尽了读书求仕的种种好处：

其一云：君不见东邻一出骑青骢，笑我徒步真孤穷，读书一旦登枢要，前遮后拥如云从。昔时孑身今富足，大纛高牙导前陆。始信出门莫恨无人随，书中车马多如簇。

其二云：君不见西邻美妇巧画眉，笑我无妻谁娶之。读书一旦高及第，豪门争许成婚期。昔时孤房今花烛，孔雀屏开忻中目。始信娶妻莫恨无良媒，书中有女颜如玉。

其三云：君不见南邻万顷业有余，笑我饥寒苦读书。读书一旦登云路，腰间紫袋悬金鱼。昔时箪瓢今粱肉，更是全家食天禄。始信富家不用买良田，书中自有千钟粟。

其四云：君不见北邻飞宇耸云端，笑我屋漏门无关。读书一旦居相府，便有广厦千万间。昔时苇檐今粱木，画栋雕甍成突兀。始信安居不用架高堂，书中自有黄金屋。（褚人获《坚瓠集·五集》卷1）

通过读书、科举，步入仕途，可以博得锦绣前程，高官厚禄，封妻荫子，光宗耀祖。因此，这首歌的影响是不能低估的，它成为苏州人汲汲于功名的强大动力。在这种背景下，苏州地区就出现了许多父课教、母督子、妻促夫读书求仕的动人情景。苏州地区状元辈出的现象便是在这样的文化氛围中孕育出来的。

苏州状元多出于同一世家的现象说明家学渊源在科举考试中的作用不容忽视。苏州地区多文化世家，文化积累极为深厚。文化世家的子弟从小受到家庭的熏陶和应试技能的训练，有良好的文化基础，在科举考试中居于有利的地位。著名史学家顾颉刚先生曾经指出：按状元之多，足见苏州地主家庭训练子弟适应科举制度之才能，其技术性在全国为最高。但是，自幼训练应试技能，固然使文化世家的子弟在科举考试中占有优势，如果没有较深的文化素养和知识积累仍然难以撷取桂冠。在这里特别应该注意的是世家大族往往因科名不举而导致衰败的社会现实给那些文化世家子弟所提供的启示。为了不辱家声，不堕门风，保持家族的荣誉，文化世家的子弟不能也不敢松懈自己。对于他们的心态，文徵明曾经作过这样的分析："诗书之泽，衣冠之望，非积之不可。而师资源委，实以兴之。不幸而门第单弱，循习陋劣，庸庸惟其常。其或庶几自拔而亢焉，则深培痛湔，铢铢寸寸，咸自吾一身出，厥亦艰哉！人惟其艰也，而又能是也，于是相与誉之。有弗良，亦置弗责，其素微无异也。使其有一线之承，则人得以比而疵之，以为而门户若是，而父兄若是，闻见丽泽若是，而弗能是，是不肖者。从而曰：'是某氏之子也'。可不惧哉！夫门第之盛，可惧如此，乃不若彼无所恃者之易于为贤，岂此之所负固重哉!"（文徵明《甫田集》卷18）这里虽然说的是文化世族一般的情况，但也完全可以用来说明科第簪缨之家。严迪昌先生据此认为："'门第之盛'就是'上统百年之绪'的积累所致，对'诗书之泽'所被的族众子弟既是优越性，又是沉重精神负担。如像纨袴子弟那样坐享其'望'，必然才智闭塞，成为不肖子孙。相反，惴惴自奋，'负固重'的压力就能从消极面转化为积极的动力。'不以得之深自负，而以负之重自惧'，这话提炼了文化世家子弟的所有戒铭文字，十分深刻。”（严迪昌《文化世族与吴中文苑》）对于以科第显家的世族子弟而言，也可将精神负担化为积极动力，时刻以父祖辈的科名成就激励自己，自惕自惧，从而发奋努力、树立科场必胜的信心。长洲彭定求家族，在清代曾出了 2 个状元、1 个探花、14 个进士、31 个举人、7 个副榜、130 多个附贡生，“科目之盛，为当代之冠”，足以反映出家学渊源在科举考试中的作用。

苏州多状元的现象早已成为历史的陈迹，但是，苏州人好学向上的风气至今仍绵延相承，人才辈出的盛况古今同辉。当代中国科学院和工程院的院士中，籍贯苏州的竟达 81 人，人数之多，冠绝全国。这种情况，足可与历史上多状元的现象媲美，前后辉映，照耀古今，成为千古流传的佳话。

参考文献

司马迁. 史记［M］. 北京：中华书局，1982.

赵晔. 吴越春秋［M］. 南京：江苏古籍出版社，1986.

朱长文. 吴郡图经续记［M］. 南京：江苏古籍出版社，1986.

范成大. 吴郡志［M］. 南京：江苏古籍出版社，1986.

冯桂芬.（同治）苏州府志［M］. 影印本. 台北：台湾成文出版有限公司.

曹允源.（民国）吴县志［M］. 影印本. 台北：台湾成文出版有限公司.

顾震涛. 吴门表隐［M］. 南京：江苏古籍出版社，1986.

江苏省吴文化研究会. 吴文化研究论文集［M］. 广州：中山大学出版社，1988.

石琪. 吴文化与苏州［M］. 上海：同济大学出版社，1992.

潘力行，邹志一. 吴地文化一万年［M］. 北京：中华书局，1994.

中国人民解放军军事科学院战争理论研究部《孙子》注释小组. 孙子兵法新注［M］. 北京：中华书局，1981.

顾学颉. 白居易集：第4册［M］. 北京：中华书局，1979.

孙望，常国武. 宋代文学史：下［M］. 北京：人民文学出版社，1996.

曹子方，吴奈夫. 苏州［M］. 北京：中国建筑工业出版社，1986.

廖志豪，张鹄，叶万钟，等. 苏州史话［M］. 南京：江苏人民出版社，1980.

江苏社会科学院《江苏史纲》课题组. 江苏史纲：古代卷［M］. 南京：江苏古籍出版社，1993.

杨仁恺. 中国书画［M］. 上海：上海古籍出版社，1990.

林家治. 吴门画派掇英［M］. 北京：中国卓越出版公司，1990.

刘诗. 江苏历代书法家［M］. 南京：江苏古籍出版社，1984.

周积寅，马鸿增，程大利. 江苏历代画家［M］. 南京：江苏古籍出版社，1985.

苏州博物馆，江苏师范学院历史系，南京大学明清史研究室. 明清苏州工商业碑刻集［M］. 南京：江苏人民出版社，1981.

殷伟仁. 吴地书法巨擘［M］. 南京：南京大学出版社，1994.

章培恒，骆玉明. 中国文学史：下卷［M］. 上海：复旦大学出版社，1996.

彭泽益. 中国近代手工业史资料：第2卷［M］. 北京：中华书局，1962.

段本洛，张圻福. 苏州手工业史［M］. 南京：江苏古籍出版社，1986.

谢国桢. 明代社会经济史料选编：中［M］. 福州：福建人民出版社，1980.

范金民，夏维中. 苏州地区社会经济史：明清卷［M］. 南京：南京大学出版社，1993.

吴志达. 明清文学史：明代卷［M］. 武汉：武汉大学出版社，1991.

康富龄. 明清文学史：清代卷［M］. 武汉：武汉大学出版社，1991.

许涤新，吴承明. 中国资本主义发展史：第1卷　中国资本主义的萌芽［M］. 北京：人民出版社，1985.

唐寅. 唐伯虎全集［M］. 北京：北京市中国书店，1985.

魏同贤. 冯梦龙全集［M］. 上海：上海古籍出版社，1993.

陆树仑. 冯梦龙研究［M］. 上海：复旦大学出版社，1987.

徐立，陈瑜. 文坛怪杰金圣叹［M］. 长沙：湖南教育出版社，1987.

马可·波罗游记［M］. 陈开俊，等，译. 福州：福建科学技术出版社，1982.

胡朴安. 中华风俗志：卷2［M］. 影印本. 上海：上海文艺出版社，1988.

苏州地方志编纂委员会办公室，苏州市档案局. 吴中名医录［M］. 内部发行，1985.

韩大成. 明代社会经济初探［M］. 北京：人民出版社，1986.

利玛窦，金尼阁. 利玛窦中国札记［M］. 北京：中华书局，1983.

吴奈夫，张道贵，丁凤麟. 况太守集［M］. 南京：江苏人民出版社，1983.

杜石然. 中国古代科学家传记［M］. 北京：科学出版社，1993.

秦文斌. 吴中十大名医［M］. 南京：江苏科学技术出版社，1993.

李嘉球. 苏州状元 [M]. 上海：上海社会科学院出版社，1993.

陈淳，张祖方，等. 三山文化——江苏吴县三山岛旧石器时代晚期遗址发掘报告 [G] // 南京博物院集刊，南京：江苏美术出版社，1987.

南京博物院. 江苏吴县草鞋山遗址 [G] // 文物资料丛刊：第 3 辑. 北京：文物出版社，1980.

南京博物院. 太湖地区的原始文化 [G] // 文物集刊：第 1 辑. 北京：文物出版社，1980.

肖梦龙. 吴国王陵区初探 [J]. 东南文化，1990 (4)：95-99.

朱瑞熙. 宋代"苏湖熟，天下足"谚语的形成 [J]. 农业考古，1987 (2)：48-49.

陈淳. 太湖地区远古文化探源 [J]. 上海大学学报（社会科学版），1987 (3)：101-105.

吴奈夫. 论太湖地区的原始文化 [J]. 中学历史，1981 (4).

汪遵国，王新. 江苏吴县张陵山东山遗址 [J]. 文物，1986 (10)：26-35.

耿曙生. 太湖地区的原始文明 [J]. 苏州大学学报（哲学社会科学版），1992 (4)：108-113.

丁金龙，朱伟峰. 江苏苏州浒墅关真山大墓的发掘 [J]. 文物，1996 (2)：4-21.

吴奈夫. 春秋吴都研究的若干问题 [J]. 苏州大学学报（哲学社会科学版），1992 (4)：98-108.

林华东. 苏州吴国都城探研 [J]. 南方文物，1992 (2)：71-75.

张传玺. 项羽论评 [J]. 文史哲，1954 (10)：48-52.

刘敏. 简论吴王刘濞之反［J］. 南开学报（哲学社会科学版），1994（1）：38–42.

唐赞功. 吴楚七国之乱与西汉诸侯王国［J］. 北京师范大学学报（社会科学版），1989（1）：19–32.

吴奈夫，徐茂明. 试论孙吴集团对苏州经济文化的初步开发［J］. 苏州大学学报（哲学社会科学版），1997（4）：104–108.

姜光斗、顾启. 韦应物任苏州刺史时的建树和晚年概况［J］. 苏州大学学报（哲学社会科学版），1986（4）：122–142.

于北山. 论范成大［J］. 江海学刊，1982（4）：102–107.

吴新雷. 论苏州派戏曲家李玉［J］. 北方论丛，1981（5）：44–49.

李恩普. 张士诚在苏州［J］. 江苏师院学报，1981（4）：23–26.

陈学文. 明清时期的苏州商业——兼论封建后期商业资本的作用［J］. 苏州大学学报（哲学社会科学版），1988（2）：111–117.

宫崎市定. 明清時代の蘇州と軽工業の発達［J］. 東方學，1951（2）.

王家范. 明清苏州城市经济功能研讨——纪念苏州建城两千五百周年［J］. 华东师范大学学报（哲学社会科学版），1986（5）：23–30.

金军宽，王卫平. 况钟治苏述论［J］. 史林，1989（3）：20–23.

严迪昌. 文化世族与吴中文苑［J］. 文史知识，1990（11）：11–17.

陈玉寅. 苏州桃花坞木刻年画的艺术及其影响［J］. 文物，1960（2）：31–33.

陈廉贞. 苏州琢玉工艺［J］. 文物，1959（4）：37–40.

吴奈夫. 关于葛成领导的苏州织工斗争［J］. 江苏师院学报，1981

(4)：18-22.

李华. 从徐扬“盛世滋生图”看清代前期苏州工商业的繁荣［J］. 文物，1960（1）：13-18.

后记一

苏州的历史，源远流长；苏州的文化，辉煌璀璨。如此内涵丰富的苏州历史文化知识，仅以本书的篇幅加以介绍是远远不够的。因此，本书只能采取强干弱枝的办法，对苏州历史文化作一个提纲挈领的描述。在叙述对象方面，着重介绍了以苏州市区及城郊为舞台并对苏州历史文化发展产生重大影响的人物、事件和文化事象。至于苏州所属太仓、昆山、常熟、吴江等各县级市的情况基本上没有涉及。

苏州历史文化是人们颇感兴趣的课题，专论甚多，成果不少。其中以廖志豪等编写的《苏州史话》（江苏人民出版社 1980 年版）和曹子方、吴奈夫主编的中国历史文化名城丛书之一《苏州》（中国建筑工业出版社 1986 年版）二书较为系统。但是，时隔十几、二十年，在苏州历史文化的研究方面已经取得很大进展。尽管本书并非纯粹的学术性著作，但也较多地吸收了学术研究的最新成果。对此，书中已尽可能地作了说明。若有遗漏之处，敬请谅解！

王卫平

1999 年 5 月 20 日

后记二

1993—1997 年我在日本广岛大学留学期间，撰写了《明清时期江南城市史研究——以苏州为中心》的博士学位论文，并顺利通过答辩，获得博士学位。尽管答辩委员会给予了较高评价，但我一直感到有所遗憾，即因时间所限，未能在城市文化方面有所阐发。1998 年，苏州市文化局启动“苏州文化丛书”项目，约我撰著《苏州史纪》（古代），我感觉或许可以补足我博士学位论文的缺憾，便欣然答应。经与师兄王建华先生商量，拟出题纲，并最终成书。或许现在看来，这只是众多论述苏州历史文化的著作中一本不足称道的小书，但在当时相关研究成果明显不足的情况下，本书不失为一部兼顾学术与通俗的好读物，出版社曾多次印刷也可说明这一点。20 多年以后再看本书的论述，可以说书中的不少观点经受住了时间的检验，甚至有些观点明显具有超前意识，如本书第六章提出的“中国文化的苏州时代”命题，正得到越来越多的响应。

此次本书再版，只是在个别地方修订了当年印刷时的错误，或者增加了一些最新考古成果，基本保留了原貌。如果本书能对人们系统认识苏州悠久而深厚的历史文化有所助力，将是我们的最大荣幸！

王卫平

2023 年 11 月 20 日